自治体職員の「専門性」概念

可視化による能力開発への展開

林 奈生子

公人の友社

目　次

まえがき ……………………………………………………………………… xii

序　論 ……………………………………………………………………… 1

1　能力開発への期待 ………………………………………………………… 1
2　多様な「専門性」の概念 ………………………………………………… 2
3　本書の目的と構成 ………………………………………………………… 7
4　用語の使い方と引用の表記 …………………………………………… 10
5　時代区分について ……………………………………………………… 11

第1章　「専門性」概念の歴史的変遷 ……………………………… 13

1　地方自治法制定初期 …………………………………………………… 13
　（1）　蠟山論文の現代性 ………………………………………………… 13
　　1-1　能率と自治体職員の心理 ……………………………………… 13
　　1-2　お役所仕事との決別 …………………………………………… 15
　　1-3　現代につながる議論 …………………………………………… 17
　（2）　自治体職員に求められる〈倫理〉 ……………………………… 19
　　2-1　民主的な自治と倫理 …………………………………………… 19
　　2-2　公務員の行動の型 ……………………………………………… 20
　　2-3　心理的空白の回復 ……………………………………………… 21
　　2-4　倫理の意義 ……………………………………………………… 23
　（3）　〈専門的な知識や技術〉と〈政策立案展開力〉 ………………… 25
　　3-1　〈専門的な知識や技術〉 ………………………………………… 25
　　3-2　〈政策立案展開力〉 ……………………………………………… 25
　（4）　地方自治法制定初期の「専門性」 ……………………………… 26

4-1	地方自治法制定初期の「専門性」	26
4-2	「専門性」概念考察の枠組み	27

2　中央地方協調期 …………………………………………… 28

（1）　辻講義録にみる様々な能力 ………………………………… 28
　1-1　時代が求める新たな能力 ……………………………………… 28
　1-2　専門を超えて専門の上に立つ ………………………………… 30
　1-3　自主性／官民格差意識からの転換／管理力と管理技術 …… 32
　1-4　総合的な能力開発 ……………………………………………… 33
（2）　求められる能力を決める時代認識 ……………………… 35
（3）　期待される人的要素と「専門性」 ……………………… 36
　3-1　〈倫理〉 ………………………………………………………… 36
　3-2　〈専門的な知識や技術〉 ……………………………………… 37
　3-3　〈政策立案展開力〉 …………………………………………… 38
　3-4　「専門性」 ……………………………………………………… 38
　3-5　期待される人的要素と「専門性」 …………………………… 39
（4）　中央地方協調期の人的要素と「専門性」の実情 ……… 41
　4-1　内発観念と外発観念の公務観 ………………………………… 41
　4-2　拮抗する2つの「専門性」 …………………………………… 43

3　変動転換期 ………………………………………………… 45

（1）　自治体組織の特性 ………………………………………… 45
　1-1　社会管理性 ……………………………………………………… 45
　1-2　権力性／多岐性／独占性 ……………………………………… 46
　1-3　外部指向性／仕事に対するプライド ………………………… 47
（2）　求められる機能・能力と人的要素の関係 ……………… 50
　2-1　自治体職員の担う機能 ………………………………………… 50
　2-2　社会管理者としての哲学 ……………………………………… 50
　2-3　実務家の能力 …………………………………………………… 51

2-4　期待される「専門性」 …………………………………… 52
　(3)　変動転換期の人的要素と「専門性」 …………………… 54
　　3-1　新たな価値観による行政 ………………………………… 54
　　3-2　変動転換期の人的要素と「専門性」 …………………… 56

4　行政需要移行期 ……………………………………………………… 58
　(1)　行政の文化化 ……………………………………………… 58
　　1-1　市民自治／自治体主導／行政改革 …………………… 58
　　1-2　自治体の内部改革と行政の実質化 …………………… 60
　　1-3　行政改革の課題となった能力開発 …………………… 61
　(2)　西尾の示す自治体職員の専門能力 …………………… 62
　　2-1　公務員は行政の専門家、住民は行政の非専門家か … 62
　　2-2　大差ない学歴 …………………………………………… 63
　　2-3　自負にたらない専門知識 ……………………………… 64
　　2-4　専門能力と言えない執務知識 ………………………… 65
　　2-5　公共感覚の体得と調整・統合 ………………………… 65
　(3)　行政需要移行期の人的要素と「専門性」 …………… 67
　　3-1　〈倫理〉 ………………………………………………… 67
　　3-2　〈専門的な知識や技術〉 ……………………………… 67
　　3-3　〈政策立案展開力〉 …………………………………… 67
　　3-4　「専門性」 ……………………………………………… 68

5　第一次分権改革期 …………………………………………………… 69
　(1)　人材育成の基本的な考え方 …………………………… 69
　　1-1　第一次分権改革と地方分権一括法 …………………… 69
　　1-2　旧制度の解体と新たな出発 …………………………… 70
　　1-3　人材育成の基本的考え方の提示 ……………………… 71
　　1-4　報告書策定の目的とその構成 ………………………… 72
　(2)　分権時代の人材戦略 …………………………………… 72

2-1	人材の定義	72
2-2	人材育成の目標～自治体職員の基本的な心構えと姿勢～	73
2-3	人材育成の重点～政策形成能力と管理能力～	74

（3） 能力と手法（「分権時代の人材戦略」補論） …………… 76
　3-1　基礎的業務遂行能力 ………………………………………… 76
　3-2　対人能力 …………………………………………………… 77
　3-3　法務能力 …………………………………………………… 77
　3-4　国際化対応能力 …………………………………………… 78
　3-5　情報能力 …………………………………………………… 78
　3-6　職層別能力 ………………………………………………… 79
　3-7　第1編と第2編で提言された能力 …………………………… 80
（4） 報告書にみる混乱 ……………………………………………… 82
　4-1　実際には提言されていない人材 …………………………… 82
　4-2　自治体の人材育成に与えた意味 …………………………… 85
（5） 第一次分権改革期の人的要素と「専門性」 ………………… 86
　5-1　〈倫理〉 ……………………………………………………… 86
　5-2　〈専門的な知識や技術〉 …………………………………… 87
　5-3　〈政策立案展開力〉 ………………………………………… 87
　5-4　「専門性」 …………………………………………………… 88

6　先行研究にみる人的要素と「専門性」のまとめ ……………… 89
　（1）　地方自治法制定初期 ……………………………………… 89
　（2）　中央地方協調期 …………………………………………… 89
　（3）　変動転換期 ………………………………………………… 89
　（4）　行政需要移行期 …………………………………………… 90
　（5）　第一次分権改革期 ………………………………………… 91

第2章　自治体の人事異動・研修制度・職員意識 …………… 97

1　X区の概要 97
　（1）　X区の概要 97
　（2）　X区を調査対象とした理由 98
　（3）　採用から昇任の流れ 99

2　人事異動 101
　（1）　ケーススタディの目的 101
　（2）　〈ジェネラリスト異動〉と〈スペシャリスト異動〉の定義 102
　（3）　使用した資料、調査の着眼点と方法 104
　（4）　X区幹部職員の過去5回の人事異動 106
　　4-1　配属状況 106
　　4-2　異動の型 108
　　　4-2-1　経験した部数 108
　　　4-2-2　部にとどまった回数 109
　　　4-2-3　異動の型 110
　　　4-2-4　分析 112
　　4-3　異動による事務の継続性 113
　　　4-3-1　事務の継続性 113
　　　4-3-2　分析 120
　　4-4　小括 124

3　研修制度 126
　（1）　ケーススタディの目的 126
　（2）　使用した資料、調査の着眼点と方法 127
　（3）　X区研修制度の運用状況 129
　　3-1　研修制度の概要 129
　　3-2　受講した研修の種類 130
　　　3-2-1　受講件数と主催者 130
　　　3-2-2　研修の種類と傾向 132

  3-2-3 分析 …………………………………………………… 133
  3-3 研修と昇任の関係性 ………………………………… 134
   3-3-1 研修の受講時間と配分 ……………………… 134
   3-3-2 研修と昇任の関係性 ………………………… 136
   3-3-3 分析 …………………………………………… 138
  3-4 小括 …………………………………………………… 140

4 職員意識 …………………………………………………………… 141
 （1） アンケートの目的と実施方法 ……………………………… 141
 （2） X区幹部職員の能力開発に関する意識 …………………… 142
  2-1 得意分野と専門分野を習得した時期 …………………… 142
   2-1-1 得意分野を習得した時期 …………………… 142
   2-1-2 専門分野を習得した時期 …………………… 144
   2-1-3 特別な知識や技術、専門分野について ……… 145
   2-1-4 分析 …………………………………………… 147
  2-2 研修 …………………………………………………… 148
   2-2-1 役立った研修と企画したい研修 …………… 148
   2-2-2 分析 …………………………………………… 150
  2-3 求められる能力の変化 …………………………………… 151
   2-3-1 求められる能力の変化 ……………………… 151
   2-3-2 分析 …………………………………………… 153
  2-4 小括 …………………………………………………… 153

5 自治体の人事異動・研修制度・職員意識のまとめ ……………… 155
 （1） 人事異動 ………………………………………………… 155
 （2） 研修制度 ………………………………………………… 156
 （3） 職員意識 ………………………………………………… 156

第3章　現代自治体職員の「専門性」概念
　　　　　ーインタビューよりー ……… 161

1　インタビューの概要とまとめ方………………………………… 161
　（1）　対象者と実施時期……………………………………………… 161
　（2）　質問項目と用語の定義………………………………………… 161
　（3）　まとめ方と表記方法…………………………………………… 162

2　X区幹部職員に対するインタビュー…………………………… 165
　（1）　部長インタビュー……………………………………………… 165
　　1-1　部長A氏 …………………………………………………… 165
　　　1-1-1　バランス感覚と先を見通す力 ……………………… 165
　　　1-1-2　分析 ……………………………………………………… 167
　　1-2　部長B氏 …………………………………………………… 170
　　　1-2-1　住民の幸せに対する思い ……………………………… 170
　　　1-2-2　分析 ……………………………………………………… 171
　　1-3　部長C氏 …………………………………………………… 173
　　　1-3-1　住民にとって何がいいのかという思考 ……………… 173
　　　1-3-2　分析 ……………………………………………………… 174
　　1-4　部長D氏 …………………………………………………… 176
　　　1-4-1　スペシャリストをベースとした常識人 ……………… 176
　　　1-4-2　分析 ……………………………………………………… 177
　　1-5　小括 ………………………………………………………… 179
　　　1-5-1　〈倫理〉 …………………………………………………… 180
　　　1-5-2　〈専門的な知識や技術〉 ………………………………… 181
　　　1-5-3　〈政策立案展開力〉 ……………………………………… 182
　　　1-5-4　〈基礎〉 …………………………………………………… 182
　　　1-5-5　「専門性」 ……………………………………………… 182
　（2）　課長インタビュー……………………………………………… 183

- 2-1 課長E氏 …………………………………………………………… 183
  - 2-1-1 自治体の規模で異なる専門性の考え方 ……………… 183
  - 2-1-2 分析 ………………………………………………………… 184
- 2-2 課長F氏 …………………………………………………………… 187
  - 2-2-1 組織として能力を蓄積することが重要 ……………… 187
  - 2-2-2 分析 ………………………………………………………… 188
- 2-3 課長G氏 …………………………………………………………… 191
  - 2-3-1 職層によって異なる専門性の意味 …………………… 191
  - 2-3-2 分析 ………………………………………………………… 192
- 2-4 課長H氏 …………………………………………………………… 195
  - 2-4-1 説明能力／政策条例化能力／条例規則整備能力 …… 195
  - 2-4-2 分析 ………………………………………………………… 196
- 2-5 課長I氏 …………………………………………………………… 198
  - 2-5-1 物事を判断する思考のベクトル ……………………… 198
  - 2-5-2 分析 ………………………………………………………… 199
- 2-6 課長J氏 …………………………………………………………… 202
  - 2-6-1 最適な解を導き出す専門家 …………………………… 202
  - 2-6-2 分析 ………………………………………………………… 204

（3） 部長／課長インタビューによる人的要素 …………………… 207
- 3-1 考え方や行動の根拠となる〈倫理〉 ……………………………… 207
- 3-2 〈専門的な知識や技術〉と自治体が蓄積すべき能力 ………… 209
- 3-3 幹部職員、係長、主査の総合力としての〈政策立案展開力〉 211
- 3-4 職務遂行の慣習や方法の〈基礎〉 ……………………………… 213

（4） 人的要素と能力開発の関係性 ………………………………… 214
- 4-1 各職層に求められる人的要素 …………………………………… 214
- 4-2 人的要素と能力開発の時期 ……………………………………… 216
- 4-3 能力開発の柱と重要なテーマとしての〈倫理〉 ……………… 218

（5） 能力開発の方策 ……………………………………………………… 221
- 5-1 自己啓発、試験、人事異動の循環による能力開発 …………… 221

5-2　早期育成への動機づけ …………………………………… 222
　　5-3　人的要素の可視化による習得度の把握と能力開発への展開 …223
　　　①パターン１〈倫理〉〈基礎〉の養成 ……………………………… 223
　　　②パターン２〈専門的な知識や技術〉〈政策立案展開力〉の育成　224
　　　③パターン３〈倫理〉〈基礎〉〈政策立案展開力〉の習得 ………… 225
　　　④パターン４〈政策立案展開力〉の強化 ………………………… 226
（６）　現代自治体職員の「専門性」概念とそれがもたらす意味……… 227
　　6-1　人的要素の相互作用からなる自治体職員の「専門性」 ……… 227
　　6-2　問題の所在の明確化 ……………………………………… 230
　　6-3　求める人材の育成 ………………………………………… 231
　　6-4　自治体職員の「専門性」概念の定義 ……………………… 231

結び ……………………………………………………………… 233

参考文献 ………………………………………………………… 239

あとがき ………………………………………………………… 249

まえがき

　本書は、自治体職員の「専門性」を〈自治体職員が社会の中で果たすべき役割からくる能力〉と定義し、その「専門性」を解明することをテーマとしている。ここでは、テーマ選定の理由と本書の特色を述べたい。

　まず、テーマ選定の理由は3つある。1つは、自治体職員の役割とは何か、との問いがある。地方分権一括法の施行以来、すでに10年以上の歳月が過ぎた。この間、自治体はそれぞれの自治体にふさわしい行政を模索してきた。そのことは、自治体職員の意識や行動を抜本的に問い直すことであり、この抜本的な問い直しに際し、自治体が主に手本としてきたのが民間企業の経営手法だった。自治体はそこから多くを学び、取り入れてきた。しかし、この10数年に生起した複雑な社会問題や人の力では避けることのできない自然災害が、自治体に様々な問題を突きつけた。加えて、その問題の解決に、効率性や収益性を重視する民間企業の経営手法を取り入れることだけでは対処しきれないことも明確になった。そのことは、自治体が生身の人間と直面し、その人々の生涯とかかわる存在であることを改めて鮮明にした。つまり、そこから派生する自治体職員の役割を考えることが、それぞれの自治体にふさわしい行政の実現につながるのではないかとの考えからである。

　2つは、自治体職員の社会評価に対する疑問がある。筆者が自治体職員と仕事をする機会を得たのは、今から10年ほど前になる。自治体の仕事と言えばお役所仕事であり、そのように思い込んでいた筆者にとって、実際に接した自治体職員の仕事ぶりには大きな違いがあった。考えてみれば、地方分権一括法の施行以来、多くの自治体が改革に取り組んできた。確かに、お役所仕事と言われる仕事ぶりがすべて払拭されたのかと言えばそうではない。しかし、その部分を除いたとしても、自治体職員の実際の仕事ぶりと筆者の思い込みや社会

の評価の差は大きい。自治体職員の仕事ぶりが正確に伝わっていないことは、住民にとっていいことではない。自治体職員に対し適正な評価ができなければ、自治体職員の士気に影響を与え、お役所仕事に甘んじることを許すことにも通じる。それでは、住民の期待する行政の実現は望めない。また、筆者をはじめ地方分権一括法施行後の自治体職員のあり方について私たちが考えを十分に巡らしてきたとも言えない。従って、本書で自治体職員の実情をつぶさに見ることにより、自治体職員の社会評価を再考する機会を得たい。

3つは、2つ目の理由と関連するが、自治体職員の適正な社会評価の一助になればとの思いがある。今触れたように、自治体職員の実際の仕事ぶりと社会の評価の差は大きい。しかし、自らの社会評価や地位の確立は他者から与えられるものではない。自らが築くものである。従って、本書がその助けになればと考える。

次に、本書の特色を述べる。本書は、自治体職員の「専門性」を文献と実証研究により明らかにしようとする。その特色の1つは、丹念な文献の考察により、「専門性」の概念が分析され、整理されていることにある。「専門性」の概念は、論者により、また使用される文脈により、その内容が多様になる。本書では「専門性」の重要な人的要素として〈倫理〉〈専門的な知識や技術〉〈政策立案展開力〉〈基礎〉の4つが抽出された。抽象的で多様な意味を含む「専門性」の概念をこの4つの人的要素として明確化したことは本書の特色と言える。

2つは、実証研究では現職自治体職員の人事異動と研修履歴について、長期間にわたり精緻な資料を作成し、分析したことにある。それは、自治体の人事課でさえやっていない詳細な実証データによる能力の開発過程の考察を可能にした。

3つは、今述べた1.と2.により「専門性」を構成する4つの人的要素の習得状況をレーダーチャートにより可視化することが試みられたことにある。それにより、個々の職員では、キャリア形成の道筋の明確化による早期育成が図られることと、自治体組織については、組織全体や各部、各課が保有する能力

の把握と強化に活用できることが提示された。このことは、本書で示された「専門性」と4つの人的要素が、実際の自治体での人材育成に展開可能なことを示したと言える。

　以上が本書の特色になる。なお、本書は筆者の博士論文が元になっている。本書、および博士論文は、先人の研究と現職の自治体職員の協力のうえに成り立っている。ここでの考察が、今後の自治体職員の「専門性」議論での1つの基礎研究になれば幸いである。

序　論

1　能力開発への期待

　近年、自治体に対しては、地方分権や公務員制度改革をはじめ、それを取り巻く環境の変化について多くの議論がされている。例えば武藤博己は、自治体をめぐる変化として、「公共サービスにおける民間（営利セクターと非営利セクター）の参入」「自治体の役割の分化」「公務員概念の崩壊」（武藤 2007 p.225）をあげる。
　第1に、大きな流れとして自治体の直営による行政サービスの提供は縮小され、代わりにその多くが、民間の営利セクターや非営利セクターによって担われるようになった。第2に、このような流れの中では、自治体は民間のサービス提供者に対しては競合者であり、同時にサービスの供給者を調整する規制者にもなり、自治体内部の機能が2つに分かれつつある。第3に、その人的側面に焦点を当てれば、同じ公共サービスを供給する仕事でも、自治体職員は公務員であり、民間の場合は私人となる。自治体組織に目を向ければ正規職員のほかに、様々な非正規職員が働いている。加えて公権力の行使にかかわらない多くの行政サービスを自治体職員が担っている。このような現状を考えると、「公務員とは何か、という問題」（同上 p.226）に突き当たり、地方公務員法で定められた公務員概念はもはや崩壊といえる状況だと指摘する。
　この自治体をめぐる変化は、自治体職員に求められる能力にも影響を与えている。松下圭一は、従来の自治体職員を「配属されている縦割のせまい「職務」にかんする国からの行政準則あるいはマニュアルの専門家」（松下 2003 p.97）とし、それが「プランナー型、プロデューサー型に変わり、長期でみれば自治体機構それ自体がシンクタンクつまり政策組織とな」（同上 2001 p.213）ると述べる。そうでなければ「市民の文化水準、団体・企業の変化に対応でき」ない。

戦後の均衡ある国土の発展を目的とし導入された機関委任事務や補助金、および地方交付税にみられる財政調整制度は、自治体に国で考えた政策を着実にこなす執行機関の役割を担わせた。自治体では各省庁から出される指示や通達を間違いなく理解し、前例を踏襲し職務を遂行する職員が重んじられた。予算は使い切るのであり、決算では執行率の高さが重視され、個々の事業の有効性や効率性を評価し見直す発想は少なかった。

　しかし、地方分権一括法による一連の法改正は、自治体の地位を国の下請け機関から対等へと変えた。自治体は自律した組織として住民に対し責務を負い、地域の実情に即した政策を自ら考え執行し、評価することが期待されるようになった。従って、自治体職員には、思考の柔軟性や創意工夫に対する意欲が必要となる。西尾勝は、地域の全てを知り、そこに多様な考えがあることを「肌で知」（西尾 2007 p.184）る「公共感覚」（同上 p.183）をもった自治体職員が求められると述べる。

　自治体を取り巻く環境の変化は、自治体職員に期待される能力に大変革を起こした。この大変革は現在も自治体職員の意識や行動を揺り動かしている。今後は、この大変革をさらに発展させ次の段階へ進めなければならない。自治体職員の能力開発への期待はここにある。

2　多様な「専門性」の概念

　このような中、自治体職員の能力開発に対しては、その「専門性」についての議論が多くみられる。地方公務員制度調査研究会の報告書[1]では、自治体に「専門性を備えた政策」（地方公務員制度調査研究会 1999 p.4）の立案を求め、田村明は、自治体職員は「プロでありそれぞれに応じた専門性が必要である」（田村 2000 p.140）とする。しかし、自治体職員の「専門性」の概念は多義にわたる。科学的な知識や技術にもとづく能力を指すこともあれば、執務経験の多寡や仕

---

[1] 自治省 [1999]『地方自治・新時代の地方公務員制度 - 地方公務員制度改革の方向 -』地方公務員制度調査研究会報告　総務省HP（http://www.soumu.go.jp/）より2010年11月検索。

事への取り組み姿勢といった心理も含めて使われる。

「専門」を日本国語大辞典で調べると、「学問・職業などで、その人がもっぱら研究したり、従事したりしている部門・分野」（小学館国語辞典編集部 2006 p.1051）とある。「専門性」については、その記述はないが、「性」が「（名詞の下に付けて）そのような性質、状態、程度であることを表わす語」（同上 p.895）を意味することから〈学問・職業などで、その人がもっぱら研究・従事している状態〉となろう。

日本語の「専門性」は、英語のスペシャリスト（specialist）・スペシャリティ（specialty）、プロフェッショナル（professional）・プロフェッション（profession）と併せて用いられる。

君村昌は、イギリス公務員制度[2]からスペシャリストを、「専門的、科学的、技術的資格が必要な官職に任用」（君村 1975 p.212）された「科学者と「専門職」のメンバー」[3]であり、その職務を、専門的業務の遂行とジェネラリストに対する政策の助言とする。続いて、ジェネラリストを、「特定の職業教育をうけていない公務員」とし、その職務は、大臣への助言、政策の形成、政府機構と財政の統制、「均衡のとれた決定」（同上 p.209）だと述べる。しかし、政府の中に技術的能力を必要とする分野が増えると、スペシャリストは政策に対し大きな影響力をもち、併せて、管理機能も果たすようになる。従って、公務員制度の中でスペシャリストには「広汎で、重要な役割が与えられなければならない」（同上 p.211）とする。

藤田由紀子は、スペシャリストとジェネラリストの関係を、「スペシャリストはジェネラリストに対して従属的」（藤田 2008 p.149）であり、待遇面でも大きな格差があったとする。しかし、政府内での技術分野の拡大が、スペシャリストとジェネラリストの関係を接近させたと言う。

これらのことからすれば、スペシャリストは〈専門的な業務を高度な技術を

---

[2] 君村によれば、スペシャリストとジェネラリストの分離は、イギリス以外ではほとんどみられない。（君村 1975）
[3] 「専門職」のメンバーとは、例えば、技術者、建築士、会計士、法律家など。（君村 1975）

もって遂行する公務員〉と〈専門家でありながらジェネラリストの役割も果たせる公務員〉の２つの意味をもつ。

　さらに藤田は、公務員のプロフェッションを３つに類型化することから、技官の「専門性」を定義した。第１類型は、教師、ソーシャルワーカー、住宅の管理・計画者などのストリートレベルの公務員とする。しかし、この類型のプロフェッションは「学問的体系化」（同上 p.18）が不十分なことから、「プロフェッションには至らないセミ・プロフェッション」だと言う。第２類型は、「公共サービス従事者を雇用する大規模な組織を管理・統制する必要によって出現した管理職, マネージャー」であり、イギリス公務員制度のジェネラリスト、または、アメリカでの「行政や管理, あるいは, より一般的な統治技術」の専門家に相当する。この類型の「専門性」を「行政管理技術」（同上 p.19）と述べる。第３類型は、「行政外部の社会におけるプロフェッションが保有するのとほぼ同等の専門性を有すると見なされる公務員」であり[4]、日本の技官もこれに分類される。このことから日本の技官の「専門性」を、「特に自然科学分野における高度な専門教育による体系的知識に基づく専門性」と定義した。藤田は、イギリス公務員制度のスペシャリストもこの類型にあたるとするが、イギリスのスペシャリストが、自然科学系や社会科学系の専門職に加えて研究職を含むのに対し、日本の技官は自然科学系学部の出身を主としていることから、日本の技官とイギリスのスペシャリストは完全に一致しないとする。

　ここでは「専門性」を、〈高度な専門教育により学問的に知識が体系化されている状態〉とみることができる。

　西尾隆は、まず、プロフェッショナルを専門職業家、プロフェッションを専門職業とし、プロフェッションを、アメリカの職業社会学者ムーアの理論から「顧客集団から提示された諸問題を解決するために、一般的知識を体系化しその蓄積された知識を明示的に活用するような職業」（西尾 1998-a p.38-39）と定義した。次に、「プロフェッションという「制度」のエッセンス」（同上 p.39）

---

[4] 具体的には、「公務に従事する、建築・土木技師、医師、会計士、法律家など」（藤田 2008 p.19）

として、「知識の体系化」、「専門家集団の自律化」（同上 p.40）、「顧客集団の存在」（同上 p.41）の3要素を示した。西尾は、この3要素から、公務員の「プロフェッショナル化」（同上 p.38）の可能性を論じた。知識の体系化とは、行政学の知識の習得と実践での活用を言う。専門家集団の自律化は、次の2つからなる。1つは、行政の中にいるプロフェッショナル（例えば、建築士、土木技師、保健師、医者、弁護士）を行政のプロフェッショナルとすることと、2つは、公務員が「自立した責任主体」（同上 p.48）として、「一定の職業倫理を核に組織化」されることを指す。顧客集団の存在とは、公務員も他のプロフェッショナルと同様に、相手が必要であり、相手が存在しなければその職務を果たせないことを指す[5]。従って、職務遂行では法律・規則・マニュアルに代わり、「「対市民規律」」が重要になる。個々の公務員には、「専門分野にこだわらず、省庁の垣根を取り払い、面子を捨て、国・自治体の違いを超えて、顧客本位の精神」（同上 p.49）で相互に協力することが求められる。西尾は、プロフェッション成立の重要な条件を職業倫理とし、公務員の職業倫理を、行政手続の確立、情報公開の制度化、地方分権の推進を支える柱だと強調した。加えて、公務員の職業倫理は、「市民常識」（同上 p.50）を身につける「基本的・消極的倫理」（同上 p.52）から、「市民との協力によって政策を開発・再編していこうとする積極的な倫理」へ進む。そのような進化を、現在の自治体職員にみると言う。つまり、公務員のプロフェッショナル化は、「社会倫理・市民常識を備えながらもそれを超える能力をもった、しかも自立しかつ協力の精神に富み、政策能力と対市民規律を不断に高め」（同上 p.53）ようとする公務員の集団によってなされ、それは、日々、様々な問題と格闘する自治体の現場から形成されるとする。

　ここでのプロフェッショナルは、〈社会倫理・市民常識を上回る職業倫理と常識をもち、常に政策能力の向上をはかり能率を追求し、相互協力のもと、サービスを提供する責任主体として職務を遂行する職業人〉であり、プロフェッショ

---

[5] 例えば、教師には学生、医師には患者が必要であり、それが存在することでその職務が果せること。西尾は、公務員にとって学生や患者にあたるのが市民だと言う。（西尾隆 1998-a p.41）

ンは、〈職業倫理を共有する専門職業人の集団により顧客（市民）の問題を解決する職業〉と言える。

　2010（平成22）年の『都市とガバナンス』では自治体職員の「専門性」を特集[6]し、3人の研究者が論文を寄せている。先の西尾隆は「専門性」を、採用時に制度化されている「専門性」と採用時に制度化されていない「専門性」に分けた。前者を、①専門職や技術職の資格免許系（保育士・保健師・看護師・医師など）　②技術系（土木・建築など）　③一般事務系（福祉・病院事務・心理・情報処理など）―とした。後者を、①危機管理の専門家[7]　②自治体のコアコンピタンスに基づく判断能力　③新しい社会問題に対する感性と問題の本質を発見するためのコミュニケーション能力―とした。横山正博は、従来の「専門性」を「一定の仕事を決められたルールで行い、決められた成果を達成する」（横山2010 p.90）こととし、現在の「専門性」を2つに分類した。1つは、西尾隆と同じ専門職や技術職の「専門性」とする。2つは、住民のニーズに応じて発揮される創造性であり、新たな価値をつくる「意図や行動」とした。大矢野修は、「調整にもとづく合意を引き出す行政技術」（大矢野2010 p.96）と述べ、それは、「日常業務の背後に隠れているものを透視する力」（同上p.101）であり、たえず書き換えられ再構成されると言う。

　ここでの「専門性」は、〈資格や免許に裏付けられた知識や技術〉〈専門的な知識もった人〉〈判断能力、コミュニケーション能力、創造性などの具体的な能力〉〈感性、意図といった心的作用〉〈職務遂行での一連の行動〉と言える。

　以上から、自治体職員の「専門性」の概念をまとめると次になる。①その人

---

[6] 特集名は「都市自治体職員の専門性確保」。構成は以下。論文3本①「都市自治体の人事政策と行政の専門性確保」国際基督教大学教養学部西尾隆教授　②「都市自治体職員のキャリアデザインと行政執行の専門性確保」星城大学経営学部横山正博教授　③「行政の限界と都市自治体職員の専門性」龍谷大学法学部大矢野修教授。報告「人材育成リーダー認定制度について」市町村職員中央研修所（市町村アカデミー）研修主幹辻政孝氏。評論「小さくても"最高水準"の拠点をめざして」飯田市歴史研究所の粂原明氏。調査研究紹介「都市自治体行政の専門性確保に関する調査研究」。イベント紹介「第8回都市政策研究会交流会開催」。（大学名、所属は掲載時のもの）

[7] 例えば、2009（平成21）年の新型インフルエンザや2010（平成22）年の宮崎県の口蹄疫、あるいは、自然災害などの専門家。

がもっぱら研究・従事し、知識が学問的に体系化されている〈状態〉 ②組織の中で個人やチームが果たすべき〈役割〉 ③制度化され社会的に承認された人や集団の〈職業〉 ④判断能力、コミュニケーション能力、創造性などの具体的な〈能力〉 ⑤感性、意図のような〈心的作用〉 ⑥職務遂行上の〈一連の行動〉。

　自治体職員の「専門性」の議論は、このような多様な概念の混在の中で行なわれる。しかし、この多様な概念に共通する原理には、すでに自治体職員と民間人の能力の差がなく、行政サービスを民間の事業者が担うという自治体を取り巻く環境の変化がある。武藤は、その原理にあって、「自治体には自治体の役割があり、その役割を遂行するために自治体組織がある」（武藤 2012 p.12）と述べる。そのことは、自治体職員に対し、自治体の役割を遂行するためにその職を果たすことを求める。つまり、自治体職員の「専門性」の議論の根底には、〈自治体職員が社会の中で果たすべき役割とは何か〉の問いがある。この問いは、能力開発での根源的な問題であり、自治体職員の能力開発の原点と言える。

3　本書の目的と構成

　まず、本書の目的は、自治体職員の「専門性」とは何かを解明することであり、そのことから自治体職員の能力開発への提言を目指す。そのために、能力開発の原点としての「専門性」に着眼する。よって、ここでは、自治体職員の「専門性」の定義を〈自治体職員が社会の中で果たすべき役割からくる能力〉とする。

　本書は3章で構成される。〈第1章 「専門性」概念の歴史的変遷〉は、先行研究になる。ここでは、自治体を取り巻く環境の変化が自治体職員の「専門性」にどのような影響を与えるのかについて考察する。つまり、①自治体職員の「専門性」は時代とともに変化するのか、変化しないのか ②変化するとすればその要因は何か－を明らかにする。そのため、各時代[8]が求める自治体職員の「専門性」を多角的観点で分析する必要から、アカデミックな研究者およ

---

[8] 時代区分については後述。

び実務家による論文と自治体職員の能力開発の方向性に大きな影響を与えたと言える報告書を考察する。アカデミックな研究者とは、蠟山政道、辻清明、松下圭一、西尾勝であり、実務家は加藤富子、報告書は1996（平成8）年に当時の自治省より出された報告書になる。

具体的には、1947年から1960年代中頃では、蠟山政道の論文と辻清明の講義録を分析する。この時期の特徴は、戦前と戦後で自治制度が抜本的に変わり、その民主的運営が求められたが、自治制度の実態は戦前の影響を強く残していたことにある。従って、自治体職員に関する文献も、戦後の地方公務員制度やその民主的運営の理念に焦点があてられている。自治体職員の能力について具体的な記述のある文献は少ない。しかし、蠟山政道は、戦後の自治体職員の能力について、戦前のそれを痛烈に批判する観点から論じ、辻清明は、先進的なイギリスの公務員教育の事例から、求められる能力や能力開発の手法について論じた。これらの論文からは、当時の自治体職員の課題と求められる能力を具体的に読み取ることができる。

1960年代中頃から1970年代中頃は、日本経済の高度成長による公害の発生や大都市への資源の集中が様々な社会問題を起こした。その問題解決に住民が頼りにした自治体は、相変わらず戦前の自治制度を残していた。それ故、旧態依然とした体質の自治体を、新しい経営手法を取り入れ成長する企業と経済性や効率性の観点で比較する文献がみられる。つまり、ここで自治体職員の「専門性」を考察するには、実務の観点から自治体と企業の違いを捉え、双方に求められる能力を論ずる文献が必要となる。しかし、この時期の自治体職員の能力に関する文献には、その「専門性」を具体的に分析できる文献そのものが少ない。その中にあって、加藤富子は、実務家の視点をもって自治体と企業の組織特性を比較し、自治体職員に求められる能力を論じた。加えて、加藤は当時、自治大学校研究部長であり、自治体職員育成機関の部長が、自治体職員に求められる能力をどのように捉え、伸長させようとしていたのかを知ることができる。

1980年代では、松下圭一、西尾勝の論文を分析する。この時期には、まだ、自治体と国の基本的な関係は変わっていない。しかし、国と自治体の関係を上

意下達とする古い価値観から、住民の視点からの行政という新しい価値観への改革が自治体内部から生起し、行政の文化化が言われる。価値観の転換は、量から質への行政需要の変化による。この時期、松下は、シビル・ミニマムの新しい概念から市民参加による政策策定や自治体での政策基準の自主設定を強調する。西尾は、1995（平成7）年に設置された地方分権推進委員会の主要メンバーであり、第一次分権改革を実現させた。ここでは、自治制度の抜本的改革への動きが実質的に進む直前の時期に、自治体政策の新しい概念を生み出した松下と、第一次分権改革に直接携ることになる西尾が、自治体職員の役割と能力をどのように考えていたのかを研究する。

1990年代では、1996（平成8）年に当時の自治省より出された『地方公共団体職員の人材育成－分権時代の人材戦略－』を分析する。この報告書を取りあげる理由は2つある。1つは、本報告書が全自治体に配布され、人材育成計画策定の雛形とされたことにある。つまり、第一次分権改革により自治体と国の関係は抜本的に変わるが、それを見据えて策定された本報告書には、改革後の自治体職員に求められる能力が述べられている。2つは、1990年代の自治体職員の能力に関する文献の特徴からくる。1990年代に入ると、それ以前に比べて自治体職員の能力に関する文献の数は増え、内容も異なってくる。特に、内容については、1990年代以前の文献の多くは、自治体職員が備えるべき理念の観点から著されるが、この時期には、個別の技術を具体的に論ずるものが多くなる。加えて、突出した文献が少ない。このような中にあって、本報告書は、それら文献の内容を網羅的に集約したものと言え、当時の自治体職員の能力に関する論点の特徴を示している。

これらの文献から、戦後の歴史の中で自治体職員の「専門性」がどのように捉えられてきたのかを分析する。なお、「専門性」という言葉は、1940年代から1970年代にはほとんどみられない。「専門性」が論文の中でみられるようになるのは1980年代であり、多く使われるようになるのは1990年代以降になる。従って、本書では、先に示した自治体職員の「専門性」の定義に従って、先行文献を精緻に分析する。

〈第2章　自治体の人事異動・研修制度・職員意識〉は、現代の自治体職員の「専

門性」を考察する前段階のケーススタディとなる。本書は、先にも述べたように最終的に自治体職員の能力開発への提言を目指す。従って、能力開発と関係の深い人事政策とその人事政策を職員がどのように捉えているのかを調査しなければならない。ここでは、職員数約 3500 人の自治体の幹部職員[9]に焦点をあて、ケーススタディを行なった。

〈第 3 章　現代自治体職員の「専門性」概念－インタビューより－〉では、現職の自治体職員が、どのように「専門性」を捉えているかを彼らへのインタビューから探る。インタビュー対象者は、先のケーススタディ対象者の中から選抜した。

なお、第 2 章、第 3 章で考察の対象を自治体の幹部職員とする理由は、①幹部職員には部下指導育成の役割があり、彼らの職務に対する意識や組織での行動が、日常業務を通して、他の職員の意識や行動の手本となること　②従って、幹部職員の捉える「専門性」が、自治体職員全体の「専門性」となり得ること－による。

以上の工程から、自治体職員の「専門性」とは何かを解明し、自治体職員の能力開発への提案を試みる。

4　用語の使い方と引用の表記

用語の使い方の原則は次になる。単に自治体と記した場合は、基礎自治体を言う。同じく自治体職員と記した場合は、基礎自治体が各年度に募集する一括採用職員の一般行政職を指す。自治体の課長以上の職層の職員は、幹部職員と記す。

先行研究で使われる地方公務員については、その意味が大きく変わらない限り、自治体職員と表記する。併せて、地方公務員とした方が、その文献の意図することがわかりやすい場合は、そのまま地方公務員とする。

能力は、特にことわりが無ければ、一般的な使われ方と同様に、〈組織で働

---

[9] 課長以上の職員であり、いわゆる管理職。

く中で職務遂行上求められる力〉とする。

先行文献の引用表記は、「」内は原著からの引用になる。同じページからの引用が続く場合は、煩雑さを避けるためその都度の（）による注釈はしない。

インタビューでは、回答者の言葉をそのまま引用する場合に「」を用いる。

5　時代区分について

本書が対象とする時代は、戦後の地方自治法制定時期から現代となる。時代区分は、自治体を取り巻く環境の変化と「専門性」の関係をみるために、この間を6期に分ける。

第1期は、日本の統治制度が変わり、地方制度が根本から変革された1947年の地方自治法制定の頃であり、これを〈地方自治法制定初期〉とする。第2期は、国と地方が一体となり戦後処理とその後の経済成長を果たした1950年代中頃から1960年代中頃とし、それを〈中央地方協調期〉とする。第3期は、経済成長とともに生起した公害や都市問題により、住民意識や社会構造が変動し、自治体職員がその関心を国から地方へ向け始めた1960年代中頃から1970年代中頃であり、〈変動転換期〉とする。第4期は、行政需要が量の充実から質の向上となり、自治体がそれに応えるために内部改革に取り組んだ1980年代であり、〈行政需要移行期〉とする。第5期は、戦後も続いてきた中央主導による行政から、自治体の自主性を重んじる行政への改革がなされた1990年代であり、〈第一次分権改革期〉とする。第6期は、2000年から2010年までの〈現代〉とする。（表(序)-1）

表(序)-1 時代区分

期	年　代	本書での名称
第1期	1947年〜1950年代中頃	地方自治法制定初期
第2期	1950年代中頃〜1960年代中頃	中央地方協調期
第3期	1960年代中頃〜1970年代中頃	変動転換期
第4期	1980年代　＊1970年代後半を含む	行政需要移行期
第5期	1990年代	第一次分権改革期
第6期	2000年〜2010年	現代

筆者作成

第1章 「専門性」概念の歴史的変遷

1 地方自治法制定初期

(1) 蠟山論文の現代性

1-1 能率と自治体職員の心理

　蠟山政道は、「今後の地方自治の問題」(1949) [10] の中で、地方自治法制定後に求められる自治体職員を論じた。まず、民主的な自治行政の能率 [11] を保障する条件 [12] を示し、その1つを「高度の知的能力と道徳的才幹」(蠟山 1949 p.4) のある自治体職員とした。そして、そのような人材をいかに確保し養成できるかが課題だと述べた。

　蠟山は、その理由を2つ示した。1つを、自治体の能率の「低劣」(同上 p.8) に求める。その低劣の根底には、自治体職員の「卑屈な劣等感と役人根性の低劣な心理」があり、国と地方の封建的な「上級・下級」の関係が、それを生みだしたと指摘する。

　日本では、1888 (明治21) 年に、近代的な自治制度の市制町村制が発布され、1889 (明治22) 年の大日本帝国憲法制定の翌年には、府県制・郡制が制定された。しかし、明治憲法以来の中央集権の自治制度は長く継承された。市制町村制では、市町村は制度上は独立した自治団体だったが、実際は府県知事や内務大臣の強力な監督のもとにあった。その監督は、条例や起債の許可、予算の強制、市町村長の懲戒、市町村会の解散などにおよび、市長は内務大臣の任命によった。府県制・郡制では、府県には法人格も条例制定権も与えられることはなかった。府県知事は地方官官制による内務大臣直属の官吏であり、郡市町村を厳しく監督した。日本の自治制度は、長く官の意思を下達させる国の下部組織とし

て位置づけられていた。

　このような上下のヒエラルヒー構造の中で、強力な監督権をもつ自治体の長は、天皇の官吏と呼ばれ、お上（かみ）であり、大学教育を受け試験競争を勝ち抜いたエリートだった。自治体職員の仕事は、官吏に仕えることであり、国から下達される事務をその意向に沿って間違いなく実施することだった。今日のような住民の視点からの自主的な行政など考えようもない。

　このような自治制度であれば、自治体職員が、国と地方の関係を上下の関係と捉え、その意識の中に卑屈な劣等感や役人根性の低劣な心理をもったとしても不思議ではない。当時の自治体職員の能率が低劣だったことは想像できる。

　しかし戦後、1947（昭和22）年に日本国憲法と地方自治法が制定されると自治制度は、抜本的な変化をとげた。日本国憲法は、主権を天皇から国民に移した。地方自治法は、自治体に、①条例を制定する自主立法権　②事務処理で

10　以下、蠟山論文とする。
11　西尾勝は、能率の「主要な用語法」（西尾2008 p.346）を次の3類型に分けた。1つは、「民主性原理と対置するもの」であり、非能率な政府をあげる。それは、「権力の分散、摩擦と軋轢、不満足な妥協、決定の遅延」を特徴とするが、能率は、官僚制度のような「有能な専門行政官で構成される公務員制」「整然たる秩序、迅速な決定、最善の方法の選択」（同上 pp.346-347）を特徴とする。この場合の能率は、「有能であること、仕事ができること、仕事が速いこと」（同上 p.347）と同義と言う。
　2つは、「個々の活動の性能を評価する概念」であり、ある活動に対し投入される努力とその活動から産出される成果の比率を言う。この場合、「最小の努力をもって最大の成果をあげる方法」が最も能率的な方法となる。西尾は、これを今日の能率概念とする。
　3つは、組織活動をする人々の組織活動に対する「満足度の度合い」（同上 p.349）を指す。組織活動をする人々の満足度が高ければ、組織に対する貢献意欲が高くなり、組織活動はおのずと拡大し発展するという因果関係を想定する。
　これに加え、戦後占領期では、能率を「民主性」（西尾1992 p.251）と並列させているものが少なくないと言う。
　辻清明は、戦後の能率がとらえる範囲は、個人から組織に変わると指摘する。（辻1962 p.4）
　以上のことから蠟山論文での能率とは、まず、有能であり、仕事が速く、仕事ができること。加えて、最小の努力で最大の成果をあげることと考えられる。
12　①開明された選挙民　②智恵、公共精神、廉潔心をもった議員　③科学的な構成による行政機構　④高度の知的能力と道徳的才幹のある自治体職員（蠟山1949 pp.3-4）

の自主行政権　③財産管理での自主財政権－を規定した。つまり、日本国憲法と地方自治法は、自治体職員に地方自治の民主的運営と自己裁量を求めた。国と地方の封建的な上下関係による、自治体職員の、卑屈な劣等感と役人根性の低劣な心理ではそれを実現することはできない。蠟山は、自治体職員の地位と資格要件の向上、自治体職員の責任感の助長を強調した。

　２つは、当時の行政が既存分野では専門分化し、その水準が国に劣らず高度化していたことと、それらに新たな分野が加わることを指摘する。蠟山は、既存分野を具体的に、警察、衛生、土木、公企業、教育、労働、社会事業、経済、産業とし、それらについて、「科學を背景」（同上 p.11）にもつ専門技術だと述べる。新たな分野とは、地方自治法によって規定された、自主立法権、自主行政権、自主財政権の運用にかかわる人事、財務、会計、統計、物資調達の分野であり、戦後の新しい自治制度でその重要性は増すと言う。従って、既存分野では、その水準を高度化させる方策として、大学での地方行政の専門学科の設置と、新たな分野では、適材を育成する教育機関の設置が急務であるとする。

　蠟山は、自治体職員に高度な知的能力と道徳的才幹を求める理由を以上のように示した。そのうえで、自治体が必要とする人的要素を「行政的識見又は才幹」（同上 p.10）と「専門的な技術的な知識技能」とし、そのような人材によらなければ「能率ある地方行政は期待できない」と言う。蠟山は、新しい自治制度の樹立と運用に、自治体職員の能率が深くかかわっていることを強調する。

1-2　お役所仕事との決別

　蠟山は、自治体職員に求められる能力を能率の観点から論じた。能率は、自治体の政策やその活動の評価で今日も使われる。それは、自治体の普遍の課題と言える。

　自治体の仕事は、長い間、決められたことを決められた通りに行うお役所仕事と言われた。それは、自治体職員に、午前9時から午後5時の執務時間を徹底して守り、受付の窓口に住民がいようがいまいが時間になればシャッターを閉め、相手の必要や要望に耳を傾けることなく型どおりの事務処理をさせる。

事なかれ主義でサービス精神はない。非効率であっても気にしない。お役所仕事により提供される行政サービスは、能率とは程遠いものになる。

お役所仕事は、地方分権一括法の施行（2000（平成12）年）を機に、能率の観点から抜本的に見直され、自治体職員の能力開発の議論は活発となった[13]。

地方分権一括法の最も注目すべき改革は、機関委任事務制度の廃止と言える。機関委任事務制度は、自治体の長を国の機関とみなし、国の事務を委任する制度であり、機関委任事務は国から出される通達による包括的な監督のもとにあった。明治憲法以来のヒエラルヒー構造は、機関委任事務制度として戦後も継承された。つまり、機関委任事務制度は、自治体職員の心理の底流に、蠟山が言う、卑屈な劣等感と役人根性の低劣な心理を残した。

しかし、機関委任事務制度は、第一次分権改革の到達点[14]である地方分権一括法により廃止された。具体的には、約700項目の機関委任事務が廃止され、廃止に伴う事務を自治事務と法定受託事務とした[15]。法定受託事務は、自治体の事務として明確化され、併せて、国の自治体への関与は、技術的な助言に改められた[16]。加えて、地方分権一括法は、自治体の法令解釈権を拡大した。自治体は、その法令解釈をめぐって、国、都道府県、市町村間で訴訟により争う

---

13 例えば1996（平成8）年には、地方行政運営研究会公務能率研究部会から『地方公共団体職員の人材育成 - 分権時代の人材戦略 - 』が、1997（平成9）年と1999（平成11）年には、自治省から『地方自治・新時代における人材育成基本方針策定指針』と『地方自治・新時代の地方公務員制度 - 地方公務員制度改革の方向 - 』の報告書が相次いで出された。

14 西尾勝（2008 pp.91-92）は、1993（平成5）年6月に国会で行われた、地方分権推進の決議から地方分権一括法施行の2000（平成12）年4月までを第一次分権改革としている。

15 例えば、信用組合や社会保険事務所などは、国が直接執行するものとし、公益法人の設立認可、都市計画区域の指定、就学校の指定などの全体の約6割に相当する398項目を自治事務とした。そして、戸籍事務、旅券交付、生活保護の決定や実施、国政選挙など全体の約4割にあたる275項目を法定受託事務とし、残り11項目は事務自体を廃止することが実行された。（山本貞雄 2003）

16 具体的には、次のように類型化された。自治事務については、技術的指導、勧告、報告徴収、事前協議、是正措置要求に限定し、法定受託事務については、技術的指導、勧告、報告徴収、事前協議のほか、許可・認可・承認、指示および一定の条件での代執行ができるものとされた。（山本貞雄 2003）

ことが可能となった。地方分権一括法は、国と自治体の関係を「上下・主従の関係から新しい対等・協力の関係」（西尾勝 2008 p.94）とし、自治体の自己決定権を大幅に拡大した。自治体は、自律的な政策立案とその執行ができるようになった。

　この改革は自治体に、2つの重大な課題を突きつけた。1つは、機関委任事務が、その廃止に至るまでの間、行政機能の膨張とともに数を増加させ、都道府県では事務の7～8割となり、市町村でも3～4割を占めたことによる。自治体は、その事務の7～8割か3～4割について、お役所仕事と言われつつも、国の示すやり方に従えばよかった。しかし、地方分権一括法により機関委任事務制度が廃止された後は、自治体は、それらを自らの事務とし、住民の要望に沿った事務処理をしなければならない。住民の要望は高度複雑になっている。自治体職員は、担当する分野の専門的な知識や技術を住民以上に高めておかなければ、求められる水準に沿った事務処理をできない。

　2つは、自治体の裁量による行政サービスの提供が可能になったことによる。住民の期待に応える行政サービスの提供は、自治体職員と自治体組織に新たな能力、機能と分野を要求する。自治体職員には、地域やその住民について熟知し、そこから派生する問題を捉え、解決策を考え、政策として結実させる能力が求められる。自治体組織には、政策形成機能とそれを実現させるための新たな分野（例えば、情報の分析、行政サービスの企画立案、条例化、予算編成、財源措置、組織内の人事、物資の調達などにかかわる分野）が重要性を増す。

　自治体はこれらの課題を解決するために、新たな人材を確保し養成しなければならない。それは、お役所仕事の底流をなす心理と決別した自治体職員による組織の再構築とも言える。

1-3　現代につながる議論

　以上から、蠟山論文の現代性とそれを取りあげる意義を考える。
　まず、蠟山は、自治体職員を能率の観点で論じた。能率は、自治体の普遍の課題であり、自治体の政策やその活動の評価で今日も使われる。

次に、蠟山は、明治憲法以来の国と地方の上下関係が、自治体職員の心理に、卑屈な劣等感と役人根性の低劣な心理を生みだしたとした。その心理は、機関委任事務制度を通して、長く自治体職員の心理の底流をなした。それは、蠟山が自治体職員に求めた自治の民主的運営や、住民が求めた住民の視点からの行政の実現を阻んだ。つまり、自治体の能率の低さは、この心理の作用によった。

最後に法制定の観点では、蠟山論文が著されたのは、日本国憲法と地方自治法の制定時期であり、現在行なわれている自治体職員に関する議論の端緒は地方分権一括法の制定にある。これら法の目指すところは、自治体の独自性やその発展を阻んできた国と自治体の間にある、上下のヒエラルヒー構造を変えようとするものであり、自治体の権能の拡大と言える。そのことは、自治体職員と自治体組織に次のような変化を与えた。

蠟山論文の日本国憲法と地方自治法制定の時期では、まず、自治体職員の仕える対象は、官吏から国民に変わった。国から下達され官吏の指示に従えばよかった事務処理は、自治体の判断で行うことになった。しかし、その事務はすでに科学的背景をもつ専門に分化していた。加えて、自治体には、条例の制定、自主的な事務処理、財産管理が任されることになり、それらを担う新たな分野が求められるようになった。従って、これらを担える自治体職員の確保と養成が自治体にとって重要な課題となった。

地方分権一括法制定の時期では、実質的に自治体を国の出先機関とみなす機関委任事務制度が廃止され、自治体の自己決定権は拡大された。そのことは、自治体に、住民の要望に沿った事務処理を求めた。住民の要望に応えるためには、自治体職員は、その関心を国から地域へ移さねばならなかった。同時に、既存分野の専門的な知識や技術を住民以上に高めなければならなかった。行政サービスの提供では、自治体の裁量が可能となり、自治体職員には政策的観点が、自治体組織には政策を支える新たな機能と分野が求められた。従って、これらを担える自治体職員の確保と養成が自治体にとって重要な課題となった。

蠟山論文と現在の自治体職員をめぐる議論について、能率、自治体職員の心理、法の制定の観点から共通項を示せば以上になる。蠟山論文は 1949（昭和24）年に著されたが、そこに現代性をみることができる。つまり、ここで示さ

れた自治体職員の課題や、「行政的識見又は才幹」と「専門的な技術的な知識技能」の人的要素は、現代にも通じると言える。

（2） 自治体職員に求められる〈倫理〉

2-1 民主的な自治と倫理

蠟山が示した人的要素の「行政的識見又は才幹」の識見と才幹を辞典で調べれば、識見は、「物事を識別または勘察する能力。みわけ。見識。」（富山房 1960 p.922）、「物事を正しく見分ける能力。また、学識と意見。すぐれた意見」（小学館 2006 p.249）であり、才幹は、「事を爲す才能あること。有爲の伎俩を具へ居ること。又、才學のあること。」（富山房 1960 p.828）、「物事をうまく処理していく才能のあること。また、そのさま」（小学館 2006 p.249）とある。このことから「行政的識見」は、〈物事に対する自治体職員としての確かな考えにもとづく判断〉であり、「行政的才幹」は、〈民主的な地方自治の運営〉と解せる。つまり、蠟山は、自治体職員に、〈自治体職員としての確かな考えにもとづく民主的な地方自治の運営〉を求めた。自治体職員が行政を運営する際の基準を、国や官吏から住民に移し、住民から期待される自らの役割を正しく認識することで、民主的な地方自治が可能となる。

そのことに関連し三宅太郎は、「民主政治のとりで（bulwark）を形成するものは、結局において、公務員の高い倫理的な実践行為に外なら」（三宅 1958 p.6）ず、「公務員の行為が倫理的であることを切望しない市民」はいないと言う。その背景に公務員の汚職がある[17]。

公務員の汚職には、制度によるもの、政治と権力が結びついたもの、行政執行上起きるものなど、様々な要因がある。そこにはいずれも、公務員としての

---

17 1960（昭和35）年の『都市問題』（東京市政調査会）では「主集　自治体における汚職の問題－汚職をなくすために－」が組まれ論文5本が掲載される。汚職は社会問題だった。

考え方や判断の基準がかかわり、汚職は、それらが社会通念や住民の意識と離れているときに起こる。つまり、汚職の問題を引き起こす考え方や判断の基準では、行政での政策の公共性や事業の公平性は保障されない。そのようなことが、日常生活に最も近い自治体で起これば、自治体職員に対する「嫌忌不信」の感情は根強く住民の心に残り、新しい自治の前途にはかりしれない「暗影」を投ずる。加えて、自治体職員の倫理は、地域社会の倫理水準を代表する。三宅は、自治体職員に対し、「高い倫理的水準」（同上 p.7）の保持を要求した。

　明治憲法以来の国と地方の封建的な関係から、地方自治法による民主的な自治への転換期に、自治が民主的に行われるかどうかは、新しい価値観である民主主義を自治体職員がいかに認識するかという問題と密接に関わっている。それを、蠟山は強調する。三宅は、自治体職員が住民の期待に応える行政を行い、信認を得るには、自治体職員の倫理のあり方が重要であることを論じる。つまり、民主的な行政の実現は、自治体職員の倫理の水準をどこに据えるのかという問題と密接にかかわっている。蠟山が示した人的要素の「行政的識見又は才幹」は、地方自治法制定初期の自治体職員に求められた〈倫理〉と言える[18]。

2-2　公務員の行動の型

　蠟山は、公務員の倫理を「一定の考え方や行動をする型」（蠟山 1954 p.19）であり、「精神的な支柱」（同上 p.20）[19]と言う。日本の「過去の官僚」（同上 p.19）の倫理は、伝統や慣習にもとづいていた。しかし、新憲法下では、過去の倫理に代わる公務員の新しい倫理は生まれていず、それが公務員の汚職にみられる

---

18 和辻哲郎は、哲学での倫理を、1つは共同体とし、2つは共同体の「存在根源」（和辻 1951 p.9）としての秩序や道と述べた。従って、共同体を「捨象」した個人的な意識は、倫理とは縁がなく、共同体が存在する故に秩序や道という道徳的判断や評価があると言う。この道徳的判断や評価は、古くから風習として人々の間で認識されていた。つまり、私たちは倫理という言葉に、意識しなくとも道徳観念を見いだし、それが共同体である家庭や地域社会、広くは国家を成立させるための当然の心のあり方としての感覚を抱く。公務員の汚職の問題に、公務員の道徳観念、すなわち倫理が深くかかわっていることを容易に理解する。
19 精神の精の文字は筆者により現代字に直している。以下同じ。

腐敗に反映していると指摘する。加えて、公務員は公務、すなわち「広義の政府に関係」(同上 p.17)する特殊性から、公務員の倫理には「社会的、政治的影響から超越」(同上 p.20)した「行政の自律性」が求められるとする。蠟山は、特に公務員の「政治的中立性」を強調し、3つの理由を示した。

1つは、公務員が「一般市民」(同上 p.21)と同じように、基本的人権を行使するのが民主主義だとして、「自由な言動を職務遂行の場」にもってくることが許されるのかとの問題意識からくる。つまり、自由な活動を許された市民の立場と公務員の立場には相違があると言う。公務員の立場であれば、職務遂行には公益の代表や国家の利益について、しっかりとした考えをもたなければならない。蠟山は、それを公務員の「倫理感」(同上 p.23)とする。公務員が、狭い集団や団体の利益を追求することが民主主義であるという考えに陥っては、公益の代表としての任務を果たし、国家の利益を守ることはできない。

2つは、公務員が政治的に中立でなければ、組織の中で自分の考えを率直に進言したり、他の部局と相談協力して職務を遂行することはできず、セクショナリズムに陥る。そうであれば、組織としての「本当の意味のユニティ」(同上 p.24)を生まない。つまり、公務員が政治的に中立であれば、「行政組織に統一性」が生じ、その組織は1つの「有機体」となる。

3つは、「国家公益の擁護者である公務員が怠けたり、倫理的な精神をもっていないということは、公益の侵害である」(同上 p.26)とし、公務員の倫理の低下は、公益と国家利益を侵すことと同義と言う。従って、「或るスタンダードを要求する、という一つの政治哲学」をもって、公務員の倫理を決定することが重要だとする。

蠟山は、公務員の倫理に、公務員が国民と向かいあい、国民の利益を考え行動する型を求めた。つまり、公務員の倫理が、民主的な行政を支える不可欠で核心的な要素であることを強調した。

2-3　心理的空白の回復

三宅は、公務員の倫理の低下が、公務員の汚職を引き起こすと言う。先にも

触れたように、当時は、公務員の汚職が社会問題だった。しかし、汚職は公務員にとどまらなかった。目的のために手段を選ばないのは、政治家も同様であり、社会が「徹底的に腐敗」（同上 p.20）していた。蝋山は、その原因を、人々の「心理的な空白状態」（同上 p.19）に求める。戦中からの経済的な窮乏に敗戦の打撃が加わり、日本国民全体の道徳が低下したことが、心理的な空白を生みだしたと指摘する。恒藤恭も、1945（昭和20）年の敗戦が、日本社会に深刻な動揺をもたらしたと述べる。その要因の1つを、国民が「既存の倫理」（恒藤 1958 p.5）を失ったことと、それに「代わる倫理」を与えられなかったことに求める。

石川伊織は、倫理の特性を次のように指摘する。「倫理がうまく機能している場合には、だれもその存在を自覚」（石川 2002 p.14）しないが、「自覚されることがあるとすれば、それは旧来の倫理が機能しなくなった時」（同上 p.15）である。なぜならば、「親やそのまた親の世代から何ら疑われることなく綿々とつづけられてきた生活の繰り返しは、それがまさに普通のこと、当たり前のこと」（同上 pp.14-15）であり自覚されることはない。つまり、1945（昭和20）年の敗戦と1947（昭和22）年の日本国憲法と地方自治法の施行は、旧来の価値観とは大きく異なる価値観の社会への転換であり、それは、当然とされてきた倫理が機能しなくなることを意味した。

蝋山は、日本社会に広がる道徳、つまり倫理の低下を公務員の倫理を確立することによって解決しうると考えていた。「一般的な道徳の頽廃」（蝋山 1954 p.25）を直すならば、公務員が先になってやらなければならず、「一般私生活が高くなって、それから公務員がよくなる」というのは逆であり、「無理でも公務員の性格というものを立派なものにするということがせめてもの突破口ではないかと思う」と述べる。

先に蝋山が、公務員の倫理に、公務員が国民と向かいあい、国民の利益を考え行動する型を求めたことをみた。ここでは、それに加え、それが、社会の規範となり、人々の心理的空白の回復にも作用することが指摘される。三宅も同様に述べる（本節(2)2-1）。新しい自治制度の確立と社会規範の再構築において、公務員の倫理は大きな意味をもっていた。

2-4 倫理の意義

　倫理には、個人の意識に帰属する問題やエチケットの範疇との捉え方がある。
　小関紹夫は、公務員の倫理が、公務員の「民主主義に徹する」(小関 1955 p.148)職業観や考えを包含することから、その確立を「現代公共行政の中心問題」(同上 p.145) と位置づける。しかし、それが確立できるかどうかは、公務員がその意義をいかに認識しているかによる。つまり、公務員がその倫理を確立するとは、公務員の「品質を証明する」(同上 p.150) ことと同義だと述べる。加えて、その確立が、「公共行政の役割を促進するという目的」をもってなされれば、倫理と言えばエチケットだとか、汚職の問題を公務員の私事として処理するような危険に陥ることを防げると指摘する。小関の論文からは、公務員の倫理が、ともすると個人の道徳の問題やエチケットとして論じられていたことがわかる。
　辻清明（1958）は、汚職は、それをする人のずる賢い知恵や、道理に合わないこじつけ、権力に屈する心理によると言う。公務員の倫理の問題と言えば、汚職であり、汚職と言えば、個人の道徳の問題として扱われた。公務員の倫理は、個人に帰属する道徳の問題とほぼ同義となっていた。このように、公務員の倫理を個人の道徳の問題と捉えれば、倫理を確立しても、職務の中での実践は、個人の自覚に任せることになる。しかし、小関が言うように、公務員の倫理が、公務員の品質、つまり、行政サービスの質を保証するものであれば、個人の自覚にゆだねられる問題ではない。公務員の倫理とは、その意義を理解した公務員の職業観によって実践されなければならない。
　武田實は、公務を「公共の利益のための奉仕そのものを目的とする活動」(武田 1981 p.126) と定義する。公僕たる人間の個々の能力が、組織力として総合され、公共の利益という価値を創造することだとも言う。それは「頭の中で理解できたからすぐに実行できる」ものではなく、その実行には、どのような刺激や反応にあっても「堅持されるべき考えや行動などについて、自己管理」(同上 p.133) できる倫理が求められる。加えて、公務員には権力がともなうこと

から、正しく自分の地位や責任を理解し、「自分の持つ権限は、自分自身のものではない」（同上 p.136）という意識の助長にも倫理が大切だとする。武田は、公務員がその立場と役割を認識し、立場と役割に対する意義と価値を自覚することが、公務員の「倫理の始まり」（同上 p.145）だと強調する。

原田三朗は、公務員の倫理を「公務員の職務に関する行動の適正な判断基準」（原田 2007 p.13）と定義し、エチケットや心がけ、行儀のよさではなく、民主的な行政を行うための技術だとする。（表 1-1-1）

表 1-1-1　公務員倫理の意義

蠟山 (1954 年)	一定の考え方や行動の型。行動の根拠となる心理的作用。社会の規範。
小関 (1955 年)	民主主義に則った職業感覚をもつこと。公務員の品質を保証するもの。
三宅 (1958 年)	民主政治のとりで（bulwark）を形成するもの。
武田 (1981 年)	公務員の立場と役割を認識し、その立場と役割に対する意義と価値の自覚。
原田 (2007 年)	職務に関する行動の適正な判断基準。

筆者作成

以上から、公務員の倫理を、個人の意識に帰属する問題やエチケットの範疇と捉えることは、的を射ない。公務員の倫理とは、民主的な行政を行なううえでの考え方の根本であり、公務員としての行動の規範と言える。同時に、公務員の倫理は、ある時代の公務員らしさを形成する根拠ともなる。このことからすれば、1947（昭和 22）年の日本国憲法と地方自治法の施行は、公務員の倫理を旧来の倫理から新しい時代の倫理として構築することを意味した。しかし、公務員の倫理の議論は、1950 年代を境に、しだいに議論の舞台から遠ざかった。

公務員の倫理に関する法整備から言えば、2000（平成 12）年に国家公務員倫理法が施行され、自治体でも職員の倫理保持に関する条例や規則が作られている。しかし、これら法律や条例が、公務員の考え方や行動での「精神的な支柱」（蠟山 1954 p.20）になり、「誇り」（同上 p.19）や「気質」になっているかと問われたときに肯定することができるだろうか。公務員の失われた倫理の問

題は、いまだ解決されず、そのことが、公務員が公務員であることの理由を曖昧にしている要因であり、現在の公務員をめぐる議論に欠如している部分と言える。

（3）〈専門的な知識や技術〉と〈政策立案展開力〉

3-1 〈専門的な知識や技術〉

蠟山は、「専門的な技術的な知識技能」が、行政の既存分野と新たな分野で求められる人的要素だとした。

まず、既存分野とは、具体的には警察、衛生、土木、公企業、教育、労働、社会事業、経済、産業であり、自治体のタテ割りの分野である。地方自治法制定初期には、それらは、大学でそれぞれの専門学科を設置し人材を育成することが望まれるほどに発達していた。つまり、既存分野での「専門的な技術的な知識技能」とは、大学の専門学科で習得する水準の〈専門的な知識や技術〉と言える。

3-2 〈政策立案展開力〉

次に「専門的な技術的な知識技能」が求められるのは、人事、財務、会計、統計、物資調達の新しい分野である。これらは、地方自治法によって規定された、自主立法権、自主行政権、自主財政権の運用にかかわり、自治体での人材の偏在、事務事業の重複による無駄な支出、情報共有などの問題解決をする新しい機能と言える。つまり、タテ割りの既存分野の枠組みを超えた観点から、行政がより能率的に行われるように人事、財務、会計、統計、物資調達の行政を駆使して政策を立案し展開する能力が求められる。新しい分野での「専門的な技術的な知識技能」とは、〈政策立案展開力〉とみることができる。

(4) 地方自治法制定初期の「専門性」

4-1 地方自治法制定初期の「専門性」

以上から、地方自治法制定初期の自治体職員の「専門性」と人的要素の概念は次になる。

まず、蠟山論文の問題関心は、自治体職員の能率の低劣であった。なぜならば、自治体職員の能率が、地方自治法の目指す地方自治の民主的な運営とその実現を阻む要因だったからである。つまり、地方自治法制定初期の自治体職員に求められる「専門性」とは、〈能率ある行政により民主的な地方自治を実現すること〉となる。

次に、この「専門性」は3つの人的要素によって発揮されると言えた。1つは、〈倫理〉であり、〈自治体職員が住民と向かいあい、住民の利益を考え行動すること。社会規範となり、人々の心理的空白の回復を助けること〉だった。2つは、〈専門的な知識や技術〉であり、〈警察、衛生、土木、公企業、教育、労働、社会事業、経済、産業などの各行政分野における大学の専門学科で習得する水準の知識や技術〉だった。3つは、〈政策立案展開力〉であり、〈人事、財務、会計、統計、物資調達などの分野の連携により行政を能率的に展開すること〉だった。（表1-1-2）

表1-1-2　地方自治法制定初期の人的要素と「専門性」

専門性		能率ある行政により民主的な地方自治を実現すること。
人的要素	倫理	自治体職員が住民と向かいあい、住民の利益を考え行動すること。社会規範となり、人々の心理的空白の回復を助けること。
	専門的な知識や技術	警察、衛生、土木、公企業、教育、労働、社会事業、経済、産業などの各行政分野における大学の専門学科で習得する水準の知識や技術。
	政策立案展開力	人事、財務、会計、統計、物資調達などの分野の連携により行政を能率的に展開すること。

筆者作成

4-2 「専門性」概念考察の枠組み

　本節では、自治体職員の「専門性」が3つの人的要素で構成されることをみた。1つは〈倫理〉であり、2つは〈専門的な知識や技術〉と言え、3つは〈政策立案展開力〉だった。

　この「専門性」と人的要素の関係性は、1949（昭和24）年の蠟山論文によるが、そこには現代に通じる自治体職員の課題があった。つまり、ここで得た「専門性」と人的要素の関係性は、地方自治法制定初期から現在までを貫く「専門性」概念の考察の枠組みになると言える。今後の「専門性」概念の考察には、この枠組みを用いることにする。

　従って、本節の考察から本書での3つの人的要素を定義する。まず、〈倫理〉は、〈一定の考え方や行動の型。行動の根拠となる心理的作用。職務に関する行動の適正な判断基準〉であり、〈専門的な知識や技術〉は、〈職務遂行上求められる専門的な知識や技術〉とする。〈政策立案展開力〉については、次のようにする。

　武藤（2003）は、政策の作成理由を、作成主体が問題を認識したり、それに直面した時、その問題を解決するためだと言う。つまり、政策とは問題解決のための方法やその行動計画を作ることであり、その場合、8つの段階からなる「政策プロセス（policy process）」（同上p.36）を経ると述べる。そして、8つの段階の政策プロセス（policy process）を、「①問題の発見、②公共的問題の選択、③問題解決手法の追求、④組織内調整、⑤決定＝合意形成の社会過程、⑥執行、⑦評価、⑧フィードバック」とする。

　本節で考察した〈政策立案展開力〉も、地方自治法制定により自治体が直面した新たな問題の解決のために求められる能力だった。武藤の示す政策の作成理由と合致する。従って、〈政策立案展開力〉は、〈問題解決のための方法やその行動計画を作ること。政策プロセスの実施（①問題の発見　②公共的問題の選択　③問題解決手法の追求　④組織内調整　⑤決定＝合意形成の社会過程　⑥執行　⑦評価　⑧フィードバック）〉とする。

序論で定めた「専門性」の定義と本節で得た人的要素の定義は、表 1-1-3 になる。

表 1-1-3　「専門性」と人的要素の定義

	定　義
専門性	自治体職員が社会の中で果たすべき役割からくる能力。
倫　理	一定の考え方や行動の型。行動の根拠となる心理的作用。職務に関する行動の適正な判断基準。
専門的な知識や技術	職務遂行上求められる専門的な知識や技術。
政策立案展開力	問題解決のための方法やその行動計画を作ること。政策プロセスの実施（①問題の発見　②公共的問題の選択　③問題解決手法の追求　④組織内調整　⑤決定＝合意形成の社会過程　⑥執行　⑦評価　⑧フィードバック）。

筆者作成

2　中央地方協調期

（1）　辻講義録にみる様々な能力

1-1　時代が求める新たな能力

　辻清明は、公務員[20] 研修での一般研修[21] の必要性について、「行政教育の諸問題－ヘンレー「行政幹部学校」を中心として」（1956,1957）[22] で論じた。
　辻は、一般研修では、判断の弾力性と創造力の養成、潜在力の顕在が重要だと言う。
　まず、公務員が民間と交渉すると、「専門家という地位」（辻 1956 p.59）[23] からくる「頭の固さ」でうまくいかない。民間との交渉を円滑にするには、公務員の判断に弾力性をもたせることが必要であり、その意味で研修は効果がある。
　次に、前例踏襲の行政になれている公務員は、なかなか新しいアイディアが思いつかない。特に、行政の分野が拡大しているこの時期では、従来どおりの

やり方では、知恵がなく、住民の「かゆいところに手のとどく」行政はできない。前例踏襲にならない行政を行なうには、公務員に創造性が必要であり、その養成に研修が役立つ。

　潜在力の顕在は、例えば、法学部出身者であれば、法律に関係の深い仕事に従事すれば、法律に関する潜在力をいかすことができる。しかし、その者がもっているそれ以外の隠れた能力は、法律に関する仕事ばかりをしていたのでは十

---

20 本節で用いる「行政教育の諸問題－ヘンレー「行政幹部学校」を中心として」（辻清明 1956,1957　以下、辻講義録とする）は、自治大学校での第3回地方公務員研修責任者協議会の講義速記に基づく。受講生は、自治体職員であり、ここでの公務員とは自治体職員を指す。

21 辻講義録では、一般研修と一般教育の両方の言葉を用いている。いずれも、一般研修を意味する。辻講義録で一般教育と記されている箇所は一般研修と置き換えた。
　自治大学校には、1953（昭和28）年の開校と同時に設置された第1部（都道府県の係長、課長補佐と市町村の上級職員を対象とし期間は6カ月）、1954（昭和29）年に開設した第2部（市町村の上級職員を対象とし期間は2カ月）、1955（昭和30）年に設けられた第3部（都道府県の課長、課長補佐、市町村の助役、収入役、部課長を対象とし期間は1カ月）があり、一般研修が実施された。例えば、第1部は、基礎課目（憲法、民法、行政法、行政学、経済学、財政学、経済政策、近代社会思想史など）と専門課目（地方制度論、地方自治法、地方公務員法、地方財政論、都市経営論、農村経営論、各種管理論など）で構成された。ここでの専門課目とは、特別な技能（例えば、税務職員に対する税法、統計職員に対する統計学）の習得を目的とする課目ではなく、地方行政全般に通ずる課目が組まれた。
　一般研修の目的は、①広い視野を与えること　②判断に総合性、合理性、創造性を与えること　③自己を見つめる機会を与えること－とされた。（佐久間彊 1961）
　特別な技能の習得を目的とする専門研修は、別科研修として設立され（1957（昭和32）年税務課程、1959（昭和34）年公営企業課程）、研修生は上級税務職員に限定された。しかし、研修生のほとんどが、「異口同音に、専門課目（地方税関係）よりも専門外の基礎課目（行政法、財政学、会計学）や教養課目（管理論、時間問題など）の方が有益であった、むしろ専門課目の時間を減じても基礎課目や教養課目の時間を増やしてほしい」（佐久間 1961 pp.58-59）と感想を述べた。これについて佐久間は、「より本質的な問題につながっている」（同上 p.59）と言う。その理由を、研修生が、①専門分野を掘り下げようとすると、専門外の基礎知識や一般教養の力を借りなければならないこと　②専門的な知識や経験だけでは管理監督者として職務を遂行できないこと－を感じ、それらが、一般研修によって補完されたからだとする。
　以下、一般研修は、研修とする。

22 ヘンレー「行政幹部学校」は、以下、ヘンレー行政幹部学校とする。

23 辻は公務員を「専門官吏」（辻 1956 p.59）と表現し、「専門家という地位」にある者とする。つまり、公務を一般の民間人が従事する職業とは別の1つの専門的な職業とみなし、それに従事する人が公務員ということになる。

分発揮できない。十分に能力を発揮できないとは、「国の公務を不完全なもの」にする。従って、研修を自分でも気づかない能力を引き出す機会とすること、つまり、「潜在力を顕在化する契機」として捉えることが重要だとする。

続けて、このような研修が実施されれば、今まで顧みることのなかった「弾力的な力」（同上 p.60）や現れていなかった創造力、「未発の力」を引き出すことになり、それらを「執務に生かすこと」が研修の目的に他ならないと言う。

辻は、このような考え方がアンドレ・シーグフリードの「つり合い観念」（同上 pp.60-61）に通じ、その観念をどのように得るかが、公務員研修の課題だとする。

1-2　専門を超えて専門の上に立つ

アンドレ・シーグフリードは、20世紀を18世紀半ば以降の機械の時代に続く管理の時代だと言う。

機械の時代は、考えることとその実施方法が同じだった。日暮れに明りがほしければ、自分でランプに火を灯し、寒ければ、薪を自分でストーブにくべて暖をとる。住居がビルの上階にあれば、階段を歩いて自分の住居まで行く。個人の生活の範囲がその社会生活の範囲と同じだった。しかし、管理の時代は、日暮れに明りがほしいとき、暖を取りたいとき、上階の住居に行くときは、電気やガス、エレベーターを使わなければならず、個人の生活は一連のつながりの中に取り込まれる。仕事も同じであり、20世紀の仕事は集団で遂行され、組織は大きく複雑になり、管理的になる。つまり、技術者であれば、その者のもつ技術は、管理される諸々の事柄の1つの構成要素にすぎない。

アンドレ・シーグフリードは、管理を「1つの目的を考慮しながら整備すること」「結果をもたらすのに欠くことのできない力」「組織立てることであり指揮すること」（アンドレ・シーグフリード 1956 pp.8-9）と言う。加えて、管理には、目的とそのための手段との間に釣り合いが取れている「釣合いの観念」（同上 p.9）[24]が重要であり、それを、遅延の予測、物品の保管、機械の維持、職員の士気の高揚の「一そろいの能力」とする。

辻は、管理の時代と釣り合い観念について、次のように述べる。管理という仕事は、「技術或いは手段」（辻 1956 p.60）に通じるだけでは不十分であり、それをする人に要求されることは、「目的、手段のいずれか」にかたよった能力ではなく、「両方を知悉していること」だと言う。そして、管理の時代に求められる釣り合い観念を得るには、「専門という重圧」（同上 p.61）から逃れ、物事を「離れた立場から眺めることが必要」であり、そのような時間をつくることできれば、「よき専門家であると同時に、よき社会人」となる。そのことが、自身の仕事に対する国家や社会での正しい位置づけを考えることになる。つまり、全体をみわたせることが、釣り合い観念を得ることに通じる。

　加えて、公務員は自分がどのような立場で、どのような仕事をし、国家や社会からみて、自らがどの程度の役割を担っているのかを発見しなければならない。そのような発見をするには、「専門において十分な力量」をもつだけでなく、その専門から離れて、その専門が「一体どういう意味をもっているのか」を、自ら眺めることが必要であり、「「専門を通じて、専門の上に」」立つことが特に要求される。

　このような物事の見方や考え方を促し、求められる様々な能力を養成する研修機関として、ヘンレー行政幹部学校[25]をあげる。

---

24 以下、辻の「つり合い観念」とアンドレ・シーグフリードの「釣合いの觀念」は、釣り合い観念とする。

25 ヘンレー行政幹部学校は、オックスフォード近郊のヘンレーに位置する。研修期間は3カ月12週の寄宿制、3週に1度の帰宅が許される。研修生は60人で、構成は中央政府や地方団体の公務員、海外の自治領からの派遣生、公共企業や民間企業の社員、科学者からなる。研修生になるには、その者が所属する機関の推薦が必要となる。研修生のクラス分けは、ヘンレー行政幹部学校の校長が、研修生の上司と研修生本人に面接しクラスを決める。1クラスは10人。研修内容は、次の5つになる。①比較行政機構（各国と国内の中央地方の行政機構の比較研究）　②内部組織と管理（管理方法、行政機関の組織、委任の性質と権限、統制と責任、生産振興と国の復興）　③部外関係（官庁と民間企業の相互理解の問題）　④振興行政（海外の経済変動への対応、国内の人的物的資源の創造と維持、活用）　⑤具体的な現実問題。

1-3　自主性／官民格差意識からの転換／管理力と管理技術

　ヘンレー行政幹部学校の目的は、個人の能力を総合化する「自主性の総合化」（同上 p.62）と、専門家に一般的な教養を身につける「専門家の教養化」と言う。辻は、この2つの目的が、公務員に特に必要だと指摘する。

　まず、自主性の総合化については、日本国憲法が定める地方自治の本旨の実現と地方の自主性の観点から次のように述べる。「国のほんとうの底力」（同上 p.63）は、自治体がその地域の特殊性を主張するばかりに、利己的、閉鎖的になることではない。それぞれの自治体が自主的な仕事を行ない、同時に、相互協力し連帯することで底力となる。つまり、自治体の力が結集されることで、日本国憲法の定める地方自治の本旨が実現する。従って、中央政府が、その便宜のために自治体を引っ張っていくならば、国は立派にみえるが、その実力は弱い。逆に、自治体が自主性を発揮し、それぞれの力が全国的に総合されれば、丈夫で倒れない「腰の座った国」になる。日本国憲法では、自治体の自主性が極めて重要だと強調する。

　次に、専門家の教養化については、2つの理由をあげる。1つは、民間との間に無用の摩擦を起こさないためであり、ヘンレー行政幹部学校とともにフランスの全国行政学院を紹介する。ヘンレー行政幹部学校の特色は、研修生の多様性にある（中央政府や地方団体の公務員、海外の自治領からの派遣生、公共企業や民間企業の社員、科学者など）。その理由は、公務員が民間との間で摩擦を起こさないことにある。フランスの全国行政学院の研修生は公務員だが、民間企業に3カ月派遣される。その理由も、民間企業の経営のやり方や、資金運用の方法をつぶさにみることで、公務員が、民間企業に対し「無理解な態度」（同上 p.67）をとらないことにある。ヘンレー行政幹部学校もフランスの全国行政学院も、公務員研修の教育内容には、民間との交流があり、それは、公務員が民間との間で摩擦を起こし、民間に対して無理解な態度をとらないことを目的とする[26]。

　辻も、公務員に対する新たな研修の必要性を、判断の弾力性とし、その目的

を、民間との円滑な交渉とする。これらは、公務員と民間の間に、公務員を官吏と呼んでいた時代の上下関係を連想させる。公務員研修のもつ意味は、公務員の官民の格差意識からの転換とも言える[27]。

2つは、「管理技術と政策を結びつけて理解する力」(同上 p.65)の養成だとする。ここでは、ヘンレー行政幹部学校と大きな違いのある研修所として、アメリカの公務研修機関をあげる。その違いとは、アメリカの研修機関での教育内容の中心が、専門分野に特化した専門家[28]の養成を主とすることにある。辻は、アメリカの研修機関は「管理者としての素質を作り上げていく」力が欠けていると指摘する。ここでは、ヘンレー行政幹部学校が、その名前のとおり幹部を育成するための研修機関であることが強調され、日本の公務員研修には、ヘンレー行政幹部学校のような教育内容が必要だとする。つまりそれは、幹部職員としての素養を身につけることと言える。1つは、①目的に向かって必要な物事を整備する力 ②結果をもたらす思考と実行力 ③組織をつくりそれを指揮する力－の管理力であり、2つは、①遅延を生じさせない時間管理 ②必要な時に必要な物を取り出せる物品管理 ③機械の故障により作業が中断しないようにする機械管理 ④組織の構成員がその目的に沿った仕事ができる人事管理－の一そろいの管理技術の習得と言える。

1-4 総合的な能力開発

辻は、ヘンレー行政幹部学校での「集団自習方法」(辻 1957 p.25)の有効性

---

26 ここでの民間との交流は、民間人や民間企業に対する理解もあるが、同時にトラブルを避けるための態度や技術の習得を重要な目的としていた。これに対し、現在、日本の自治体で行われている民間との交流は、①民間の経営技術を自治体経営に取り入れること ②政策実現のために民間との協働を前提としていること ③自治体職員と民間人の間には上下の関係が存在しないこと－から、両者の目的には違いがある。

27 辻は、「公務員研修の目的」(1962)の中で、公務員研修の目的の1つを、「官民の差別感の撤廃」(辻 1962 p.4)としている。官尊民卑の意識は、戦後10年を経て薄れているが、「許認可の問題や第一線行政の態度」の中に、相変わらず残っていると指摘する。

28 例えば、検査官、人事官、財務官など。(辻 1956 p.65)

を述べる。集団自習方法は、討議を中心とした研修方法となる。

　集団自習方法では、まず、討議の司会者[29]になることが、研修生の弾力ある判断力を養成する。次に、研修生は、討議の中で反対意見と接し、それを自分の中で消化しなければならない。その過程が、未発の力を引き出し、創意工夫の力を養う。同時に、反対意見を説得するための、証拠に基づく「精緻な論理をつくる力」(同上 p.26)が習得できる。特に、精緻な論理をつくる力について、辻は次のように述べる。公務員の場合、民間の多様な利害関係者を相手にすることから、相手を説得する力が必要となる。しかし、言い方がまずく相手が理解してくれない場合、たとえ公務員が誠心誠意、行政を行なったとしても、それは認められない。従って、自分がどのような仕事を行なったのかを相手にわかるように説明する力が必要であり、それがこの集団自習方法で培われる[30]。

　加えて、研修生は、集団自習方法によって次の4つの段階を経ることになり、その中で様々な能力を習得する。第1段階は、自分の専門的な立場を、社会的な立場から眺める「全体と関連させて観察する」(辻 1957 p.30) 段階となる。

　第2段階は、全く違った種類の仕事に対し理解を深め、異なった分野の専門家と協力して物事を進め、「協同力、協同作業に耐えるだけの力」を養う段階と言う。

　第3段階は、集団作業の困難さを理解する段階だとする。それは、人がそれぞれの立場に固執することで、相手を困難な立場に陥れることを知り、そのような中でも、公務員は「全体の利益のために協調的な仕事」をしなければならず、どのような方法が、人々の納得を得るのかを考えられることだと述べる。

29　1クラス10人のうちの1人が交替で司会者をつとめ、議論の主題をメンバーに説明し進行役となる。(辻 1957 p.25)
30　他にも次のように指摘する。外国の小説には裁判の場面が多いが、日本の小説では少ない。推理小説で有名なのは外国の作品となる。裁判の場面を書くには、作者が、被告と原告の相互の論理を交錯させるだけの論拠を構成できること、推理小説は、推理を結論まで導くだけの論理を設定できることが求められる。日本人の場合、それらが弱い。併せて、日本人は、発言するタイミングがわからないことが多く、良い意見も発言のタイミングがずれ効果が半減し、ピントがぼける。あわてて発言することで主題の発展に役立たない意見となる。(辻 1957 pp.26-27)

第4段階は、研修を終えた後の段階になる。研修生はそれぞれの職場に復帰し、仕事をする。その中で、①社会の変動に敏感になり　②人間関係（例えば、同僚との関係、上司と部下の関係、民間との関係）を見直し　③様々な調査結果を現実の行政に効果的に反映させてゆく力－を備えることになる。

　辻は、最後に、ヘンレー行政幹部学校での公務員研修は、管理の時代に適応する能力を開発すると言う。その能力が、「公務を向上させ合理化」（同上 p.33）する。併せて、自治体の「自主性と協力性、特殊性、普遍性」が総合され、それが全体に拡大することで、磐石な国をつくると述べる。研修は、行政を改良する基本原理であり、研修が、総合的に行われることで、行政も総合的に行われると強調する。

（2）　求められる能力を決める時代認識

　辻は、20世紀が管理の時代であり、管理の時代に適応する能力が、ヘンレー行政幹部学校で体現されていることを論じる。

　管理の時代とは、人々の生活や働き方が、個人の活動だけでは成立せず、好むと好まざるにかかわらず集団で物事を遂行する時代を意味する。人々は何らかの組織活動に取り込まれる。同時に、組織活動の結果が個人の生活に大きく影響する。組織活動を担う者には、それを円滑に進め、人々から期待される成果を出す能力が要求される。まず、個々の技術は、確かでなければならない。次に、全体の中で、それぞれの技術が担う役割を理解し、他の技術との関連を考え、協調させることが求められる。つまり、様々な技術を一連のつながりとし、組織の力として最大限に発揮させる管理思考とそれを実現するための技術が重要となる。

　自治体職員にとっての一連のつながりは、自治体内部と自治体外部にある。自治体内部とは、自治体内の様々な機能の連携による組織活動であり、各職員や各部署の能力を結集することを意味する。自治体外部とは、自治体と国、自治体と自治体、自治体と地域、自治体と民間、自治体と国と民間の様々な組み合わせによる物事の遂行と言える。自治体職員が、自分の狭い専門範囲での思

考や行動にとどまっていたのでは、これらのつながりによる活動で、期待される成果を出し、行政を発展させることはできない。一連のつながりとして組織だて、その能力を最大限に発揮させるには、自分の専門の枠を超えた柔軟な思考による判断や、前例踏襲では思いつかない新規なアイディアが求められる。

そのためには、自治体職員としての立場を離れ、1人の社会人として、社会の中での自分の役割について、考えをめぐらすことが必要となる。多様な意見を、どのように行政にいかすかを思案することで、潜在能力が引き出される。このようなことができれば、自治体職員として、十分な力が発揮でき、住民の期待に応えることが可能となる。

辻は、管理の時代に求められる能力の習得に、集団自習方法の有効性を述べた。それは、集団作業の困難さを学ぶことでもあった。つまり、ヘンレー行政幹部学校では、その研修生に、新しい時代が求める集団活動を学ばせていたと言える。集団活動は、セクショナリズムの打開に通じる調整や統合の意識を醸成する。加えて、相手の立場を条件として自分の意見の成立をみる「集団意識」（辻 1962 p.4）の形成が、行政内部だけでなく、行政外部との関係でも効用を発揮する。それは、民間の立場で行政を行なう態度の実現であり、公務員の一方的な立場からの行政を許さない、管理の時代の「公務意識」を養成する[31]。

（3） 期待される人的要素と「専門性」

以上から得られる中央地方協調期の人的要素と「専門性」は、次になる。

3-1 〈倫理〉

辻は、自治体職員に対し、よき社会人であることを求めた。それは、1人の社会人として、自治体職員の仕事を眺め、社会でのその位置づけを考えることであり、自分が担っている立場や役割を確認するためと言えた。社会での自治体職員の立場や役割を確認するとは、その立場と役割に対する意義と価値の自覚であり、自らの職業に対する考え方や行動の根拠を見出すことになる。つま

り、自治体職員としての〈倫理〉の醸成につながる。その〈倫理〉とは、〈社会との関係性の中から、自治体職員としての立場と役割を考え、それを行政の中で実践すること〉と言える。

　ここでの〈倫理〉は、次の能力を備えることによって培われる。①行政を社会全体と関連させて観察できる力　②相手を理解し最も納得を得る方法は何かを考える力　③技術や経済の変動を察知する力　④人間関係を構築できる力（例えば、同僚との関係、上司と部下の関係、民間との関係）　⑤調査結果を現実の行政に取り入れる力。

3-2 〈専門的な知識や技術〉

　続けて、自治体職員に、専門において十分な力量をもつことを求めた。ここでの専門とは、辻が、法学部出身者の例をあげ、公務員研修を潜在能力を顕在化する契機として捉えることの必要性を述べていたことから、大学の専門学科で習得する水準の知識や技術とみることができる。従って、自治体であれば、〈各行政分野の範囲（例えば、警察、衛生、土木、公企業、教育、労働、社会事業、経済、産業など）での、大学レベルの知識や技術〉となる。

　加えて、辻は、公務員を「専門官吏」（辻 1956 p.59）と表現し、専門家という地位にある者とした。つまり、公務を民間人が従事する職業とは別の専門的な職業とみている。従って、ここでのもう 1 つの〈専門的な知識や技術〉は、〈公務〉となる。

---

31 辻は、集団意識を、「多元的な個性の交錯のなかから形成されてくる全体感」（辻 1962 p.3)であり、個を忘れて全体に埋没する滅私奉公ではないとする。第二次大戦後、能率向上のカギをチームワークの効率とする新しい概念が生じてきたことから、公務員の集団意識の養成が、イギリス、フランス、アメリカなどで広がった。集団意識の養成には、集団に属する人が、その潜在能力と個性を十分発揮できる「集団環境」をつくることが必要であり、研修がその場として適している。（辻 1962）

3-3 〈政策立案展開力〉

辻は、ヘンレー行政幹部学校での教育内容が、日本の公務員研修に必要だと述べた。それは、幹部職員としての素養を身につけることであり、管理技術と政策を結びつけて理解する能力を備えることだと言えた。その能力とは、①管理能力（・目的に向かって必要な物事を整備する力　・結果をもたらす思考と実行力　・組織をつくりそれを指揮する力）　②管理技術（・遅延を生じさせない時間管理　・必要な時に必要な物を取り出せる物品管理　・機械の故障により作業が中断しないようにする機械管理　・組織の構成員がその目的に沿った仕事ができる人事管理）－であり、〈目標を立案し、それに向かっていかに個々の職務を進め、完結するかを、一連の組織活動として考えられること〉であった。つまり、〈政策立案展開力〉と言える。

管理能力と管理技術以外の能力として、③民間との交渉力　④新規のアイディアの創造力　⑤全体の利益のための目標設定力　⑥精緻な論理構築力　⑦円滑な組織活動のための協同力や協同作業力－が示された。

3-4 「専門性」

自治体職員が、その能力を十分に発揮しないとは、公務を不完全にすることであった。公務が不完全とは、自治体職員がその立場や役割を自覚せず、官吏と呼ばれた時代の意識と能力で行政を行なっている状態と言えた。辻は、自治体職員に時代認識を新たにすることの必要性と、そこで求められる能力を示し、それらを執務にいかすことを求めた。つまり、〈時代の変化を読み、総合的な思考と行動により、住民にとって実りある行政を実現すること〉を求めた。

具体的には、〈①自治体内部の様々な機能の連携による組織活動で、各職員や各部署の能力を結集すること　②自治体と国、自治体と自治体、自治体と地域、自治体と民間、自治体と国と民間の様々な組み合わせにより物事を遂行すること－を総合して実りある行政として結実させること〉と言えた。（表

1-2-1)

3-5　期待される人的要素と「専門性」

　これらが、辻講義録による自治体職員の人的要素と「専門性」の考察となる。
　辻講義録は、自治大学校での地方公務員研修責任者協議会の講義速記であり、自治体職員のあるべき行動様式から、その教育内容を述べている。ここでの行動様式は、個々の問題を全体の中から眺めることを原点とする。つまり、個々の問題を全体の中から眺められる自治体職員が備えている人的要素と「専門性」となる。
　しかし、自治体職員の実情は違った。彼らには、現実の行動様式の裏づけとなる人的要素と「専門性」があった。つまり、辻講義録から得られた人的要素と「専門性」は、自治体職員のあるべき行動様式から期待される人的要素と「専門性」と言える。

表 1-2-1　中央地方協調期の期待される人的要素と「専門性」

専門性	時代の変化を読み、総合的な思考と行動により、住民にとって実りある行政を実現すること。具体的には、①自治体内部の様々な機能の連携による組織活動で、各職員や各部署の能力を結集すること　②自治体と国、自治体と自治体、自治体と地域、自治体と民間、自治体と国と民間の様々な組み合わせにより物事を遂行すること－を総合して実りある行政として結実させること。		
人的要素	倫理		社会との関係性の中から、自治体職員としての立場と役割を考え、それを行政の中で実践すること。
		構成要素	①行政を社会全体と関連させて観察できる力　②相手を理解し最も納得を得る方法は何かを考える力　③技術や経済の変動を察知する力　④人間関係を構築できる力（例えば、同僚との関係、上司と部下の関係、民間との関係）　⑤調査結果を現実の行政に取り入れる力。
	専門的な知識や技術		①各行政分野の範囲（例えば、警察、衛生、土木、公企業、教育、労働、社会事業、経済、産業など）での、大学レベルの知識や技術。②公務。
	政策立案展開力		目標を立案し、それに向かっていかに個々の職務を進め、完結するかを、一連の組織活動として考えられること。
		構成要素	①管理能力（・目的に向かって必要な物事を整備する力　・結果をもたらす思考と実行力　・組織をつくりそれを指揮する力）　②管理技術（・遅延を生じさせない時間管理　・必要な時に必要な物を取り出せる物品管理　・機械の故障により作業が中断しないようにする機械管理　・組織の構成員がその目的に沿った仕事ができる人事管理）　③民間との交渉力　④新規のアイディアの創造力　⑤全体の利益のための目標設定力　⑥精緻な論理構築力　⑦円滑な組織活動のための協同力や協同作業力。

筆者作成

（4） 中央地方協調期の人的要素と「専門性」の実情

4-1 内発観念と外発観念の公務観

　辻は、「公務研修の目的」（1962）[32] の中で、自治体職員に「「専門の惰性」」（辻 1962 p.2）と「「教養の消耗」」（同上 p.3）が生じていると述べる。専門の惰性とは、仕事が、手慣れた方法や知識の反復となり、新しい知識や技術を習得しないことを指す。教養の消耗は、「行政機械」（同上 p.2）の1部分のような日々を送ることからくる。それは、知的意欲を低下させ、「週刊誌の濫読、テレビの濫視、麻雀競技」への没頭を招く。従って、「知的・倫理的な自己形成」が行なわれない。このような状況に陥る要因を、長年培われた「「お家流」」（同上 p.3）による、「特殊な行政イデオロギー」にあると言う。特殊な行政イデオロギーは、独特の公務観をつくりあげる。自治体職員は、その公務観を普遍かつ妥当だとする。

　お家流は、徳川幕府の公文書作成の官府文字として、明治維新まで続いた和様書道の流儀で知られる。江戸時代、人々は自分たちの意思をお上に伝えるために、お家流を習った。これにより、お家流は、書道の一大潮流となった。だが、明治維新で体制が変わると、官府文字は不要となり、西洋文化を取り入れる流れと相まって、いっきに衰退した。しかし、お家流の衰退理由は、歴史の流れだけに求められない。それは、あまりに大きな勢力となって権力を独占したために、守りに専念し、研究発展することを怠ったと言われる。そのために、美しいが融通の利かない無力な書風となり、官府文字として長く人々に使われたが、結局はその心をつかむことはできなかった。お家流の言葉に、①守られ優遇されすぎることにより　②しだいにその中にいる人々が世間から隔離され　③独特の観念をもち　④そのことがやがて弊害を生む－という意味を見逃すことはできない。（青木美智男 1980、林英夫 1980、天石東村 1987）

　辻は、1962（昭和37）年に発足した、臨時行政調査会に対する当時の様子を、

---

32 以下、辻論文とする。

「世論の意外なまでの大きい反応」(同上 p.4) とし、その反応を、官に対する「違和感の素朴な表現」と言う。本調査会は、2年半にわたる調査・審議の結果を、1964 (昭和39) 年に、内閣総理大臣に答申した。そこでは、行政の問題点と改革の基本的な考え方として、次の6点が述べられた。①総合調整の必要とその機能の強化　②民主主義の徹底　③行政の膨張と事務の中央偏在の排除　④行政運営の合理化・能率化の推進　⑤新規の行政需要への対応　⑥公務員精神の高揚。中でも、行政運営の合理化は、国民にとって最も関連の深い問題とされ、伝統的な官僚主義による弊害だと強調された。具体的には、①割拠主義　②画一主義　③秘密主義　④事なかれ主義　⑤非近代的な行政慣行－が行政運営の合理化を阻害している「実態」(久世公暁 1964 p.16) として指摘された。

　公務員の安定的な身分保障制度と官民の格差意識が相まって形成する、これら具体的観念は、特殊な行政イデオロギーとなり、世論とかけ離れた独特の公務観を生む。これは、自治体内部から発生する内発観念の公務観と言える。この公務観による行政は、「実施者の一方的便宜という視角」(辻 1962 p.4) で行なわれる。辻は、実施者の都合による行政の実施を許さない公務観の醸成を強調する。それは、自治体外部の要求に応える外発観念の公務観と言える。

　村松岐夫は、地方自治法制定時期から1965 (昭和40) 年頃までの自治体職員の行動様式を、経済成長を第一とする国家目標を実現するための制度の一機能となることだったと言う。従って、この時期の自治体職員の行動原理を、社会全体の利益の増進を目指す「功利主義」(村松 1977 p.3) とする。しかし、経済成長は、各地に公害や都市問題を生起させ、そのために住民運動が生じた。住民運動は、国の指導に従えばよいとする自治体職員の意識に歯止めをかけ、地域で生起する問題に目を向けさせ、住民との対話を要求した。それは、経済成長のためならば、住民の犠牲もやむなしという内発観念の公務観に対する強烈な批判であり、外発観念の公務観への転換を迫るものだった。

　つまり、公務観には、自治体の内部から発生する内発観念からくるものと、自治体の外部の要求からくる外発観念によるものの2つがある。そして、中央地方協調期では、内発観念の公務観での行政が行われ、それに対し、世論が外発観念の公務観への転換を強く求めたと言える。

4-2　拮抗する2つの「専門性」

　自治体職員の行動様式を決定づけるものには、内発観念の公務観と外発観念の公務観の2つがある。人的要素と「専門性」は、行動様式を具体的に形づけるものであり、従って、自治体職員の人的要素と「専門性」にも、内発観念の公務観からくる人的要素と「専門性」と外発観念の公務観からくるそれがある。以下、これらを、〈内発の人的要素と「専門性」〉と〈外発の人的要素と「専門性」〉とする。

　この時期の実際の人的要素と「専門性」は、内発観念の公務観により次になる。〈専門的な知識や技術〉は、〈自分の担当する職務を国の指示通りに遂行できる知識や技術〉となる。〈倫理〉は、〈国家目標を達成すること〉であり、〈政策立案展開力〉は、国家公務員には必要だが自治体職員には求められない。「専門性」は、〈国家目標を実現するための制度の一機能となること〉と言える。（表1-2-2）

　先にみた辻講義録による人的要素と「専門性」は、〈外発の人的要素と「専門性」〉であり、実際の人的要素と「専門性」とは拮抗する。（表1-2-3）その拮抗を破るのは、行政が自治体職員によって行われる以上、自治体職員が、内発観念と外発観念の公務観のどちらを優先するかによる。それは、自治体職員の時代認識と言え、行政のあり方は、その時代認識によって変わる。

表1-2-2　中央地方協調期の実際の人的要素と「専門性」

	専門性	国家目標を実現するための制度の一機能となること。
人的要素	倫理	国家目標を達成すること。
	専門的な知識や技術	自分の担当する職務を国の指示通りに遂行できる知識や技術。
	政策立案展開力	（求められない。）

筆者作成

表 1-2-3　中央地方協調期の人的要素と「専門性」

専門性	内発	国家目標を実現するための制度の一機能となること。		
	外発	時代の変化を読み、総合的な思考と行動により、住民にとって実りある行政を実現すること。具体的には、①自治体内部の様々な機能の連携による組織活動で、各職員や各部署の能力を結集すること　②自治体と国、自治体と自治体、自治体と地域、自治体と民間、自治体と国と民間の様々な組み合わせにより物事を遂行すること－を総合して実りある行政として結実させること。		
人的要素	倫理	内発		国家目標を達成すること。
		外発		社会との関係性の中から、自治体職員としての立場と役割を考え、それを行政の中で実践すること。
			構成要素	①行政を社会全体と関連させて観察できる力　②相手を理解し最も納得を得る方法は何かを考える力　③技術や経済の変動を察知する力　④人間関係を構築できる力（例えば、同僚との関係、上司と部下の関係、民間との関係）　⑤調査結果を現実の行政に取り入れる力。
	専門的な知識や技術	内発		自分の担当する職務を国の指示通りに遂行できる知識や技術。
		外発		①各行政分野の範囲（例えば、警察、衛生、土木、公企業、教育、労働、社会事業、経済、産業など）での、大学レベルの知識や技術。②公務。
	政策立案展開力	内発		（求められない。）
		外発		目標を立案し、それに向かっていかに個々の職務を進め、完結するかを、一連の組織活動として考えられること。
			構成要素	①管理能力（・目的に向かって必要な物事を整備する力　・結果をもたらす思考と実行力　・組織をつくりそれを指揮する力）　②管理技術（・遅延を生じさせない時間管理　・必要な時に必要な物を取り出せる物品管理　・機械の故障により作業が中断しないようにする機械管理　・組織の構成員がその目的に沿った仕事ができる人事管理）　③民間との交渉力　④新規のアイディアの創造力　⑤全体の利益のための目標設定力　⑥精緻な論理構築力　⑦円滑な組織活動のための協同力や協同作業力。

筆者作成

3　変動転換期

（1）　自治体組織の特性

1-1　社会管理性

　加藤富子は、企業と自治体の組織目標には「決定的とも言える大きな差異」（加藤 1975 p.28）[33] があり、企業の組織目標は利潤の追求であり、自治体のそれは「社会管理」だと言う。続けて、「最近では、経営の社会化とか、企業の社会的責任」と言われるが、それは企業がその活動を妨げられないために行う社会に対するきめ細かな対応であり、「利潤をより安定的に確保するための手段の一つ」にすぎないと述べる。従って、企業の場合は、組織の「目標や効果についての計量化」が自治体と比較すると容易であり、「目標をめぐる価値観の問題」も自治体ほど複雑ではない。

　これに対し、自治体は、まず、住民の様々な行政需要から地域目標を設定し、それを組織目標とする。しかし、住民の価値観は多様なことから、多くの住民から支持される目標にするために、抽象的な内容[34] となる。次に、社会の中の「人・物・金・その他の資源を動員し、総合調整」（同上 p.29）して、設定した目標の達成をはかる。しかし、目標達成の過程では、住民間の価値観の相

---

33 加藤富子 [1975]「行政部門管理者の問題点」より。以下、加藤論文とする。
34 公私組織比較研究会も、企業と自治体の組織目標の違いを次のように述べる。企業の組織目標は明確に「絞りこむ」（地方自治研究資料センター 1982 p.39）ことができるが、自治体の組織目標は、住民福祉の向上のような「スローガン的で抽象的」になり、「漠然としていて中味」を明確にしがたい。
　公私組織比較研究会は、自治体と企業の比較データを、収集・蓄積・分析することを目的とし、1978（昭和53）年に設立された。構成員は、委員長村松岐夫教授、その他に渡辺保男教授、民間企業の組織経営の専門家の井上富雄氏、日本能率協会鈴木耀太郎氏ほか。（所属、敬称などは当時のもの）比較調査は 1978（昭和53）年度と 1979（昭和54）年度に行われ、地方自治研究資料センター編『公・民比較による自治体組織の特質』（1982）として発表された。

違による利害対立の調停や住民に対し統制や規制を行なう。

　つまり、自治体が組織目標を設定し、その目標を達成するためには、①「進むべきビジョンを設定する地域社会の設計者（プランナー）」の役割　②「地域社会の活動に不可欠なサービスおよび統制・規制の実施者・提供者」の役割　③「住民間に生ずる利害対立、紛争の調整者」の役割―を担う。従って、加藤は、自治体のこの役割からすれば、自治体の組織目標とは、社会管理だと言う。

1-2　権力性／多岐性／独占性

　加藤は、自治体の権力性、行政の多岐性、独占性も自治体組織の特性だとする。
　自治体の権力性とは、企業が、法律上、他の企業や個人との間で、「平等対等」（同上 p.34）なのに対し、自治体は、「相手が反対しようと不同意であろうと、その意思を押しつけ、貫徹しうる法的な権限」をもつことを言う。従って、自治体の運営は、企業の経済性や効率性を重視する積極運営とは異なり、秩序重視・現状維持の消極運営となる。
　しかし、社会構造の都市化と住民福祉の要望の高まりは、自治体に「非権力的」（同上 p.35）な行政サービスを増大[35]させた。併せて、自治体は、地域や住民の経済活動や社会活動に目標を設定し、その実現をはかる役割を担う。これらのことは、新規の行政サービスや目標の実現を「妨害する者を排除」する「新しい型の権力行政」[36]を増大させる。加藤は、これを、未来に向かう新しい価値創造のための権力だとする。それは、自治体の組織運営にも影響する。秩序重視・現状維持の消極運営とは異なり、「技術性・合理性・能率性」を重んじる企業経営の理念や経営技法を取り入れた運営が求められる。
　行政の多岐性も、自治体と企業の大きな違いだと言う。行政の多岐性は、住民の行政ニーズの増大とともに、行政サービスが多様な分野にわたることを指す。具体的には、年金、医療保険、障害者、高齢者、生活保護、児童青少年、介護、子育て、保育、健康推進、生活衛生、都市計画、地域経済、住宅、道路、水道、交通、緑公園、防災、清掃、教育、スポーツ、博物館、警察などの分野にわたることを言う。（江口清三郎 1993 p.26）しかし、これらの行政サービス

をタテ割りの組織運営で行えば、経費の無駄となり、加えて、住民に長期に迷惑をおよぼす[37]。従って、多様な分野を「組織的に総合化」(加藤 1975 p.36)し、行政サービスを提供することが求められる。[38]

自治体の独占性を加藤は、「親方日の丸の独占体」と言う。市場でシェアを争い、それに負ければ倒産になりかねない企業と異なり、地域社会の「唯一の独占機構」であり、競争がない。厳しい競争がないため、研究や開発に熱心でなくても存続でき、サービスの質は低下する。住居を変えることは簡単ではなく、住民は、自治体の業績を見比べ、「A市役所をとるかB市役所をとるか」の選択ができない。自治体に不満をもち、納税を拒否することがあっても、自治体から税金を「強制徴収」される。従って、自治体は「必要経費をまかなう金もなく倒産する」心配のない、親方日の丸の独占体だと言う[39]。

1-3 外部指向性／仕事に対するプライド

公私組織比較研究会[40]は、1978(昭和53)年度と1979(昭和54)年度に、自治体職員と企業の社員の意識を調査している。

---

35 例えば、道路、鉄道、電信電話、港湾などの交通・通信手段の提供。ガス、電気、水道、下水処理などの生活に必要なサービスの提供。学校、体育施設、公民館、図書館などの文化教養に関するサービスの提供。病院、保健所、老人ホーム、墓地、職業訓練所などにおける役務の提供。(加藤 1975 p.35) 阿利莫二は、この要因の1つを、「長い間ため込まれていた住民の生活関心が戦後の生活構造の変化の中で噴出した」(阿利 1981 p.4) ためとする。

36 例えば、市街化調整区域(家の建築の禁止など)。(加藤 1975 p.35)

37 例えば、道路では、砂利道の舗装、下水道管の工事、電話線工事のたびに掘っては埋める作業が繰り返されること。(加藤 1975 p.36)

38 江口清三郎は、行政の多岐性と関連し、その「歴史性」(江口 1993 p.27)も自治体の特徴を示すと言う。行政は、過去の「住民団体との約束、議会での付帯決議、本会議における質問と答弁、監査意見」などの様々なしがらみがあり、これを無視できない。

39 現在は、自治体が財政破綻すれば財政再建団体に指定され、地方公共団体の財政健全化に関する法律(2007年6月公布法律第94号)にもとづき財政健全化を目指す。しかし、①住民は容易に住居を変えられないこと ②自治体は税の強制徴収ができること－から、自治体が、地域社会の独占機構ということは変わらない。

40 注34参照。

まず企業の社員は、「市場メカニズム」（地方自治研究資料センター 1982 p.173）という外部環境への対応を迫られるが、その働きかけには一定のルールがあり、外部環境との関係は定型的となる。しかも、企業の社員は、組織目標に向かって献身することが望ましく、それが可能となる人事・組織管理がなされる。社員は、組織によって守られ、外部に「さらされる」ことは少ない。このことから、企業は内部の結合が強い組織となり、企業の社員は内部指向となる。評価と意思決定の基準についても、企業の社員は、その基準を、組織目標の利潤に影響を与える「仕事の効率改善」（同上 p.179）とする。従って、ここでも内部への関心が高く、意識は内部指向となる。

　一方自治体は、議会・各種団体・世論などの「複数のチャンネル」（同上 p.172）を通じて様々な働きかけを受ける。加えて、外部環境からの働きかけは、「タイミングからいえば突発的、内容からいえば予定外」（同上 p.173）の動きをみせる。従って、自治体職員は外部環境に対して「センシティブ」となる。

　加えて、自治体の活動を評価するのは、住民・政治家・各種団体となる。従って、自治体職員が、それらの満足を重視するのは「間違いない」（同上 p.174）。しかし、自治体の組織目標設定の過程では、様々なチャンネルからの働きかけを受ける。全ての働きかけを組織目標にはできないことから、組織目標達成時の満足の度合いは、チャンネルによって異なる。しかも、組織目標達成が、常に全てのチャンネルに対し同様の功用をもたらすとは限らない。併せて、各チャンネルの自治体への評価基準は明確ではなく、統一性もない。組織目標を達成したとしても、その評価はまちまちとなる。

　つまり、自治体職員は、外部にさらされている状態と言え、その意識は、影響力の大きい外部の働きかけにあり、外部指向となる。

　このことは、自治体職員がどのようなことから満足を感じるのかということにも関係する。自治体職員（この場合、係長）は、自分の仕事に対し、「社会的に意義」（同上 p.180）があり、「「世間から尊敬」」（同上 p.181）され、「「広い視野」」が求められると考えるほど満足を感じる。つまり、「仕事そのものへのプライド」が満足を与える要因となる。これは、外部からどのように評価されるのかに関係している。

これに対し、企業の社員（この場合、係長）は、「「高い給与、年金」」や「行動基準としての「利益の増大」」が、その満足を高める。自治体職員と企業の社員では、満足に対する価値観が異なる。

以上から、自治体組織の特性をまとめると表 1-3-1 となる。

表 1-3-1　自治体組織の特性（企業との比較）

			自治体	企業
組織目標			社会管理が組織目標。漠然としていて抽象的。 その効果は計りにくい。目標をめぐる価値観は複雑となる。	利潤の追求が組織目標。明確に絞り込むことができる。その効果は計りやすい。 目標をめぐる価値観は共有される。
職務	権力性		ある。	ない。
	多岐性	分野	年金、医療保険、障害者、高齢者、生活保護、児童青少年、介護、子育て、保育、健康推進、生活衛生、都市計画、地域経済、住宅、道路、水道、交通、緑公園、防災、清掃、教育、スポーツ、博物館、警察などの分野。	製造業や小売業などの一定の分野。
		利害関係	住民、議会での答弁や付帯決議、監査意見など様々であり、しかも、それらには歴史がある。	限定的。
	独占性		地域での独占体。住民は、居住する自治体から質が悪くても、行政サービスを受けなければならない。自治体には、税の徴収権がある。	ない。市場の競争に負ければ倒産する。
職員、社員の意識	指向性		職員は、①組織外部にさらされている状態　②外部からの働きかけは突発的で内容は予定外。従って、職員は外部環境に敏感になり、意識は外部指向となる。	企業は内部結合の強い組織であり、社員は、①組織外部にさらされることは少なく　②外部からの働きかけには一定のルールがある。従って、社員の意識は内部指向となる。
	満足の要因		①社会的に意義があり　②世間から尊敬され　③広い視野を要求される－という仕事そのものへの自負心。	高い給与や年金、行動基準としての利益の増大。
	評価の基準と意思決定		評価は、外部（住民、政治家、各種団体など）によって行われる。それらの評価は、個別差が大きく、基準は明確ではない。従って、意思決定でも外部への関心が高くなる。	評価や意思決定の基準は、組織内部にあり、社員は、共通の目標である利潤に影響を与える仕事の効率や改善に関心が高い。

筆者作成

（2） 求められる機能・能力と人的要素の関係

2-1　自治体職員の担う機能

　加藤は、自治体組織の特性が自治体職員の機能[41]と能力を決定づけると言う。
　まず、自治体職員が担う機能は、「政策形成機能」「行政執行機能」「社会的代表機能」（加藤 1975 p.37）の3つだとする。
　政策形成機能は、対立する利害関係を調整し、自治体の基本方針や各部門の戦略を策定する。行政執行機能は、法律、条例、予算、行政計画などにそった職務の遂行を指す。社会的代表機能は、他の自治体や国に対し、当該地域の「利害を代弁する」ことを言う。加えて、3つの機能は、職層により「分割され、分有される」（同上 p.38）。部長は主に社会的代表機能を担い、課長では3つの機能が「ほぼ、同様のウエイト」となり、係長は行政執行機能が「圧倒的」に大きくなる。
　これら機能と人的要素の関係性をみると、政策形成機能には〈政策立案展開力〉が求められ、行政執行機能は〈専門的な知識や技術〉が必要となる。社会的代表機能は、自治体職員の立場と役割の認識なしに果たせず、〈倫理〉によりなされる機能と言える。つまり、職務遂行上、部長は〈倫理〉が重要となり、課長は〈倫理〉〈専門的な知識や技術〉〈政策立案展開力〉が等しく求められ、係長は〈専門的な知識や技術〉が期待される。

2-2　社会管理者としての哲学

　次に、自治体職員には、「社会管理者としての哲学」（同上 p.43）が必要だと

---

[41] 加藤は、ここに示す機能を、本来、自治体の長の機能だとする。しかし、①膨大な行政を自治体の長だけでは処理できないこと　②行政の整合性や統一性をはかること—から、長の機能を自治体職員（特に管理職）に分有する必要があると述べる。（加藤 1975 p.36）

する。その理由を3つ述べる。1つは、自治体の地域社会の設計者の役割からくる。地域社会の設計者として地域目標を設定するには、自治体としての考えの基盤が必要となる。それがなければ、自治体の各部門の目標には統一性がなくなり、それぞれが矛盾する。地域目標から各部門の目標を設定し、それらが統一あるものとするには、自治体が行なう「どんな小さな決定」(同上 p.44)にも、考えの基盤としての哲学が求められる。

2つは、判断の妥当性の観点から言う。加藤は、自治体職員の仕事で重要なことを、その判断に「社会的妥当性」があることだとする。つまり、自治体職員の判断が「外部の諸情勢に押されるまま」に行なわれ、一貫性を欠いたものであってはならない。そうならないために、自らの考えの基盤をもつことが要求される。

3つは、増大する住民の要求に応えるには、自治体がやるべきことと、「住民が分担すべきこと」を明確にする必要がある。それには、「誰もが納得する」哲学が不可欠だとする。

加えて加藤は、社会管理者としての哲学は、自治体の管理職に特に求められると強調する。併せて、それは様々な意見により「練り上げ」られ、「洗練されたものに高め」られることが重要だと言う。従って、自治体の「要所要所を占める」管理職は、その歴史観・社会観・行政観をもって、積極的に社会管理者としての哲学を高めなければならない。

ここで示された社会管理者としての哲学とは、自治体職員の考え方や行動の根拠であり、人的要素の〈倫理〉と言える。

2-3　実務家の能力

能力については、具体的に次を示した。①自治体をめぐる利害関係者、自治体間や自治体と国の力関係、社会の権力構造や経済動向、および地域の文化に関する知識　②住民参加やマスコミ対応の知識や技術　③人間関係調整力（人が行動を起こす動機・集団を形成する過程やその活動に関する知識、リーダーシップの発揮や意思疎通の知識や技術）　④科学的な知識や技術（行政効果の

測定・コンピューター・情報管理・世論調査に関する知識や技術)。
　なお、科学的な知識や技術については、それが求められる理由を次のように述べる。1つは、すでに「一握りの権力者」(同上 p.46)の政治駆け引きで物事を決め、結論だけが住民に知らされる時代ではなく、住民は、結論よりもそれに至る経過を重視している。2つは、住民の理解や支持がなくては行政の執行が困難であり、自治体の情報公開が求められる。従って、行政にかかる費用と効果について、客観的な情報や資料の提供、合理的な説明が要求される。
　加藤は、これら能力を、社会管理者としての哲学を実際の行政と結びつける、「実務家としての手腕・力量・テクニック」(同上 p.45)だとする。つまり、自治体の組織目標、各部門の目標の設定、実施、評価に必要な能力であり、人的要素の〈政策立案展開力〉の具体的な構成要素と言える。〈政策立案展開力〉は、〈自治体の組織目標と各部門の目標の設定と実施。明解な情報公開の実現〉となる。
　他にも、自治体組織の特性から次の能力が求められる。
　多岐性からは、〈政策立案展開力〉として、⑤各分野の行政を総合し、その効用が住民に最大限に広がるようにすること　⑥新しい価値を創造すること。
　権力性からは、権力行使の公平さや慎重さが、独占性からは、自治体の独占性を自覚し、それに安住しない自制心が求められ、これらは〈倫理〉と言える。

2-4　期待される「専門性」

　「専門性」を、〈自治体職員が社会の中で果たすべき役割からくる能力〉とするならば、それは、加藤が示す社会的代表機能と言える。社会的代表機能は、他の自治体や国に対し、当該地域の利害を代弁することを言い、自治体職員の地域社会の設計者としての役割からくる。つまり、期待される「専門性」とは、〈他の自治体や国に対し当該地域の利害を代弁し、地域社会の設計者としての役割を果たせること〉となる。
　以上を、「表1-3-2 自治体組織の特性から求められる自治体職員の能力」と「表1-3-3 変動転換期の期待される人的要素と「専門性」」に示す。

表 1-3-2　自治体組織の特性から求められる自治体職員の能力

特性			求められる能力
組織目標			社会管理者としての哲学。 政策立案力。
職務	多岐性	範囲	各分野の行政を総合し、その功用が住民に最大限に広がるようにすること。 各分野をつなげ新しい価値を創造する能力。
		利害関係	自治体をめぐる利害関係者、自治体間や自治体と国の力関係、社会の権力構造や経済動向、地域の文化に関する知識。多様な働きかけに惑わされない職務遂行力。多くの人が妥当だと思える判断力。住民参加やマスコミ対応の知識や技術。人間関係調整力（人が行動を起こす動機・集団を形成する過程やその活動に関する知識、リーダーシップの発揮や意思疎通のための知識や技術）。科学的な知識・技術（行政効果の測定・コンピューター・情報管理・世論調査に関する知識と技術）。
	権力性		公平さや慎重さ。
	独占性		自治体の独占性に安住しない自制心。

筆者作成

表 1-3-3　変動転換期の期待される人的要素と「専門性」

専門性			他の自治体や国に対し当該地域の利害を代弁し、地域社会の設計者としての役割を果たせること。
人的要素	倫理		何が最も優先順位の高い課題であるかを、公平性や慎重さをもって判断できること。 自治体の独占性に安住しないこと。
	専門的な知識や技術		法律、条例、予算、行政計画などにそった職務の遂行。
	政策立案展開力		自治体の組織目標と各部門の目標の設定と実施。明解な情報公開の実現。
		構成要素	①自治体をめぐる利害関係者、自治体間や自治体と国の力関係、社会の権力構造や経済動向、地域の文化に関する知識　②住民参加やマスコミ対応の知識や技術　③人間関係調整力（人が行動を起こす動機・集団を形成する過程やその活動に関する知識、リーダーシップの発揮や意思疎通の知識や技術）　④科学的な知識や技術（行政効果の測定・コンピューター・情報管理・世論調査に関する知識や技術）　⑤各分野の行政を総合し、その功用が住民に最大限にひろがるようにすること　⑥新しい価値を創造すること。

筆者作成

（3）　変動転換期の人的要素と「専門性」

3-1　新たな価値観による行政

　鳴海正泰は、1955（昭和30）年から1980（昭和55）年を、革新自治体の時代とし、3つの時期にわける。第1期を、革新自治体[42]が増えはじめた1957（昭和32）年から1963（昭和38）年とし、第2期を、それが「爆発的」（鳴海1980 p.83）に全国に広まり、「輝かしい」活動をした1963（昭和38）年から1967（昭和42）とする。第3期は、1975（昭和50）年から1979（昭和54）年であり、革新自治体の勢いが徐々に衰え「下降ないし停滞の現象」を示した時期とする。加藤論文が書かれたのは、1975（昭和50）年であり、革新自治体の下降期となる。
　鳴海は、革新自治体の第1期を、自治体が「その内実が備わらない」（同上 p.84）ままに、近代化と地域開発の渦に巻き込まれた時期だとする。自治体はこの時期、高度経済成長を背景とした、工場の「誘致合戦」（同上 p.85）や、資源の「大都市への集中・集積」を急速に進めた。それは、地方の過疎化を引き起こした。社会構造の急激な変化は、既成の「生活様式・生活価値観、共同体的組織」（同上 p.86）を、「きわめて」短期間に崩壊させた。特に、公害問題[43]は深刻だった。
　しかし、国の政策の中心は経済活動と利潤の追求であり、これらへの対策は遅れた。住民が希望をかけたのが自治体だった。だが、自治体は、社会構造の急激な変化の中にあっても、「戦前型のムラ構造」（同上 p.87）の組織であり、住民の意見や要望を聞き入れる柔軟性はなかった。住民の不満は積もった。このような状況を背景として、全国の地方都市に多数の革新自治体が生まれた[44]。しかし、この時期は「自治体改革の理論」（同上 p.85）や「革新首長の位置」

42　1947（昭和22）年の統一地方選挙で革新自治体が誕生し、1955（昭和30）年には50を超えた。鳴海は、この時期を、革新自治体前史とする。革新首長の関心は、地方政治や自治にはなく、中央集権体制に対するイデオロギーにあった。（鳴海1980）
43　1950年代末の水俣病、1960年代初期の四日市コンビナート付近での公害問題、その後も、イタイイタイ病、大阪空港の航空機騒音問題など。

づけが明確でなく、革新自治体の組織的な活動には至らず、様々な問題の解決は、個々の首長の資質や能力に頼ることになった。

　第2期がはじまる1963(昭和38)年の統一地方選挙の主要課題は、「都市問題・地域民主主義の確立」だった。住民の積もった不満が反映され、大都市に多くの革新自治体[45]が誕生した。1964(昭和39)年には、全国革新市長会が結成され、それらの組織化とともに、「自治体改革の重要性」が全国に浸透していった。1967(昭和42)年の統一地方選挙では、東京都が革新自治体となり、革新自治体の掲げる問題は「国政レベル」の問題となった。その数は、100を超えた。

　爆発的に増えた革新自治体は、未解決の様々な問題を当初から背負わされた。従って、まず、開発から福祉への「行政の方向転換」(同上 p.87)を掲げ、住民との対話や親切な行政という「初歩的」なことから取り組むことになった。やがて住民との対話は住民参加に発展していった。

　第3期に入ると、オイルショック以降の経済の失速により、人々の関心は政治から「自己防衛」(同上 p.88)に移り、革新自治体はその勢いをなくしていった。

　鳴海は、第2期の革新自治体を象徴的に表現する言葉を、「「地方政府」「対話」「福祉」「直接民主主義」」(同上 p.86)とし、それが革新自治体だけでなく、当時の自治体の「生き生きとした」自主的な行政展開のよりどころになったとする。そして、その成果と課題を次のように示す。①明治以来の「国→自治体→市民」(同上 p.88)の「伝統的な権力構造」に対し、「市民→自治体→国」の新しい価値観を育てた　②自治体の政策を、国の「枠組み」を超えて、自治体の立場から住民の「生活防衛」へと転換させた　③対話と参加の行政が、保守や革新の枠を超えて定着した　④逆に1945年代の革新自治体の「古い体質や問題点」[46]が1965年代の革新自治体にも存在することが明らかになった　⑤

---

44 例えば、帯広市、延岡市、津山市、釧路市、横須賀市、宇治市、舞鶴市、前橋市、泉大津市、枚方市、岡山市、秋田市、郡山市、仙台市、酒田市、浦和市、与野市、大宮市、夕張市など。(鳴海 1980 p.85)
45 例えば、旭川市、釧路市、三笠市、室蘭市、栃木市、町田市、調布市、武蔵野市、上田市、飯山市、三島市、新居浜市、中村市、横浜市、京都市、大阪市、北九州市など。(鳴海 1980 p.85)
46 松下圭一はそれを、革新運動が何でも政府に解決を迫る「国家万能というイメージをかかえこんでいた」(松下 1979 p.21)とする。

自治体には政策形成能力が求められ、それが自治体の「当事者能力」を強めることになった。

　加藤論文が書かれた時期は、高度経済成長とともに起こった様々な社会問題が、住民の意識を変え、自治体と国に改革を求めた時代の1つの到達点[47]とみられる。つまり、住民が自治体に期待し続けたことは、自治体が国の一機関となることではなく、自主性ある自治の実現と言える。それは、自治体職員に、住民の視点からの行政という新しい価値観への転換を求めることだった。

3-2　変動転換期の人的要素と「専門性」

　以上から、変動転換期の自治体職員の「専門性」を考察すれば、すでにみた〈他の自治体や国に対し地域住民の代弁者となり、地域社会の設計者としての役割を果たせること〉と言える。村松は、この時期の自治体職員には、「古い価値を捨て新しい価値を身につけること」（村松 1977 p.4）や「住民や社会変動からの情報に敏感になること」が要求されたとする。自治体職員は、自治体をめぐる変動の中で、その変動の要因を発見し、それに適応していかねばならなかった。

　しかし、自治体職員の意識や行動に変化が起こったとしても、この時期には自治体と国の基本的な関係は変わっていない。つまり、自治体を国の一機関とみなす機関委任事務制度や国の自治体への関与は残っているのであり、その抜本的な改革には至っていない。制度は意識の発展にブレーキをかける。つまり、自治体の中には、内発観念の公務観による「専門性」がまだある。実際の「専門性」とは、〈社会構造や自治体をめぐる外部環境の変化に速やかに対応できること〉にとどまっていたと言える。従って、人的要素の〈倫理〉も、〈変動する環境の中で、その変動の要因を発見し、それに適応していくこと〉にとどまる。

---

[47] 松下は、1985（昭和60）年の論文で、1960年代以降の市民運動や自治体改革の成果が、1980年代を「かたちづくる」（松下 1985-a p.30）り、「地方の時代ははじまったばかり」だと述べる。

〈政策立案展開力〉は、実際には〈国の制度や関与の範囲内での自治体の組織目標と各部門の目標の設定と実施、および、情報公開の実現〉となる。
　〈専門的な知識や技術〉と〈政策立案展開力〉の構成要素は、実務上、求められることであり、先のものと同じとする。
　以上から、変動転換期の人的要素と「専門性」をまとめると、表 1-3-4 となる。

表 1-3-4　変動転換期の人的要素と「専門性」

専門性	内発			社会構造や自治体をめぐる外部環境の変化に速やかに対応できること。
	外発			他の自治体や国に対し当該地域の利害を代弁し、地域社会の設計者としての役割を果たせること。
人的要素	倫理	内発		変動する環境の中で、その変動の要因を発見し、それに適応していくこと。
		外発		何が最も優先順位の高い課題であるかを、公平性や慎重さをもって判断できること。 自治体の独占性に安住しないこと。
	専門的な知識や技術			法律、条例、予算、行政計画などにそった職務の遂行。
	政策立案展開力	内発		国の制度や関与の範囲内での自治体の組織目標と各部門の目標の設定と実施、および、情報公開の実現。
		外発		自治体の組織目標と各部門の目標の設定と実施。明解な情報公開の実現。
			構成要素	①自治体をめぐる利害関係者、自治体間や自治体と国の力関係、社会の権力構造や経済動向、地域の文化に関する知識　②住民参加やマスコミ対応の知識や技術　③人間関係調整力（人が行動を起こす動機・集団を形成する過程やその活動に関する知識、リーダーシップの発揮や意思疎通の知識や技術）　④科学的な知識や技術（行政効果の測定・コンピューター・情報管理・世論調査に関する知識や技術）　⑤各分野の行政を総合し、その功用が住民に最大限に広がるようにすること　⑥新しい価値を創造すること。

筆者作成

4　行政需要移行期

（1）　行政の文化化

1-1　市民自治／自治体主導／行政改革

　松下圭一は、1980 年代の自治体の課題を、シビル・ミニマム[48]の質の整備だと言う。シビル・ミニマムの量の整備が終わったにもかかわらず、日本の都市が「みすぼらしい」（松下 1985-a p.35）のは、「施策の文化水準が低い」ためであり、「市民の文化水準」に応える文化行政が必要だとする。
　松下圭一・森啓編著の『文化行政　行政の自己革新』（1985）は、文化行政を、1980 年代の「緊急の行政課題」（松下・森 1985 はしがき）と位置づける。それは、自治体内部からの「新しい行政課題の設定」であり、自治体の「自己革新の追求」だと言う。その定義を、「地域特性を伸ばす自治・分権型への体質転換をよびおこす自治体行政内部からの新しい課題設定」とする。
　森啓は、1975（昭和50）年以降の文化行政を、その主要課題から 3 期に分ける。第 1 期は、「文化活動」（森 1985 p.337）であり、住民の自由時間の増大にともなう「余暇行政の延長線上」で論じられた。住民の学習・芸術・スポーツ・奉仕・趣味・娯楽での「自己充実」を目的とし、もっぱら施設整備や情報提供、発表や交流の機会を設定することだった。第 2 期は、「文化的生活環境」であり、国の「定住圏、地方生活圏、広域市町村圏などの構想」（同上 p.338）が、全国画一のまちをつくり出したことに起因する。自治体に、まちづくりとは「地域の風土と歴史に根ざした自発的なもの」との考え方が広まり、それが文化行政

---

48 松下は、シビル・ミニマムを、社会保障、社会資本、社会保健（これらを生活権とする）の市民ないし自治体による政策基準の自主設定と、それにともなう国レベルでの政策への転換と言う。つまり、生活権が市民や自治体のレベルで政策化され、それが自治体の政策公準として設定されることにより、ナショナル・ミニマムを押しあげる。市民参加によるシビル・ミニマムの策定が、市民の政治訓練を積み、自治能力を蓄積する。シビル・ミニマムには、量的整備と質的整備がある。（松下 1973）

の課題となった。第3期を、「行政の文化化」とする。文化行政の目的は、新たな「文化事業部門」の設置ではなく、自治体の施策や組織運営を見直し、それを「総合行政」として構築することだった。

森によれば、文化行政の歴史は1958（昭和33）年にはじまり、この時期を、文化行政の「前史」（同上 p.334）と位置づける。1958（昭和33）年に京都市が、観光を目的とした文化局を設置した。その後、1966（昭和41）年には、京都府が文化事業室を、1971（昭和46）年には、宮城県が文化振興係を設置した。続いて、1972（昭和47）年から1975（昭和50）年を、文化行政の総合的な考え方が提起された「播種期」、1976（昭和51）年から1977（昭和52）年を自治体に文化行政の芽が出始めた「発芽期」（同上 p.335）、1978（昭和53）年から1985（昭和60）年を文化行政の「若葉期」（同上 p.336）と区分する。森は、「若葉期」の特徴を次のように示す。①文化行政を「重要政策」とする自治体が増加したこと　②自治体の文化行政に独自性がみえはじめたこと　③文化行政の「全国組織」（同上 p.337）の定着　④自治体に加え政府・各省庁・産業界・出版界・マスコミが、文化の問題を重要課題と認識しはじめたこと　⑤自治体の文化行政担当者が「自負心」をもつようになったこと。

松下は、この歴史を、「時代の課題にリアルにこたえよう」（松下 1985 p.6）とした文化行政の「模索」とする。それは、「市民運動」の2つの問題提起による。1つは、高度経済成長の大量生産・大量消費が、公害問題や地球規模での資源・エネルギー問題を引き起こし、そのことが、生活の質の見直しを「不可避」（同上 p.7）としたこと。2つは、「官治・集権型の行政スタイル」に対し、「自治・分権の政治システムの確立が不可欠」になったことだと言う。

しかし、1980（昭和55）年以前の文化行政は、美術館や博物館の建設など、自治体や国の主導による「施策提示型」（同上 p.8）から脱せなかった。1980年代になると、自治体は施策提示型の発想から脱し、「自己革新」と、住民の視点から「行政全域の再編」をすることで時代の課題に応えようとした。

松下は、1980年代の文化行政が、「「経済の時代」の終り、「文化の時代」の始まり」（同上 p.9）という受け止め方であれば、それは、単なる自治体主導の経済から文化への移行だとする。文化行政の原則は、「市民自治」「基礎自治

体主導」「行政革新」であり、これらが「行政自体の原則」と強調する。加えて、1980年代の文化行政は、都市社会の成熟にともなう「新しい事態」であり、その都市社会の成熟によって引き起こされる課題とは、「「市民自治」による「市民文化」の形成」（同上 p.10）に他ならず、「経済・社会・政治の全域にわたる再編」とする。

1-2 自治体の内部改革と行政の実質化

松下は、行政の文化化を自治体の「内部改革」（同上 p.11）とし、その取り組みの前提を4つ示す。1つは、自治体の限界を率直に示したうえで自治体と住民のそれぞれの責任の明確化であり、2つは、自治体・広域自治体・国の「各レベルの行政責任」（同上 p.15）の明確化と言う。3つは、自治体職員の「権威主義的・育成主義的発想」からの脱却と、4つを、「市民参加手続」「自治・分権システムへの転換」「職員の文化水準の向上」（同上 p.16）の推進とする。

田村明は、行政の文化化を「自治体行政の実質化」（田村 1985 p.30）とする。国の下請け出先機関のタテ割り行政から、自治体の各部門を「ヨコ糸」（同上 p.33）でつなぎ、自治体総体として地域や住民の要望に応えていくことを指す。自治体は、「地域行政に新しい質の概念」（同上 p.31）を作り出す「創造体」として変革しなければならず、継続的で大局的な地域政策の立案が期待される。

加えて、この変革には5つの「原理」（同上 p.40）がある。1つは、「固定観念の排除と柔軟な思考」、「法令万能主義、前例万能主義」からの脱却、および地域の「政策課題の発見」を第1の仕事とすること。2つは、「積極的で創造的な意欲」であり、誰かが定めたことを実行し、生起した問題だけに対応するのではなく、隠れいている問題も掘り起こし、そこから新しい価値を生みだそうとする姿勢をもつこと。3つを、総合的な視点の確立と独善性の排除とする。自治体各部門の論理を優先する視点から、幅広い総合的な視点への転換を言う。4つは、「美しさ、愉しさ、快さ」という新しい価値を発見し、それを行政に反映させること。5つは、「行政目的の反省と自治からの再出発」とする。つまり、行政の目的は、住民の生活環境を豊かにすることにあり、その実現は、

住民の多様な要望から出発する。

1-3　行政改革の課題となった能力開発

　行政の文化化は、シビル・ミニマムの量の充足を目指した時代の行政需要とは異なる、量より質の新たな行政需要が人々の中で生み出されたことによる。松下は、この動きを、「戦後三十余年をふくめ、明治100年にわたる官治・集権システムの転換がおこりつつある」（松下1985-b p.6）とし、成田頼明は、明治維新以来の中央集権体制がぶつかった壁は厚く、日本は「地方に目を向け、地域主義という形で発展していかざるをえない」（成田1980 p.6）と述べる。

　1980年代は、国による行政改革が本格的に進められ、1983（昭和58）年からはじまった行革審では、地方分権と地方行革について「地方分権」「地方財政制度」「地方自治行政制度」「地方行革」の4つのテーマが設けられた。

　自治体も、それぞれ行政改革に取り組んだ。1977（昭和52）年に設置された、都市行財政研究委員会[49]の提言は自治体の行政改革に影響を与えた。ここでの行政改革の手法は、自治体の経営を企業の経営に習い、①民間の経営方式の導入　②公的部門の縮小　③自治体職員数の抑制　④税以外の住民負担の拡大ーを中心とし、都市経営論と呼ばれた。都市経営論は多くの自治体に受け入れられ、各地で減量経営や合理化が進められた。具体的には、原価意識を強調し、民間でできることは民間に任せる。ゼロベース予算と事業のスクラップ・アンド・ビルドの導入を提言[50]した。自治体職員については、①給与の抑制　②成績主義の導入　③職務給制度の導入　④職員の能力開発－が提起された。

　このような中、1980（昭和55）年前後には、自治体職員の能力開発にかかわる議論も急増した。例えば、1979（昭和54）年には、『法学セミナー』（日本評論社）で総合特集として「日本の公務員」が組まれ、30本を超える論文や

---

[49] 都市行財政研究委員会は、後に東京都知事になる鈴木俊一氏を委員長として学識経験者、自治省の担当官、自治体の首長などにより構成された。1978（昭和53）年5月に中間報告「都市経営の現状と課題」を発表し、1979（昭和54）年に最終報告書「新しい都市経営の方向」を出した。
[50] 例えば、行政サービスに受益と負担の考え方を導入し、使用料などを引き上げる。

対談が掲載された。『ジュリスト』(有斐閣) も 1980 (昭和 55) 年から 1985 (昭和 60) 年に、自治体改革に関する特集号を相次いで発刊し、1981 (昭和 56) 年には「地方の新時代と公務員」をテーマ[51]とした。

つまり、1980 年代の自治体には、1960 年代から 1970 年代に起こった様々な社会問題から得た成果を、現実の行政に実質的に反映させることが求められた。それは、住民の文化水準の向上による、新たな行政需要の出現であり、住民の行政への関心の高まりと参加を意味する。住民は、自治体に対し、組織重視のタテ割りの視点と個別の問題に対応する消極的な政策から、住民主体の発想による、組織を横断する総合的な視点と住民の生活の質を高めようとする積極的な政策への転換を求めた。自治体職員には、地域の実情を踏まえた独自の政策を創造することが期待された。自治体職員の能力開発の問題は、国と自治体が取り組む行政改革の課題となった。

(2) 西尾の示す自治体職員の専門能力

2-1 公務員は行政の専門家、住民は行政の非専門家か

西尾勝は、当時の行政の問題を次のように述べる。「行政がやるべき仕事」(西尾 1979 -a p.22) の範囲は、都市化の進行とともに、世の中の仕組みが複雑になり、個人の努力では解決できない様々な課題[52]を含みながら拡大し続ける。その場合、公共的な課題に「対処するのはすべて行政か」(同上 p.26) という問題が出てくる。しかし、今や「なにがしか民間的な要素をとり入れた公共的団体」[53]や「純然たる民間企業」が、「公共的な仕事」をしている。このことを見ると、「行政機関が公共的な仕事全体の中のどの範囲、どの部分を担当するのか」が、「現代的な大問題」だと指摘する。つまり、公務員が担ってきた

---

51 他は、1980 (昭和 55) 年「地方自治の可能性」、1983 (昭和 58) 年「行政の転換期」、1985 (昭和 60) 年「地方自治の文化変容」。
52 例えば、上下水道、公園、道路、学校といった公共財は、公共部門がそれを維持管理しなければ、生活水準を維持できなくなっていること。(西尾 1979-a p.22)
53 例えば、公社、公団、公庫、事業団、認可法人など。(西尾 1979-a pp.28-29)

仕事は、公務員でなければならないのかという問題と直面する。

　西尾は、「公務員の専門能力」（西尾 1979-b p.2）が、「今日新しい角度から問われている」と言う。それは、「公務員は「行政のプロ」ないし「行政の専門家」であり、市民は「行政のアマ」ないし「行政の非専門家」」ということが、当然のように言えるのかという論点の提起だとする。続けて、戦後の教育水準の上昇と、それによる住民と公務員との「知的格差の縮小」を指摘する[54]。そのうえで、その専門能力が残存するならば、それは、どのような意味をもつ専門能力なのかと問う。そして、この問いについて、「学歴、専門知識、執務知識、職業倫理」（同上 p.3）の観点から論ずる。

2-2　大差ない学歴

　西尾は、公務員のもつ知識や技術、判断能力の基礎が、学校教育で習得され、しかも、公務員の採用では「一定以上の学歴を資格要件」とすることから、例えば、村役場の職員と村人では、双方の学歴に「かなりの格差」が存在したとする。しかし、戦後の教育に 6・3・3 制が導入され、高度経済成長を経た結果、住民の高校や高等教育機関への進学率は急速に上昇した。

　このような住民の高学歴化が、住民と公務員の関係を変え、それが、公務員の住民に対する「意識と接遇態度」（同上 p.4）を根本的に変革する要因になった。すでにそれが、小中学校や公民館、保健所などの「対人サービスの行政領域」でみられると指摘する。

　同時に、公務員にも大卒が占める割合は増えた。しかし、自治体では、職員の大卒の比率は民間企業のそれに比べて高くない。従って、学歴の基準でみる限り、公務員の「平均的な水準」と住民のそれとは大差がなくなっている。このことから公務員が住民に対し、学歴にもとづく専門能力を「誇示」することは難しい。

---

[54] 松下は、国民の文化水準が高まれば、「官僚と市民との文化水準が同質化」（松下 1979 p.49）し、「ともすると、一般国民の文化水準」の方が高くなるとする。つまり、公務員は、国民と比べて「エリート」なのかという問題に突き当たると言う。

2-3 自負にたらない専門知識

　公務員の専門能力は、学歴から習得されるものだけではなく、むしろ、「特定の行政領域、特定の行政業務」の専門的な知識や技術に立脚している。例えば、土地改良事業の設計について、「農業土木」を専攻した公務員と、「文学士」の住民は、対等に議論できない。専門知識にもとづく専門能力に関する限り、公務員は、「自己の優位を保つ」ことができる。

　しかし、これには、3つの留保を付す必要がある。1つは、料理の良し悪しを決めるのは、料理人ではなく食べる人であることと同様に、専門家の専門知識も、「その成果が利用者の需要と嗜好に合わねば無意味」(同上 p.5)になる。

　2つは、ここで言う専門知識が、住民が「習得可能な程度」であれば、それは専門知識にあたらない。医者や弁護士、建築家のもつ知識や技術は「典型的な専門知識」と言えるが、例えば、「福祉領域のケースワーカー」や「社会教育主事・公民館主事」の専門知識は、医者や弁護士、建築家の知識や技術に匹敵するとは言えない。自治体は、社会福祉や社会教育の仕事を専門職の仕事だと主張するが、それは、住民との間に「不必要な緊張関係」を生む。つまり、これらの領域の仕事は、その専門課程を習得していない人でも、「十分」に担当でき、それは、学校を卒業したばかりの若い保母と、育児経験が豊かな母親とでは、どちらが適切な保育をするかという議論からもわかる。

　3つは、自治体にいる専門家と「同種の専門知識」をもつ住民はいる。しかも、その専門家としての知識や技術が、住民の方が優れていることも稀ではない。

　また、住民の中には、学歴とは無関係だが、植木屋のように「その道の専門家」(同上 p.6)もいる。地域の樹木に関しては、自治体の「造園学科出身の緑化技術者」よりも、まちの植木屋の方が専門家となる。

　これらのことから、専門知識にもとづく専門能力は、公務員が、「自負心をもって安住するにはかなり頼りない基盤」となる。

2-4　専門能力と言えない執務知識

西尾は、執務知識を、「法令通達に関する知識、予算会計規程・文書管理規程・処務規程に関する知識、事務分掌に関する知識、仕様書の書き方についての知識、業務統計の読み方についての知識」とし、公務員が日常の職務遂行で「はじめて習得」すると言う。加えて、執務知識ゆえに公務員は、「優位にたち」、住民は「劣位に甘んじ」ると述べる。

しかし、執務知識が公務員を優位にしているのは、それが、整理されず、非公開のためだとする。つまり、執務知識の多くは「高尚な知識」（同上 p.7）ではない。それが整理され、理解しやすい形[55]で公開されれば、普通の住民が「短時日の間に学習し理解することのできる性質のもの」となる。従って、この執務知識にもとづく能力は、公務員の専門能力には値しない。

続けて、執務知識が全て公開されても、住民との論争に耐え、さすがに「公務に専従している人」と評価されるものでなければ、公務員の専門能力として誇れるものはないと言う。加えて、そのようなものがあるのかと自問したうえで、西尾は、それがあるとする。

2-5　公共感覚の体得と調整・統合

西尾は、それを職業倫理とし、職業倫理を、学歴にもとづく一般的な知識、専門知識、執務知識ではなく、「公務という世界に従事している内に長い習練のもとに形成されうる公共感覚（パブリック・センス）」（同上 p.8）だと言う。続けて、職業倫理と公務について、次のように述べる。住民の利害や関心は「職能的にも地域的にも」多様であり、しかも、住民にとっては、自分の利害や関心から離れて、思考し、行動することは簡単ではない。従って、それらは相互

---

[55] 例えば、窓口業務のマニュアル化、事務決定手続のフローチャート化、行政サービスの地域間格差の地図化、行政サービスに対する財政コストと利用者負担の関係の明快な表示など。（西尾 1979 p.7）

に「対立拮抗」する。このような住民の多様な要望に巻き込まれる公務員は、住民の行動を「エゴイズム」と感じ、「慨嘆」する。しかし、そもそも公務とは、住民の「相矛盾し相対立する利害・関心を調整し統合する仕事」であり、公務員の公共感覚と職業倫理は、「公務のこの本来の課題から形成」される。

　加えて、住民の「利害・関心を調整し統合」するのは政治の仕事ではないかとのことに対し、そのような認識は基本的に誤りだとする。長や議会という政治機関の仕事は、住民の相矛盾し相対立する利害や関心の中の「重要なもの」について、その「調整・統合の基準・方法の選抜を最終的に決断」することと言える。従って、執行経験にもとづいて政治機関に判断材料を提供するのが公務員の仕事であり、政治機関により決定された「計画・法令・予算等の大綱の枠内」で、調整や統合をするのも公務員の仕事となる。つまり、公務員の日常業務は、「すべて調整であり統合」と言える。

　西尾は、以上から、公務員の職業倫理について次のように述べる。まず、公務員が、「それにふさわしい」公共感覚を身につけるための条件を2つあげる。

　1つは、自身が勤務する自治体について、そこに住む住民と同程度に、まちの隅々まで知ることを言う。自治体の保育所に勤務する保母であれば、自治体の保育所行政全体について「明確なイメージ」（同上 p.9）をもったうえで、自身が勤務する保育所の仕事をするのでなければ、公共感覚をもった公務員とは言えない。

　2つは、行政サービスの全体像をもつことだとする。例えば、建設部門の事業と教育部門の事業が、どのような計画のもとに、どのように進捗しているのかということに関心を向けることだと言う。

　つまり、自身の仕事が、自治体の「政策体系全体」の中でどのような位置づけにあるかということと、「政策間の関連」を知ることであり、西尾は、これらから「生まれる平衡感覚」を、公共感覚の大前提とする。そして、このような公共感覚を「体得しようと努力すること」と、それにもとづいて住民の「利害・関心の調整・統合に当たろうとすること」が、公務員のもつべき職業倫理だと言う。従って、このような職業倫理に「支えられた人」が、公務員の専門能力を「自負する資格をもつ」と述べる。

西尾は、このようなことを突きつめれば、公務員は、「○○部○○課○○係の職員である前に、まず○○自治体の職員であるべき」だと言う。このことは、地域住民に対し「一私人である前に○○自治体の市民であってほしい」と要請することと同じだとする。

(3) 行政需要移行期の人的要素と「専門性」

以上から得られる行政需要移行期の人的要素と「専門性」は、以下のとおりになる。

3-1 〈倫理〉

〈倫理〉は、西尾の示した職業倫理から、〈公共感覚（勤務する自治体の政策体系全体と政策間の関連を知ることから生じる平衡感覚）をもって、住民の利害や関心の調整と統合にあたること〉となる。

3-2 〈専門的な知識や技術〉

西尾は、学歴にもとづく一般的な知識、専門知識、執務知識を自治体職員の専門能力とは言い難いとした。しかし、専門能力とは言い難いとしても、自治体職員の職務遂行には、これら知識や技術が求められる。従って、これらを〈専門的な知識や技術〉とする。つまり、〈学歴にもとづく一般的な知識。特定の行政領域や業務に求められる知識や技術。自治体職員がその職務についてから身につける、職務遂行上必要とされる知識や技術〉となる。

3-3 〈政策立案展開力〉

松下は、1980年代の自治体の潮流であった文化行政を、都市社会の成熟にともなう新しい事態だとした。それは、自治体に「「市民自治」による「市民文化」

の形成」(松下 1985 p.10) という課題を突きつけた。つまり、組織重視、法令・前例万能主義の視点と個別の問題に対応する行政サービスの連鎖からなる消極的な政策から、住民の多様な要望を出発点とする、組織横断的で総合的な視点と思考による積極的な政策への転換を求めた。自治体職員には、地域の実情を踏まえた独自の政策を創造することが期待された。従って、行政需要移行期の〈政策立案展開力〉は、〈住民の多様な要望を出発点とし、組織横断的で総合的な視点と思考による積極的な政策を立案展開できること〉となる。具体的には、①固定観念の排除と柔軟な思考 ②法令・前例万能主義／権威・育成主義からの脱却 ③地域の政策課題を発見する力 ④積極的で創造的な意欲 ⑤新しい価値（例えば、美しさ・愉しさ・快さ）を発見する力－が求められる。

3-4 「専門性」

1980年代は、自治体職員にとって、新しい価値の受容にとどまらず、それを、実際の行政に反映させることが求められた。それは、経済成長を主目的とする官治・集権の地方自治から、発想の根源を国から地域の住民へと変え、住民の生活を真に豊かにするための地方自治への転換だった。つまり、自治体職員の「専門性」は、〈住民の期待する実効性ある行政を行うこと。そのためには、地域主体の新しい価値にもとづく政策を創造すること〉と言える。

そして、行政需要移行期には、〈内発の人的要素と「専門性」〉と〈外発の人的要素と「専門性」〉は、ほぼ一致したと考えられる。

行政需要移行期の人的要素と「専門性」をまとめると、表1-4-1となる。

表 1-4-1　行政需要移行期の人的要素と「専門性」

専門性	住民の期待する実効性ある行政を行うこと。そのためには、地域主体の新しい価値にもとづく政策を創造すること。	
人的要素	倫理	公共感覚（勤務する自治体の政策体系全体と政策間の関連を知ることから生じる平衡感覚）をもって、住民の利害や関心の調整と統合にあたること。
	専門的な知識や技術	学歴にもとづく一般的な知識。特定の行政領域や業務に求められる知識や技術。自治体職員がその職務についてから身につける、職務遂行上必要とされる知識や技術。
	政策立案展開力	住民の多様な要望を出発点とし、組織横断的で総合的な視点と思考による積極的な政策を立案展開できること。
	構成要素	①固定観念の排除と柔軟な思考　②法令・前例万能主義／権威・育成主義からの脱却　③地域の政策課題を発見する力　④積極的で創造的な意欲　⑤新しい価値（例えば、美しさ・愉しさ・快さ）を発見する力。

筆者作成

5　第一次分権改革期

（1）　人材育成の基本的な考え方

1-1　第一次分権改革と地方分権一括法

　西尾勝は、1990年代初頭から1999（平成11）年の地方分権一括法の制定とその翌年の施行までの一連の過程を第一次分権改革とする。
　まず、第一次分権改革の端緒を、1993（平成5）年の宮沢内閣での衆参両院超党派の議員による地方分権推進の決議とする。この決議で1980年代初頭から続けられてきた行政改革の流れに、地方分権の推進が「ひとつの政治課題」

（西尾2008 p.91）として位置づけられた。宮沢内閣は、地方分権推進の決議が行われたその年に、内閣不信任案により解散、総選挙となった。これを機に非自民政党の大連立による細川内閣が誕生した。

　以後、日本の国政は連立政権時代に入る。西尾は、第一次分権改革を連立政権時代の「産物」（同上 p.92）だとする。なぜならば、連立政権時代の最初の細川内閣が地方分権の推進を公約し、続く羽田内閣、村山内閣が、それを「忠実」に継承した。村山内閣のもとでは、1995（平成7）年に、地方分権の推進が国の基本政策であることが明示され、地方分権推進法が制定されるに至った。これにもとづいて設置された地方分権推進委員会は、1996（平成8）年から1997（平成9）年にかけて中間報告と4次にわたる勧告を提出した。当時の橋本内閣がこれを受け、1998（平成10）年に地方分権推進計画が作成され、翌1999（平成11）年にこの計画の実施措置として地方分権一括法案が国会に提出され、可決成立した。2000（平成12）年に施行された。

1-2　旧制度の解体と新たな出発

　西尾は、地方分権推進の第一の意義を地方自治の拡充とする。地方自治の拡充には、住民とその代表機関の関係を改善し、住民の自己決定、自己責任の程度を拡充する「住民自治の拡充方策」（同上 p.93）と、国、都道府県、市区町村の関係を改善し、自治体による自己決定、自己責任の領域を拡充する「団体自治の拡充方策」（同上 p.92）があると言う。第一次分権改革では、団体自治の拡充方策が優先された。

　団体自治の拡充方策には、事務事業の移譲による「事務事業の移譲方策」（同上 p.93）と国の自治体に対する関与の縮小と廃止による「関与の縮小廃止方策」がある。これについては、関与の縮小廃止方策に重点が置かれた。関与の縮小廃止では、「通達通知による関与の縮小廃止、機関・職員・資格などにかかる必置規制の緩和廃止、補助事業の整理縮小と補助要綱・補助要領による補助条件の緩和」について、「きわめて具体的な改革」がなされた。中でも、通達・通知による関与の縮小廃止のための「基本戦略」として、機関委任事務制度を

全面的に廃止した意義は「大きい」とする。なぜならば、機関委任事務制度の全面的廃止は、自治体が国の「下請け機関」として国の事務や通達に拘束されず、なおかつ、自治体の法令解釈権が大幅に拡大する。これらの改革は、国と自治体との関係を変えるだけでなく、国と自治体、都道府県と市区町村の関係を「上下・主従」（同上 p.94）の関係から、新しい「対等・協力」の関係に転換させる。つまり、地方分権一括法の制定は、明治以来の地方制度を「ほぼ完全に解体」し、新しい地方自治のあり方の制度的確立を意味した。

1-3　人材育成の基本的考え方の提示

このような中、1996（平成8）年に、『地方公共団体職員の人材育成 - 分権時代の人材戦略 -』[56]が自治省より発表された。報告書は、地方分権一括法の制定を見据え、第一次分権改革のさなかに策定され、新しい地方制度で求められる自治体職員やその能力について示した。その後、各自治体での職員の人材育成基本方針策定[57]にあたって出された、自治省の『地方自治・新時代における人材育成基本方針策定指針』[58]では、報告書を参考にすることを求めている。

---

[56] 地方行政運営研究会の第13次公務能率研究部会によりまとめられた。委員は座長の大森彌東京大学教授を含め10名、幹事が山谷成夫自治大学校部長教授を含め9名、事務局が自治省行政局公務員部能率安全推進室の4名。詳細は、委員は、座長の大森教授ほか、浅野大三朗（前全国町村会事務総長）、猪瀬光男（宇都宮市総務部長）、川村喜芳（北海道町村会常務理事）、清原慶子（ルーテル学院大学教授）、小林悦夫（前全国市長会事務総長）、鈴木教弘（（財）ふくしま自治研修センター常務理事兼副所長）、田中弘昭（（財）社会経済生産性本部常務理事）、西尾隆（国際基督教大学教授）、藤原房子（商品科学研究所長）。幹事は、山谷氏ほか、松田聰（前市町村職員中央研修所副学長）、藤原利紘（全国市町村国際文化研修所副学長）、野村哲夫（（財）全国市町村振興協力会参与兼事務局次長）、芳山達郎（自治省行政局公務員部長）、飛彈直文（同左公務員課長）、石上卓（同左能率安全推進室長）。前幹事は、鈴木正明（前自治省行政局公務員部長）、猪野積（同左公務員課長）。事務局は、和田裕生（自治省行政局公務員部能率安全推進室課長補佐）、佐藤敦（同左能率係長）、石野隆史（同左自治事務官）、丸山実（同左）。役職は策定当時のもの。以下、報告書とする。
[57] 『地方自治・新時代に対応した地方公共団体の行政改革推進のための指針』（1997（平成9）年11月14日付自治整第23号）
[58] 1997（平成9）年、自治体での人材育成基本方針策定にあたり自治省より出された指針。総務省HP（http://www.soumu.go.jp/）より2010年12月検索。

報告書は、地方分権一括法制定以降の自治体での職員の能力開発のあり方や人材育成の考え方の雛形と言える。

1-4　報告書策定の目的とその構成

報告書は次の認識からはじまる。それは、地方分権を推進し、「ゆとりと豊かさを実感できる魅力ある地域社会を実現」（地方行政運営研究会公務能率研究部 1996 はしがき）するためには、「明治期以来の中央集権型行政システムを新しい地方分権型行政システムに変革」することが重要である。このような地方分権の推進は、自治体の役割を「地域に関する施策を主体的に担い、企画・立案、調整、実施などを一貫して処理していく」ものに変える。その役割を果たすためには、必要な体制を整備しなければならず、それが自治体の喫緊の課題となる。まず取り組むべきことは、自治体職員の人材育成であり、報告書は、その実施での留意すべき考え方や着眼点の提示を目的とする。

報告書の構成は次になる。報告書策定の目的の後に、報告書の概要があり、その次に第1編分権時代の人材戦略が記される。第1編は、①自治体職員の人材育成の基本的な視座　②着眼点と方法　③重点となる能力　④推進体制　⑤市町村職員の人材育成—の5章で構成される。第2編能力と手法（「分権時代の人材戦略」補論）は、第1編で述べられなかった、①基礎的業務遂行能力　②対人能力　③法務能力　④国際化対応能力　⑤情報能力　⑥職層別能力—について、その内容と育成の手法を示す。最後に、結び—今日からの取り組みに向けて—として各自治体での取り組みの事例が掲載される。

従って、本節では、報告書の第1編と第2編を考察の対象とする。

（2）　分権時代の人材戦略

2-1　人材の定義

報告書は、自治体の人材を次のように定義する。それは、「担当する職務に

関し課題を発見し施策を的確に遂行するために必要とされる能力と意欲を持っており、職務に積極的に取り組むとともにそうした持てる能力と意欲の向上に自覚的に勤めている職員」(同上 p.5)とする。

このような人材を育成するには、自己啓発、職場研修、職場外研修を総合的に組み合わせて展開することが必要であり、そのためには、自治体ごとに人材育成基本方針を策定し、着実に推進[59]することが大切だとする。

2-2　人材育成の目標～自治体職員の基本的な心構えと姿勢～

報告書では、自治体職員に求められる基本的な心構えと姿勢を、公務を担う者と地方行政を担う者にわけて示す。

まず、公務を担う者の基本的な心構えと姿勢を次の10項目とする。

①公共の責務を担い全体の奉仕者としての自覚をもつこと　②心身ともに健康なこと　③豊かな感性と人間性をもつこと　④情報に的確に対応し処理する力をもつこと　⑤自己管理でき革新していく力をもつこと　⑥専門的能力にもとづき実務を的確に手際よく処理するプロフェッショナルとしての力をもつこと　⑦様々な分野の人と幅広いネットワークを形成する力をもつこと　⑧政策の内容や決定の考え方などについて国民に明確に説明する姿勢があること　⑨物事を法的な視点からとらえるセンス(リーガルマインド)があること　⑩歴史を踏まえ将来への見通しと先見性があること。(同上 p.11)

次に、地方行政を担う者の基本的な心構えと姿勢については、国に比べ取り組むべき課題が具体的であり、迅速な対応を求められるとしたうえで、今示した10項目に加え、次の9項目をあげる。①自らも地域の一員としての自覚をもっていること　②地域の生活に関する豊かな感性と愛情をもっていること　③住民の視点で考え住民の立場に立って職務に取り組む意識をもっていること　④地域固有の具体的な問題を的確・迅速に処理する力をもっていること　⑤

---

[59] 1997(平成9)年に自治省より『地方自治・新時代に対応した地方公共団体の行政改革推進のための指針』(平成9年11月14日付自治整第23号)が各自治体に通知される。

地域の行政のいくつかの分野について専門的な知識や経験を有し、物事を多面的・総合的にとらえる力をもっていること　⑥地域や自分を相対化して見るゆとりや力をもっていること　⑦地域の現状の弱点を見抜きその可能性を切り開く眼力をもっていること　⑧個々の仕事や政策を常に地域の歴史と場所との関係の中でとらえ、判断し、処理していく視点をもっていること　⑨既存の制度や組織からの発想ではなく、住民や地域の課題から発想し、総合的な政策を形成していく力をもっていること。（同上 pp.11-12）

報告書では、これらを人材育成の目標として位置づける。

2-3　人材育成の重点〜政策形成能力と管理能力〜

報告書は、今後、特に重要になる能力として、政策形成能力と管理能力をあげる。

①政策形成能力

政策形成能力を、「一定の目標（政策目標）を立てそれを実現するために必要な枠組み、仕組みをつくりあげる上で必要とされる能力」（同上 p.30）と定義する。自治体には、「国（省庁）の設定した制度の枠組みを前提にその中で問題に対応するための工夫や知恵を凝らす」側面があったが、今後は「地域の課題に対しては自らの力で必要な枠組みを作り上げていかなければなら」ない。報告書は、そのための能力を政策形成能力とし、その向上を「強く求め」（同上 p.31）ている。

政策形成能力は、次に示す能力により構成され、その能力の総合力として発揮される。まず、政策形成能力を構成する能力を、「仕事に関する知識・技術」「対人能力」「課題発見・解決能力、制度立案能力」とする。仕事に関する知識・技術は、「担当業務に必要とされる専門的知識・技術などの職務遂行の基本的能力、専門能力、関連する分野についての広い知見」であり、対人能力は、「調整能力、対外的折衝能力、説得能力、部下の把握・育成能力」とする。課題発

見・解決能力、制度立案能力は、「情報収集・分析能力など住民ニーズを的確に把握して課題を設定する能力、とりまとめ能力、解決策を立案する能力、新たな制度を設計・立案する能力、法務能力（法的センス、法的実務能力）、時代の方向をつかむセンス、旺盛な好奇心」とする。

　加えて、政策形成能力の「基盤として必要となる知識・技術」（同上p.32）として、次の5点をあげる。1つは、「政策科学の知識」であり、具体的には、「費用効果分析、ゼロベース予算、目標による管理（MBO）、経済理論、非営利組織のマーケッティング　等」とする。2つは、「現状分析・理論的思考能力」（同上p.33）であり、具体的には、「統計調査の方法、回帰分析、経済予測手法、QC手法（資料編161頁参照）、K・T法（ケプナー・トリゴー法）、ディベート（資料編206頁参照）等」とする。3つは、「創造力」であり、「KJ法、NM法、ブレーン・ストーミング（資料編216頁参照）、メディテーション　等」とする。4つは、「法務能力」（同上p.34）であり、具体的には、「法務実務、地方自治制度・地方公務員制度の知識、法学知識、情報公開・行政手続・行政訴訟等の知識　等」（同上p.73）とする。5つは、「実務への応用力」であり、「政策形成に関する知識の実務への応用のコツ、課題発見能力、柔軟な着眼点、発想力、プレゼンテーション能力、制度設計・立案能力　等」とする。

②管理能力

　管理能力は、それを「管理職者の能力」（同上p.36）としたうえで、管理を、「組織がその目的に沿って的確に機能するように運営していくこと」と定義する。管理能力は、「業務管理能力（組織管理を含む）」「人事管理能力」に分けられ、それに必要となる知識と技術を示す。

　まず、業務管理能力を、「業務（施策）が的確に運営されるようにしていく上で求められる能力」（同上p.37）と定義し、具体的には、「的確な業務計画を策定することができる能力、必要な人員と組織と予算を整えることができる能力、職員の持てる能力と意欲を有効に引き出してとどこおりなく業務を処理していくことができる能力など」とする。加えて、「より上位の管理職者層」では、

「計画力、統制力、組織管理力、経営管理能力、リーダーシップ、対外交渉能力など」が「より比重の重い具体的要素」となる。「一般の管理職者層」では、「施策の企画立案能力、調整能力、情報分析能力、コミュニケーション能力、部下の育成管理能力、組織改善能力など」が、「より比重の重い具体的要素」になる。

人事管理能力は、「指導能力・育成能力、統率力、コミュニケーション能力、リーダーシップ、人事管理・労務管理の理論・知識等を総合して、正常な労使関係、職場における適正な人事管理・人材育成、士気の高揚、高い業績達成度を実現していく能力」(同上 p.39) とする。

(3) 能力と手法（「分権時代の人材戦略」補論）

第2編は、第1編の補論の位置づけ[60]となる。

3-1 基礎的業務遂行能力

基礎的業務遂行能力を、「担当業務を的確に遂行するために必要とされる基本的能力」(同上 p.69) とし、「ものごとを調査しまとめ、文章化し説明する能力（基礎的な情報処理能力）、自分の考えを他人にうまく伝える能力、人の述べることを理解する能力、相手が求めていることを把握する能力等」とする。それは、「確立された政策、施策を着実に遂行していく能力、定型的な業務を上司の監督の下で所定の手続き及び指示された方法により的確に処理する能力、あるいは業務を計画的に正確かつ迅速に処理する能力」でもあるとする。

具体的に身につけるべき内容を次とする。①接遇態度、住民応対の基本的能力　②資料の収集・整理のノウハウ（情報収集・分析力）、起案文書作成等の

---

[60] 第2編は、第1編で述べられなかった能力について、その概要を述べることを目的とする。しかし、能力は「分析の視点によって様々に整理」（地方行政運営研究会公務能率研究部 1996 p.29) できること、「多様な要素から成り立っている」ことから、第1編で述べた能力と第2編で述べる能力は、「相互にオーバーラップする」とする。実際に、第2編で記述されている能力の中には、第1編の政策形成能力の1つとして記述されているものがある。例えば、対人能力、法務能力、国際化対応能力、情報能力。

文書実務、説明・報告の仕方等、公務遂行の基礎的知識　③基本法令に関する知識　④当該地方公共団体の概要（都道府県勢、市町村勢の概要　等）　⑤問題解決のために必要な分析力、理論構築力、プレゼンテーション能力　⑥課題への的確な対応能力、業務改善能力、創造力。（同上 p.70）

3-2　対人能力

　対人能力は、「他の人と接触したり仕事をしていく上で必要とされる能力」（同上 p.71）とし、「人に話をするとともに人の話を聞くことができるということ、説得をするとともに協調を図ることができるということであり、人との交渉・折衝で着地点を見出したり調整することができる力」「人間関係を広く結んで幅広いネットワークを形成する力」「市民と信頼関係を結ぶことができる能力」とする。
　また、「組織管理」の側面では、「部下と集団を説得し、動かすことができる影響力であって、リーダーシップを発揮したり、コミュニケーションや部下に対する動機付けを効果的に行うことができる能力」とする。
　具体的に身につけるべき内容は次になる。①自己分析と自己変革を促すことができる心理学的知識　②メンタル・タフネスの知識・技術　③接遇技術　④交渉・折衝技術　等。（同上 pp.71-72）

3-3　法務能力

　法務能力は、自治体が「自力で地域に必要な制度をつくり、その責任において執行」（同上 p.72）するとき、「行政の公正の確保・透明性の向上を図っていく上」（同上 pp.72-73）で必要となる能力だとする。それは「法的センスと法的実務能力」（同上 p.72）からなる。法的センスとは、「ものごとを権利義務等の法的な視点からとらえるセンス（リーガルマインド）」であり、法的実務能力とは、「条例・規則を立案する場合などに必要となる法制執務上の実務能力」とする。

また、政策法務の場合は、「自治立法により法制度（条例・規則等）を設計する能力」を指す。
　具体的に身につけるべき内容を次とする。①法令実務　②地方自治制度・地方公務員制度の知識　③法学知識　④情報公開・行政手続・行政訴訟等の知識等。（同上 p.73）

3-4　国際化対応能力

　国際化対応能力は、「地域社会の国際化の進展に対応するために必要となる政策を形成し、実施していく上で必要とされる能力」（同上 p.74）とする。この能力は、「政策形成能力の一つとして位置づけることができる」ことから、「「仕事に関する知識・技術」、「対人能力」、「課題発見・解決能力、制度立案能力」」の「総合力として発揮されるもの」だとする。
　しかし、このうちの仕事に関する知識・技術には、固有の能力がある。1つは、「外国語能力」であり、「外国人との意思疎通に必要な外国語能力」（同上 p.75）とする。2つは、「国際情勢、外国事情に関する知識」であり、「国際化に伴う諸情勢を的確に理解するために必要な基礎知識　外国の歴史、文化、政治、経済、社会事情等」とする。3つは、「専門実務能力」であり、「国際化に伴い発生する各種事務を適切に処理するうえで必要な実務上の専門知識」とする。4つは、「自国文化の知識」（同上 p.76）であり、「外国人との交流に必要となる日本の文化や当該地方公共団体の地域が有する文化の特色に関する知識等」とする。

3-5　情報能力

　情報能力は、「地域社会の情報化の進展に対応するために必要となる政策を形成し、実施していく上で必要とされる能力」「政策を形成したり業務を効果的・効率的に遂行したりしていく上で求められる情報通信機器や各種媒体を的確に活用することができる能力」（同上 p.77）とする。これらは政策形成能力の1つであり、仕事に関する知識・技術、対人能力、課題発見・解決能力、制度立

案能力の総合力として発揮されるものだとする。
　そして、仕事に関する知識・技術については、固有の能力があるとする。それは、1つは、「情報処理の基本的能力」であり、具体的な内容は、「OA機器、情報通信機器の操作に関する基礎知識（情報処理ツールを使用した読み書き・計算能力等）」「パソコン利用の指導者養成」とする。2つは、「情報処理技術者資格等」（同上 p.78）であり、具体的な内容は、「第1種情報処理技術者等の資格」「自前のシステム・エンジニアの養成」とする。3つは、「情報通信技術、情報通信基盤に関する専門知識」であり、具体的な内容は、「高度情報化の進展に対応できる情報通信技術、情報通信基盤に関する専門知識」とする。4つは、「実務への応用力」（同上 p.79）であり、具体的な内容は、「地域情報化、高度情報化に的確に対処する能力を養成するための政策課題研究」とする。

3-6　職層別能力

　職層別能力ついては、職層ごとに「重点的に開発すべき能力・知識の概要」を示している。
　主任主事に対しては、「担当業務についての専門能力、問題提示・解決能力、事務改善能力、後輩指導力、企画立案能力、政策形成の基礎的能力　等」（同上 p.80）が示された。
　係長については、「担当業務についての専門能力、政策立案能力、指導・育成能力、計画力、統制力、情報収集・分析能力、事務革新能力、対応力　等」が示された。
　課長補佐については、「政策構成・企画力、意思疎通力、調整力、指導力、対人能力　等」であり、課長は、「政策決定・実践力、意思決定力、リーダーシップ、対人能力、情報管理力、折衝力、組織管理能力　等」が示された。
　次長については、「課題調整力、政策調整力、リーダーシップ、対人能力　等」が示され、部長については、「政策形成能力、決断力、先見力、リーダーシップ、対人能力　経営・管理能力、政治的折衝力、経営戦略の立案・実現力、戦略的思考と経営感覚　等」が示された。

3-7　第1編と第2編で提言された能力

　まず、自治体が求めるべき人材は、「担当する職務に関し課題を発見し施策を的確に遂行するために必要とされる能力と意欲を持っており、職務に積極的に取り組むとともにそうした持てる能力と意欲の向上に自覚的に勤めている職員」（同上 p.5）であった。そして、その人材を育成するための人材育成目標が、第1編で示された19項目だった。

　次に、目標を達成するために、人材育成の重点を、政策形成能力、管理能力、基礎的業務遂行能力、対人能力、法務能力、国際化対応能力、情報能力、職層別能力に置くことを求めた。なお、国際化対応能力と情報能力は政策形成能力に含まれた。

　以上をまとめると表1-5-1になる。

表 1-5-1　報告書が提言した自治体職員に求められる能力（①②③の標記は筆者による加筆）

```
┌─────────────────────────────────────────────────────┐
│             求める人材①                              │
│ 担当する職務に関し、課題を発見し、施策を的確に遂行    │
│ するための能力と意欲を持ち、職務に積極的に取り組む    │
│ とともに、能力と意欲の向上に自覚的に勤める職員。      │
└─────────────────────────────────────────────────────┘
                         ⇧
┌─────────────────────────────────────────────────────┐
│             人材育成の目標②                          │
│   公務を担う者の基本的な心構えと姿勢の 10 項目        │
│   地域の行政を担う者の基本的な心構えと姿勢の 9 項目   │
└─────────────────────────────────────────────────────┘
                         ⇧
```

人材育成の重点			管理能力（管理職）		基礎的業務遂行能力③		対人能力		法務能力		職層別能力					
政策形成能力　含[国際化対応能力／情報能力]																
仕事に関する知識・技術	対人能力	課題発見・解決能力、制度立案能力	人事管理能力	業務管理能力	遂行能力、処理能力	文章能力、伝達能力、理解能力、把握能力	対外的対人能力	組織管理対人能力	法的センス	法的実務能力	政策法務	主任主事	係長	課長補佐	課長	次長	部長
基礎となる知識・技術																
政策科学の知識	現状分析・理論的思考能力	創造力	法務能力	実務への応用力												

『地方公共団体職員の人材育成 - 分権時代の人材戦略 -』をもとに筆者作成

（4） 報告書にみる混乱

4-1　実際には提言されていない人材

　報告書によれば、自治体職員に求められる能力は、政策形成能力、基礎的業務遂行能力、対人能力、法務能力、職層別能力と、管理職では管理能力だった。しかし、これら能力を有する職員に対し最終的に求める人材が、「担当する職務に関し課題を発見し施策を的確に遂行するために必要とされる能力と意欲を持っており、職務に積極的に取り組むとともにそうした持てる能力と意欲の向上に自覚的に勤めている職員」だろうかと疑問をもつ。

　つまり、報告書に示されている人材（表1-5-1の①）は、自治体職員としての初歩的な人材ではないかと考えられ、例えば、職員採用の際に行われる面接での着眼点であり、採用基準の1つにすぎないのではないかとみられる。同時に、人材育成の目標（表1-5-1の②）の19項目は、自治体職員として最初に身につけるべき考え方の提示であると思われる。従って、報告書で自治体職員の人材として定義した内容と人材育成の目標は、〈採用時に求める人材〉と、例えば、〈採用後の研修などで身につけるべき心構えや姿勢〉と言える。

　次に、報告書の第2編では、基礎的業務遂行能力（表1-5-1の③）を政策形成能力、管理能力、対人能力、法務能力、職層別能力と並列に記した。基礎的業務遂行能力は、具体的には、①物事を文章化し説明できる能力　②自分の考えをきちんと伝え、相手の話す内容を理解できる能力　③確立された政策や施策を着実に遂行していく能力　④定型業務を上司の監督のもとで所定の手続きや指示された方法により的確に処理する能力　⑤業務を計画的に正確迅速に処理する能力－とされた。つまり、任された仕事を、最初から最後まで、1人で完結できる能力になる。一般的に採用から3年目位までに身につける能力であり、自治体職員として職務を遂行するにあたり、早期の習得が求められる基礎的能力となる。政策形成能力や管理能力などと並列に記すものではない。これらを修正すると、表1-5-2となる。

表からは、報告書では、自治体職員に求められる個別の能力の提示はあるが、求めるべき人材については示されていないことがわかる。このことは、報告書が各自治体の人材育成基本方針策定の雛形[61]であることを考えると、自治体の人材育成担当者にとって最も重要な、新しい時代の自治体職員はいかにあるべきかとの問いにこたえていないと言える。

---

61 雛形として使えるように、報告書の半分以上は自治体での取り組みを紹介した資料編となっている。

表 1-5-2　修正後の自治体職員に求められる能力

人材育成の重点														
政策形成能力　含　国際化対応能力　情報能力				管理能力（管理職）		対人能力		法務能力			職層別能力			
・技術・仕事に関する知識	対人能力	制度立案能力	課題発見・解決能力、	人事管理能力	業務管理能力	対外的対人能力	組織管理対人能力	法的センス	法的実務能力	政策法務	主任主事	係長	課長補佐	課長	次長	部長
基礎となる知識・技術														
政策科学の知識	現状分析・理論的思考能力	創造力	法務能力	実務への応用力										

⇧

基礎的業務遂行能力（採用後3年目までに習得すべき能力）（表1-5-1の③）

⇧

心構えと姿勢（採用後の研修で身につけるべき考え方19項目）（表1-5-1の②）

⇧

基礎となる要件（採用時に求める人材）（表1-5-1の①）

『地方公共団体職員の人材育成-分権時代の人材戦略-』をもとに筆者作成

4-2　自治体の人材育成に与えた意味

　報告書の特徴は次になる。① 253 頁になる自治体職員の人材育成についての大作であること　②自治体の人材育成の雛形として位置づけられたこと　③新しい制度のもとで自治体職員に求められる能力について考えられ得るものを具体的に記したこと　④その中でも政策形成能力を人材育成の重点として強調していること。

　このような自治体職員の人材育成に関する報告書は、これ以前にはない。そのことからすれば画期的だと言える。しかし、報告書は、自治体の人材育成担当者の側に立てば、その期待に十分にこたえているとは言えない。なぜならば、自治体職員の能力の具体的記述はあるが、それは項目の羅列にとどまり体系的に整理されていない。そして、担当者が最も知りたい、新しい制度のもとで求められる人材についての議論がない。

　第一次分権改革では、明治以来の制度がほぼ完全に解体された。それを象徴的に示すのが、機関委任事務の廃止だった。このことは、自治体の政策の自由度を増すことを意味する。自治体は、国からの政策を待つのではなく、独自の意思をもって政策を立案し展開していかなければならない。

　自治体職員には、その地域の実情にあわせた政策を自ら考えていく能力が求められる。報告書でもそのことを受けて、政策形成能力が強調された。しかし、この大きな改革は、自治体職員の存在意義を根本から揺さぶることになる。このような中では、自治体職員に個別の能力の変化を求めるだけでは、改革の本来の目的は達成できない。そこでは、機関委任事務の廃止を受け、自治体職員の役割とは何かの議論が重要となる。そのことが自治体職員の意識や価値観を変え、それが行動になることによって、改革の速度が増し、期待された成果を生むことになる。従って、この改革で自治体職員にまず求められることは、その行動の根拠となる自治体職員の倫理を確立することと言える。しかし、報告書は、新しい制度の確立にともなう自治体職員に関する議論を、明治以来の制度の解体 ＝（イコール）機関委任事務の廃止 ＝（イコール）政策形成能力という目前の業務遂行を優

先する議論にした。

　報告書が、自治体職員の人材育成計画策定の雛形であることを考えれば、倫理についての議論は主旨から外れたのかもしれない。地方分権の推進とは、そのようなことも各自治体が考えるべきことだということを、暗に示したのかもしれない。そうであれば、報告書では人材を定義するべきだったのかとの疑問がわく。いづれにしても、報告書は、新しい時代の自治体職員についての核心に触れることはなかった。

　報告書は、「全地方公共団体と関係機関に配布」（和田 1997 p.15）され、それを雛形として各自治体の人材育成計画の策定が進められた。そのことからすれば、各自治体の人材育成計画も同様に、自治体職員とは何かという議論をなくして、目前に迫られた業務遂行のための計画になっている可能性を否定できない。

　自治体は、地域にとっては、過去から現在へ、現在から未来へと営々と続いていく組織体であり、住民は、一生を通じてそれとかかわる。自治体職員が、新しい制度のもとで政策形成能力を発揮する根底には、地域や住民にとって、自治体職員とはどうあるべきかという根本の考えがなければならない。しかし、明治以来の制度の解体という時代の大きな節目に出された報告書は、その部分を欠いたまま全国の自治体に配布された。そのことが、新しい制度のもとでの自治体の人材育成にどのような影響をもたらしたのかを検証しなければならない。つまり、現在問われている自治体職員とは何かという問題につながっていると思われる。

（5）　第一次分権改革期の人的要素と「専門性」

　ここでは、表1-5-2をもとに、第一次分権改革期の人的要素と「専門性」を考える。

5-1　〈倫理〉

自治体職員の行動の根拠となる〈倫理〉については示されなかった。

5-2 〈専門的な知識や技術〉

〈専門的な知識や技術〉については、次の能力が示された。①仕事に関する知識や技術（担当業務に必要な専門的な知識や技術、関連する分野についての知見）　②管理能力　③国際化対応能力　④情報能力　⑤法務知識（法務実務、地方自治制度、地方公務員制度、法学、情報公開・行政手続・行政訴訟などの知識と実務能力、及び、法的センス）。

なお、②管理能力については、報告書では業務管理能力と人事管理能力が示された。これは、管理者が日々の業務遂行で備えるべき知識や技術と言える。③国際化対応能力と④情報能力は、政策形成能力の1つとされていたが、示された内容から〈専門的な知識や技術〉とした。

5-3 〈政策立案展開力〉

報告書では、政策形成能力が強調された。その定義は、〈一定の目標（政策目標）を立てそれを実現するために必要な枠組み、仕組みをつくりあげる上で必要とされる能力〉だった。

具体的な能力は次のように示された。①政策科学の知識（費用効果分析、ゼロベース予算、目標による管理（MBO）、経済理論、非営利組織のマーケッティングなどの知識）　②現状分析・理論的思考に関する知識（統計調査の方法、回帰分析、経済予測手法、QC手法、K・T法、ディベートなどの知識）　③創造力　④対人能力（調整能力、対外的折衝能力、説得能力）　⑤課題発見・解決能力と制度立案能力（住民のニーズを的確に把握し課題を設定できる能力、とりまとめ能力、解決策を立案する能力、新たな制度を設計・立案する能力、時代の方向をつかむセンス、旺盛な好奇心）。

5-4 「専門性」

報告書が、地方分権一括法の制定を見据えた中で策定され、自治体職員に最も求められる能力として強調したことを考えれば〈政策形成能力〉となる。つまり、ここでみる「専門性」とは、求められる能力の１つを示していると言える。

表 1-5-3　第一次分権改革期の人的要素と「専門性」

専門性		政策形成能力
人的要素	倫理	（提示されなかった）
	専門的な知識や技術	①仕事に関する知識や技術（担当業務に必要な専門的な知識や技術、関連する分野についての知見）　②管理能力　③国際化対応能力　④情報能力　⑤法務知識（法務実務、地方自治制度、地方公務員制度、法学、情報公開・行政手続・行政訴訟などの知識と実務能力、及び、法的センス）。
	政策立案展開力	一定の目標（政策目標）を立てそれを実現するために必要な枠組み、仕組みをつくりあげる上で必要とされる能力。
	構成要素	①政策科学の知識（費用効果分析、ゼロベース予算、目標による管理（MBO）、経済理論、非営利組織のマーケティングなどの知識）　②現状分析・理論的思考に関する知識（統計調査の方法、回帰分析、経済予測手法、QC手法、K・T法、ディベートなどの知識）　③創造力　④対人能力（調整能力、対外的折衝能力、説得能力）　⑤課題発見・解決能力と制度立案能力（住民のニーズを的確に把握し課題を設定できる能力、とりまとめ能力、解決策を立案する能力、新たな制度を設計・立案する能力、時代の方向をつかむセンス、旺盛な好奇心）。

筆者作成

6　先行研究にみる人的要素と「専門性」のまとめ

（1）　地方自治法制定初期

本節では、蠟山政道の論文を中心に考察した。その結果、自治体職員に求められる「専門性」が、〈倫理〉〈専門的な知識や技術〉〈政策立案展開力〉の3つの人的要素により構成されることがわかり、以後の「専門性」概念の考察の枠組みを得た。

（2）　中央地方協調期

ここでは、辻清明の講義録と論文を中心に考察した。

新しい自治制度導入後、10年を経るにもかかわらず、住民の期待する民主的な行政は実現せずにいた。なぜならば、戦前から続く国と自治体の主従関係が、自治体職員の心理に、国に守られ、優遇される独特の世界観による公務観をつくりあげたからだ。つまり、この時期は、自治体職員による自治体優先の考え方からくる内発観念による公務観と、民主的な行政の実現を要求する自治体外部の考え方からくる外発観念による公務観が存在した。

そのことは、自治体職員の人的要素と「専門性」にも反映され、内発観念の公務観による〈内発の人的要素と「専門性」〉と、外発観念の公務観による〈外発の人的要素と「専門性」〉の2つが形成された。2つは拮抗し、それらのどちらが発揮されるかは、自治体職員の時代認識に依存し、行政のあり方もそれによって変わった。

（3）　変動転換期

ここでは、加藤富子の論文を中心に、自治体と企業の特性を比較し、自治体職員の人的要素と「専門性」を考察した。

自治体と企業の比較では、両者の間に多くの特性の相違をみた。特に明確な相違をみせたのは組織目標だった。組織目標の違いが、それぞれの組織で働く人々の「専門性」に反映していることがわかった。

　この時期の自治体職員は、社会構造の急激な変化から生ずる問題の解決を住民から求められた。自治体職員の意識にも住民の期待にこたえようとする変化が現れた。しかし、自治体と国の関係は変わらず、自治体組織には、戦前型の構造が残っていた。従って、この時期の自治体職員の人的要素と「専門性」にも、〈内発の人的要素と「専門性」〉と〈外発の人的要素と「専門性」〉があり、〈内発の人的要素と「専門性」〉が優先された。

（4）　行政需要移行期

　本節では、松下圭一と西尾勝の論文を中心に考察した。

　1980年代は、旧来の自治体の組織構造では、住民の期待にこたえるには限界があり、自治体での行政改革が行われた。なぜならば、住民の生活水準の向上は、自治体に量より質の行政を求めたからだった。住民の生活水準の向上は、自治体職員と住民の間にある、自治体職員優位の状況に変化をもたらした。同時に、民間が行政サービスを担うようになった。つまり、自治体職員を自治体職員ならしめるものは何かが問われた。

　これに対し西尾は、自治体職員の倫理こそが、他の職業に従事する人々との違いだとした。公共感覚を体得しようとすることと、それにもとづいて住民の利害や関心の調整と統合にあたることを、自治体職員の倫理とした。公共感覚とは、勤務する自治体の政策体系全体と、政策間の関連を知ることから生じる平衡感覚を前提とした。

　この時期では、〈内発の人的要素と「専門性」〉と〈外発の人的要素と「専門性」〉は、ほぼ一致した。

（5） 第一次分権改革期

　ここでは、1996（平成8）年に自治省より出された『地方公共団体職員の人材育成 - 分権時代の人材戦略 -』から考察した。
　報告書は、253頁からなる大作であり、地方分権一括法制定以降に求められる自治体職員の能力について、考えうるものを具体的に記した。その中でも、政策形成能力が強調された。報告書は、各自治体の人材育成計画策定の雛形とされた。
　地方分権一括法制定は、明治以来続く国と自治体の関係を、ほぼ完全に解体した。この大きな改革は、自治体職員の存在意義を根本から揺さぶった。このような中では、自治体職員の使命とは何かの議論が重要となる。
　しかし、報告書は、国からの業務移管による業務量の増大への即時対応の解決策を、業務遂行優先の視点からまとめた。新しい制度での自治体職員に関する議論の核心である倫理に触れることはなかった。報告書が、各自治体の人材育成計画策定の雛形とされたことを考えれば、報告書が自治体の人材育成に与えた意味を検証しなければならない。
　報告書から考察された自治体職員の「専門性」は、〈政策形成能力〉であり、求められる能力の1つを示していると言えた。

表(序)-1　時代区分

期	年代	本書での名称
第1期	1947年～1950年代中頃	地方自治法制定初期
第2期	1950年代中頃～1960年代中頃	中央地方協調期
第3期	1960年代中頃～1970年代中頃	変動転換期
第4期	1980年代　＊1970年代後半を含む	行政需要移行期
第5期	1990年代	第一次分権改革期

筆者作成

表1-1-2　地方自治法制定初期の人的要素と「専門性」

専門性		能率ある行政により民主的な地方自治を実現すること。
人的要素	倫理	自治体職員が住民と向かいあい、住民の利益を考え行動すること。社会規範となり、人々の心理的空白の回復を助けること。
	専門的な知識や技術	警察、衛生、土木、公企業、教育、労働、社会事業、経済、産業などの各行政分野における大学の専門学科で習得する水準の知識や技術。
	政策立案展開力	人事、財務、会計、統計、物資調達などの分野の連携により行政を能率的に展開すること。

筆者作成

表 1-2-3　中央地方協調期の人的要素と「専門性」

専門性	内発		国家目標を実現するための制度の一機能となること。
	外発		時代の変化を読み、総合的な思考と行動により、住民にとって実りある行政を実現すること。具体的には、①自治体内部の様々な機能の連携による組織活動で、各職員や各部署の能力を結集すること　②自治体と国、自治体と自治体、自治体と地域、自治体と民間、自治体と国と民間の様々な組み合わせにより物事を遂行すること－を総合して実りある行政として結実させること。
人的要素	倫理	内発	国家目標を達成すること。
		外発	社会との関係性の中から、自治体職員としての立場と役割を考え、それを行政の中で実践すること。
		構成要素	①行政を社会全体と関連させて観察できる力　②相手を理解し最も納得を得る方法は何かを考える力　③技術や経済の変動を察知する力　④人間関係を構築できる力（例えば、同僚との関係、上司と部下の関係、民間との関係）　⑤調査結果を現実の行政に取り入れる力。
	専門的な知識や技術	内発	自分の担当する職務を国の指示通りに遂行できる知識や技術。
		外発	①各行政分野の範囲（例えば、警察、衛生、土木、公企業、教育、労働、社会事業、経済、産業など）での、大学レベルの知識や技術。②公務。
	政策立案展開力	内発	（求められない。）
		外発	目標を立案し、それに向かっていかに個々の職務を進め、完結するかを、一連の組織活動として考えられること。
		構成要素	①管理能力（・目的に向かって必要な物事を整備する力　・結果をもたらす思考と実行力　・組織をつくりそれを指揮する力）　②管理技術（・遅延を生じさせない時間管理　・必要な時に必要な物を取り出せる物品管理　・機械の故障により作業が中断しないようにする機械管理　・組織の構成員がその目的に沿った仕事ができる人事管理）　③民間との交渉力　④新規のアイディアの創造力　⑤全体の利益のための目標設定力　⑥精緻な論理構築力　⑦円滑な組織活動のための協同力や協同作業力。

筆者作成

表 1-3-4 変動転換期の人的要素と「専門性」

専門性	内発			社会構造や自治体をめぐる外部環境の変化に速やかに対応できること。
	外発			他の自治体や国に対し当該地域の利害を代弁し、地域社会の設計者としての役割を果たせること。
人的要素	倫理	内発		変動する環境の中で、その変動の要因を発見し、それに適応していくこと。
		外発		何が最も優先順位の高い課題であるかを、公平性や慎重さをもって判断できること。自治体の独占性に安住しないこと。
	専門的な知識や技術			法律、条例、予算、行政計画などにそった職務の遂行。
	政策立案展開力	内発		国の制度や関与の範囲内での自治体の組織目標と各部門の目標の設定と実施、および、情報公開の実現。
		外発		自治体の組織目標と各部門の目標の設定と実施。明解な情報公開の実現。
			構成要素	①自治体をめぐる利害関係者、自治体間や自治体と国の力関係、社会の権力構造や経済動向、地域の文化に関する知識　②住民参加やマスコミ対応の知識や技術　③人間関係調整力（人が行動を起こす動機・集団を形成する過程やその活動に関する知識、リーダーシップの発揮や意思疎通の知識や技術）　④科学的な知識や技術（行政効果の測定・コンピューター・情報管理・世論調査に関する知識や技術）　⑤各分野の行政を総合し、その功用が住民に最大限に広がるようにすること　⑥新しい価値を創造すること。

筆者作成

表 1-4-1　行政需要移行期の人的要素と「専門性」

専門性			住民の期待する実効性ある行政を行うこと。そのためには、地域主体の新しい価値にもとづく政策を創造すること。	
人的要素	倫理		公共感覚（勤務する自治体の政策体系全体と政策間の関連を知ることから生じる平衡感覚）をもって、住民の利害や関心の調整と統合にあたること。	
	専門的な知識や技術		学歴にもとづく一般的な知識。特定の行政領域や業務に求められる知識や技術。自治体職員がその職務についてから身につける、職務遂行上必要とされる知識や技術。	
	政策立案展開力		住民の多様な要望を出発点とし、組織横断的で総合的な視点と思考による積極的な政策を立案展開できること。	
		構成要素	①固定観念の排除と柔軟な思考　②法令・前例万能主義／権威・育成主義からの脱却　③地域の政策課題を発見する力　④積極的で創造的な意欲　⑤新しい価値（例えば、美しさ・愉しさ・快さ）を発見する力。	

筆者作成

表 1-5-3　第一次分権改革期の人的要素と「専門性」

専門性			政策形成能力
人的要素	倫理		（提示されなかった）
	専門的な知識や技術		①仕事に関する知識や技術（担当業務に必要な専門的な知識や技術、関連する分野についての知見）　②管理能力　③国際化対応能力　④情報能力　⑤法務知識（法務実務、地方自治制度、地方公務員制度、法学、情報公開・行政手続・行政訴訟などの知識と実務能力、及び、法的センス）。
	政策立案展開力		一定の目標（政策目標）を立てそれを実現するために必要な枠組み、仕組みをつくりあげる上で必要とされる能力。
		構成要素	①政策科学の知識（費用効果分析、ゼロベース予算、目標による管理（MBO）、経済理論、非営利組織のマーケッティングなどの知識）②現状分析・理論的思考に関する知識（統計調査の方法、回帰分析、経済予測手法、QC手法、K・T法、ディベートなどの知識）　③創造力　④対人能力（調整能力、対外的折衝能力、説得能力）　⑤課題発見・解決能力と制度立案能力（住民のニーズを的確に把握し課題を設定できる能力、とりまとめ能力、解決策を立案する能力、新たな制度を設計・立案する能力、時代の方向をつかむセンス、旺盛な好奇心）。

筆者作成

第 2 章　自治体の人事異動・研修制度・職員意識

　ここでは、自治体の人事異動・研修制度・職員意識の実情を、東京都特別区のX区のケーススタディから考察する。
　人事異動・研修制度のケーススタディで使用した資料と対象者は同じになる。調査は、人事異動は 2008（平成 20）年、研修制度と職員意識は 2009（平成 21）年に行なった。

1　X区の概要

（1）　X区の概要

　2011（平成 23）年の『X区職員白書』では、職員数は約 3500 人[62]であり、職層別では管理職（課長以上）[63]が約 100 人、係長級は約 750 人、主任主事は約 1650 人、一般職員は約 1000 人となる。職員の平均年齢は 44 歳になる。
　調査時点の組織は、政策経営部、区民生活部、保健福祉部、都市整備部、環境清掃部、教育委員会、会計管理室、選挙管理委員会事務局、監査委員会事務局、区議会事務局で構成される。
　部の主な業務は、政策経営部は区政全般と区役所全体にかかわる業務、区民生活部は区民生活に直接かかわる業務、保健福祉部は福祉や健康にかかわる業務、都市整備部は総合的なまちづくりを進める業務、環境清掃部は清掃やリサイクルの業務となる。

---

[62] 2011（平成 23）年 4 月 1 日現在。特別職、再任用短時間勤務職員、嘱託員、パートタイマー、臨時職員を除く。ケーススタディの時期によって人数が変わるので、その都度記す。
[63] 本書では、幹部職員とする。

（2） X区を調査対象とした理由

　ケーススタディでは、対象者を課長以上の幹部職員約100名[64]とした。第3章では、現職の自治体職員へのインタビューから、現代の自治体職員の「専門性」概念を考察するが、そのインタビュー対象者も、このケーススタディのX区幹部職員になる。ケーススタディの対象を幹部職員としたのは、序論にも記したように、①幹部職員には部下指導育成の役割があり、彼らの職務に対する意識や組織での行動が、日常業務を通して、他の職員の意識や行動の手本となること　②従って、幹部職員の捉える「専門性」が、自治体職員全体の「専門性」となり得ること－による。加えて、行政需要が高度複雑化する中で、それに対応する能力を最も求められるのが幹部職員でもある。

　X区を調査対象とした理由は以下になる。第1の理由は、X区と筆者の関係による。X区と筆者は、仕事を通し数年来のかかわりがあり、第2章のケーススタディと第3章のインタビュー調査の目的について共通の認識がある。そのため、関係資料の閲覧や幹部職員へのインタビューに協力を得ることができ、筆者の疑問に対しても率直な応答が可能であった。インタビューでは、統括部長2人、部長2人、課長6人の合計10人に対し、1人40分の時間をもらった。加えて、筆者は、X区の実情についてある程度知っていることから、応答の内容を正確に聞き、理解することができる。

　第2の理由は、X区は、1986（昭和61）年に独自の職員研修所を設立した。職員の能力開発では、組織として歴史と実績を有する。そのことは職員についても言える。このことから、自治体職員の能力開発の研究では、X区を調査対象とすることは妥当だと考える。

　第3の理由は、X区でのケーススタディが、自治体職員の実情を示す1つになり得ると考えることによる。X区が、東京都の特別区であるために、他の自治体とは違うとの意見もある。筆者は、それに対し疑問をもつ。1つは、組

---

[64] ケーススタディによって人数が変わるので、その都度記す。

織とは、同じ目的を有し、指示命令系統があり、責任と権限が明確になっている。このことは、組織の所在や担う仕事にかかわらない。2つは、組織は人の集団であり、それぞれ仕組みは違っても、そこには人事制度があり、それによって、人事異動や能力開発が行われる。加えて、人の営みが組織によって極端に変わることは考えにくい。ましてや、自治体同士であればなおさらと言える。3つは、東京都の特別区は、東京都の内部団体ではなく、2000（平成12）年の都区制度改革により基礎自治体となった。つまり、住民に最も身近な政府として、自治の実現を目指す責務を負うことは、他の自治体と同じと言える。従って、X区が東京都の特別区という理由で、他の自治体の実情を反映するケーススタディとならないとすることはあたらない。

以上から、X区のケーススタディでは、自治体に共通する観点が得られると考える。

（3） 採用から昇任の流れ

X区の採用から昇任の流れは、図2-1-1となる。

昇任の流れでは、昇任試験が4回行われる。それは、主任主事昇任選考、係長職昇任選考、総括係長職昇任選考、管理職選考であり、特別区人事・厚生事務組合の特別区人事委員会が実施する。しかし、管理職選考以外は、各特別区に委任される。従って、主任主事、係長職、総括係長職の昇任選考はX区での実施となる。選考は、主任主事は筆記、係長職は筆記と面接、総括係長職は面接と勤務評定で行われる。

特別区人事委員会が実施する管理職選考は、筆記と面接だが、面接は筆記合格者となる。

図 2-1-1　X区の採用から昇任までの流れ

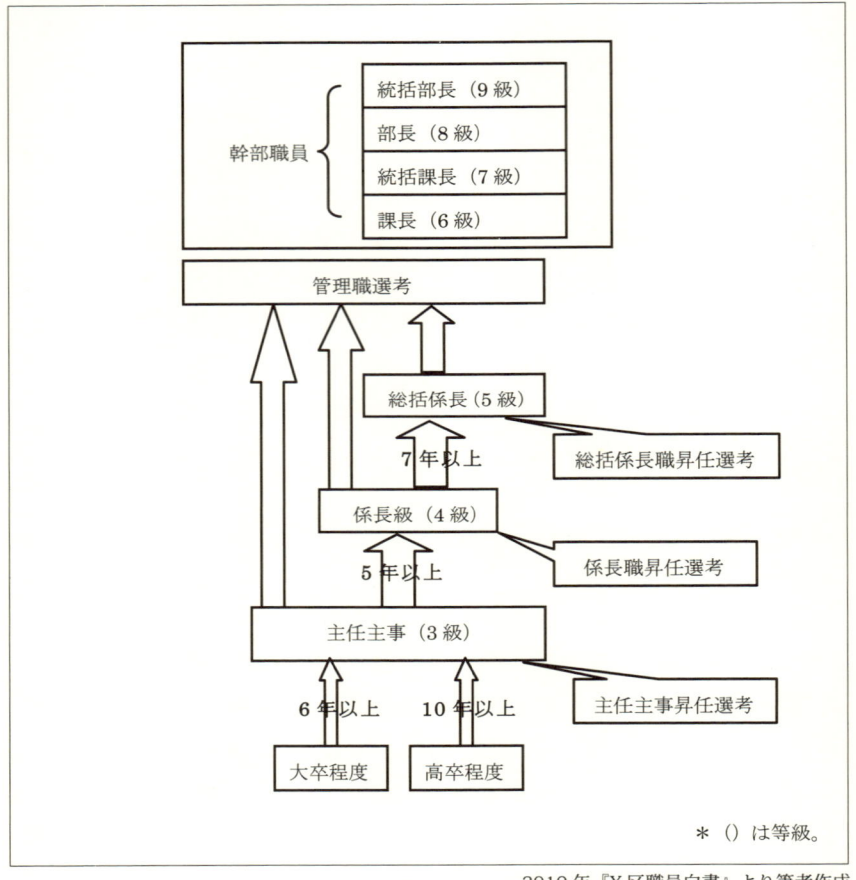

```
                ┌─ 統括部長（9級）
          幹部職員 ├─ 部長（8級）
                ├─ 統括課長（7級）
                └─ 課長（6級）

                管理職選考
                   ↑
              総括係長（5級） ─── 総括係長職昇任選考
                   ↑
                 7年以上
              係長級（4級） ─── 係長職昇任選考
                   ↑
                 5年以上
              主任主事（3級） ─── 主任主事昇任選考
                 ↑       ↑
              6年以上  10年以上
              大卒程度  高卒程度
```

＊（　）は等級。

2010年『X区職員白書』より筆者作成

2　人事異動

（1）ケーススタディの目的

　このケーススタディは、X区幹部職員[65]を対象とし、その人事異動[66]と能力開発の関係性の実情を明らかにするために行なった。
　自治体職員の人事異動に関するいくつかの先行研究をみれば次になる。前浦穂高（2004）は、自治体の事務系職員の異動パターンを研究した。その異動パターンには、特定の部にとどまるパターンと異動先が分散するパターンの2つがある。従って、事務系職員をスペシャリストとして判断することはできないが、彼らをジェネラリストとして捉えることも困難だとする。中嶋学・新川達郎（2004）は、自治体の人事異動の幅について研究した。それは、以前に配属されたことのない部門への、幅の広い人事異動だった。加えて、中嶋・新川は、2007（平成19）年の論文で、自治体の人事異動は、職員が約4年半ごとに質的に異なる職場間をジェネラリスト型に異動すると言う。中村圭介（2004）は、一般行政職の自治体職員は、様々な部門を幅広く異動しジェネラリストとして育成されるとする。
　自治体職員の人事異動の先行研究には、彼らがスペシャリストかジェネラリストかの観点からの研究や、昇任・任用管理といった人事制度に関するものが多い。人事異動と能力開発の関係性を研究したものは少ない[67]。従って、このケーススタディでは、先行研究を踏まえながら、人事異動を調査し、能力開発

---

[65] ケーススタディでは、課長以上の幹部職員102名を対象とした。
[66] 人事異動は組織内での人の配置転換と転勤だが、ここでは配置転換を指す。人事異動の目的は、労働意欲の向上、労働力の有効活用と適正配置、人材育成と能力開発、後継者の育成、不正の排除と防止などだが、能力開発は人事異動の1つの目的となる。
[67] 例えば、民間企業の研究では小池和男がある。小池は、大卒ホワイトカラーを、主専門のなかの小分野をいくつか経験する、「はば広い専門性」（小池 1991 p.14）をもつスペシャリストだとした。このような研究は、自治体職員を対象としたものではみあたらない。

の観点で人事異動と能力開発の関係性の分析を試みる。

（2）〈ジェネラリスト異動〉と〈スペシャリスト異動〉の定義

このケーススタディでも、人事異動の型を、ジェネラリストとスペシャリストの観点で分ける。ここでは、ケーススタディで使用するジェネラリスト型の異動とスペシャリスト型の異動について定義する。

ジーニアス英和大辞典によれば、ジェネラリストは「多方面に能力・才能のある人、万能選手」（小西友七 南出康世 2001 p.906）、スペシャリストは「専門家」（同上 p.2069）とある。

中村圭介は、自治体職員の異動パターンの研究で、その異動には「ジェネラリスト的異動」（中村 2005 p.65）と「スペシャリスト的異動」があるとする。ジェネラリスト的異動については、自治体に3つの事情があると言う。1つは、「本庁と支庁や出先機関」への平等配置の配慮であり、2つは、非現業の一般行政職の職員は、「行政のことをなんでも知っていなければならない」との考えからくる。3つは、同じ仕事をしていると「徐々に飽きてきて仕事ぶりが落ちてくる懸念」（同上 p.66）があるからだとする。中村は、このような事情によるジェネラリスト的異動が、住民に対する行政サービスの「効用を増やすこと」にはつながらないとし、その理由を4つ指摘する。①平等配置の配慮は、「特定の職能分野に精通するスペシャリスト」（同上 p.65）の育成が「二の次」になる

②住民が「本当に広く浅く知っている職員を求めている」（同上 p.66）のかという疑問　③ある仕事を数年経験しても、その仕事に必要な「法律知識、業務知識、ノウハウ」をいつまでも覚えているわけではない。加えて、法律や条例が変われば、業務知識やノウハウも変わり、それらは「更新」（同上 pp.66-67）されない限り役に立たない　④3年か5年での異動は、職場の構成員の「1/3から1/5」（同上 p.67）を常に新人が占めることになり非効率となる。

これらのことから、ここでのジェネラリストとは、〈3年から5年で職場を異動し、仕事については広く浅く知っているが、過去に仕入れた知識や技術は年数がたてば役に立たないことから、職場にとっては非効率な職員〉となる。

スペシャリスト的異動は、技術職のように「異動範囲」（同上 p.55）がせまい場合と、「職能分野内異動」としている。職能分野内異動とは、例えば、労働部から農業部への異動は、法律・条例・規則や仕事の内容・対象が異なり、相互の関連性はほとんどない。しかし、異なる部門への異動であっても、異動する前と同じ業務（例えば、人事）につく場合であれば、法律・条例・規則や仕事の内容・対象は同じであり職能分野内異動となる。

　従って、ここでのスペシャリストとは、〈法律・条例・規則や仕事の内容・対象が同じく適用される職能間での異動をする職員〉となる。

　武藤は、公務員のジェネラリストとスペシャリストについて次のように述べる。イギリス公務員制の考え方では、「大臣の補佐役として政策形成や財務統制に幅広くかかわるのがジェネラリストであり、専門的業務を遂行するのがスペシャリスト」（武藤 2006 p.133）とすることから、「幅広い仕事を担う総合職」をジェネラリストとし、「特定の専門領域の仕事を担う専門職」をスペシャリストとする。しかし、日本では、「キャリア組の事務官」がジェネラリストであり、「技官やノンキャリア組」がスペシャリストと捉えられると言う。加えて、日本のジェネラリストについては、「省を超えたジェネラリスト」ではなく、各省内部のジェネラリストであり、実務能力も「ほとんどない」とする。

　経営学の観点から山本茂は、ジェネラリストを、職能を横断的に異動し企業内の様々な仕事に精通する社員とし、スペシャリストを、1つの職能に専門化する異動をし、特定の仕事や職種のスペシャリティを高めている社員とする。（山本 2002 pp.55-56）

　以上に共通することは次になる。ジェネラリストは、〈幅広く異動し、様々な仕事を経験するが、実務知識や技術の習熟の程度は高くない人〉となり、スペシャリストは、〈限られた範囲で異動し特定の実務知識や技術の習熟を高めている人〉と言える。

　これらのことから、ケーススタディでは、ジェネラリスト型の異動とスペシャリスト型の異動を、次のように定義する。

　ジェネラリスト型の異動は、〈幅広い異動〉とし〈ジェネラリスト異動〉と呼び、〈様々な仕事を経験することから実務知識や技術は幅広くなる。しかし、

その習熟の程度は高まらない異動〉とする。スペシャリスト型の異動は、〈限られた範囲の異動〉であり〈スペシャリスト異動〉とし、〈実務知識や技術の範囲は限定的だが、その習熟の程度は高まる異動〉とする。（表2-2-1）

表 2-2-1 〈ジェネラリスト異動〉と〈スペシャリスト異動〉の定義

	範 囲	能力との関係
ジェネラリスト異動	幅広い異動	様々な仕事を経験することから実務知識や技術は幅広くなる。しかし、その習熟の程度は高まらない異動。
スペシャリスト異動	限られた範囲の異動	実務知識や技術の範囲は限定的だが、その習熟の程度は高まる異動。

著者作成

（3） 使用した資料、調査の着眼点と方法

使用した資料は、X区職員録に掲載されている職員の中から、課長以上統括部長までの102人[68]を抽出し使用した。調査対象期間は、おおむね1998（平成10）年4月1日から2008（平成20）年4月1日であり、その間の5回の異動をみた。5回の人事異動とは、配属の回数は6回であり、最大6部署に配属される。

調査の着眼点は、X区幹部職員の知識や技術の、①広がりと習熟の度合い（能力の広がりと習熟度）　②蓄積の方法（能力の蓄積）─とした。

①では、幹部職員が経験した部署数と1つの部署にとどまった回数を調査した。先ほどの〈ジェネラリスト異動〉と〈スペシャリスト異動〉の定義から、異動を4つの型に分類した。1つは、5回の異動の中で5回以上同じ部署にとどまる異動を、〈スペシャリスト異動〉とした。2つは、4回同じ部署にとどまる異動を、〈ジェネラリスト型スペシャリスト異動〉とした。3つは、3回同じ部署にとどまる異動を、〈スペシャリスト型ジェネラリスト異動〉とした。

---

[68] 国からの退職再採用者、民間人から登用した期限付き任用職員、東京都からの派遣の職員、5回の異動に満たない職員は除いた。

4つは、2回同じ部署にとどまるか毎回異動を、〈ジェネラリスト異動〉とした。
（表2-2-2）

表2-2-2　異動の型（能力の広がりと習熟度）

同じ部署にとどまった回数	型
5回以上	スペシャリスト異動（略称：S）
4回	ジェネラリスト型スペシャリスト異動（略称：GS）
3回	スペシャリスト型ジェネラリスト異動（略称：SG）
2回、または、毎回異動	ジェネラリスト異動（略称：G）

筆者作成

　②では、異動による事務の継続性をみた。例えば、異動元と異動先の事務に共通性や関係性があれば、事務の継続性があるとし、その事務について専門的な知識や技術を蓄積できると考える。

　調査方法は、①については、調査対象期間の最も古い所属を所属5とし、最も新しい所属を所属0として、部・課・役職を時系列で並べた表を作成し異動を追跡した。

　②については、まず、調査対象期間の異動のすべてを、表2-2-3にもとづき分類し、①で作成した表に加えた。次に、新たに作成した表の1つ1つの異動の〈異動の分類〉と〈事務の共通性と関係性〉をX区で確認してもらった。事務内容は、X区例規集と各部の事務事業概要をもとにした。

　調査対象期間に組織改編があった部は次のようにした。例えば、所属0（最も新しい所属）で政策経営部の課の営繕課と施設課は、組織改編以前は都市整備部の課だった。この場合は、所属0（最も新しい所属）を基準とし政策経営部の課とした。

表 2-2-3 異動による事務の継続性の分類（能力の蓄積）

〈異動の分類〉 　Ⅰ群：部内異動 　Ⅱ群：部間異動 　Ⅲ群：過去に経験した部に戻る異動（連続する異動は除く） 　Ⅳ群：派遣（役所内の部から派遣への異動及び派遣から派遣への異動は派遣として 　　　　　分類し、派遣から役所内の部に戻る異動は部間異動とする） 〈事務の共通性と関係性〉 　a．異動元の事務の内容が異動先の事務の内容と共通性・関係性がある、または濃 　　　いもの（Ⅰ群、Ⅱ群） 　　　以前担当していた事務の内容と異動先の事務の内容に共通性・関係性がある、 　　　または濃いもの（Ⅲ群） 　　　異動元の事務或は以前担当した事務の内容と共通性・関係性がある、または濃 　　　いもの（Ⅳ群） 　b．異動元の事務の内容が異動先の事務の内容と共通性・関係性がない、または薄 　　　いもの（Ⅰ群、Ⅱ群） 　　　以前担当していた事務の内容と異動先の事務の内容に共通性・関係性がない、 　　　または薄いもの（Ⅲ群） 　　　異動元の事務或は以前担当した事務の内容と共通性・関係性がない、または薄 　　　いもの（Ⅳ群）

筆者作成

（4）　X区幹部職員の過去5回の人事異動

4-1　配属状況

　幹部職員102人の職層別内訳は、統括部長が6人、部長が32人、統括課長が16人、課長が48人であり、配属されている部とその人数[69]は、保健福祉部21人、政策経営部19人、教育委員会[70]16人、都市整備部16人、区民生活部11人、環境清掃部7人、派遣7人、その他[71]5人となる[72]。（図2-2-1）

---

[69] 2008（平成20）年4月1日の配属状況。
[70] 学校の教員を除く。以下同じ。
[71] 会計管理室、選挙管理委員会、監査委員会、区議会事務局をまとめてその他とする。以下同じ。
[72] 図に使用する各部の名称については政策経営部 SE、区民生活部 KU、保健福祉部 HO、都市整備部 TO、環境清掃部 KA、教育委員会 KI、派遣 HA、その他 SO とする。

職員全体の配属状況は、保健福祉部が最も多く以下、区民生活部、環境清掃部、都市整備部、教育委員会、政策経営部、その他、派遣の順になる。(図 2-2-2)

図 2-2-1　幹部職員の配置状況

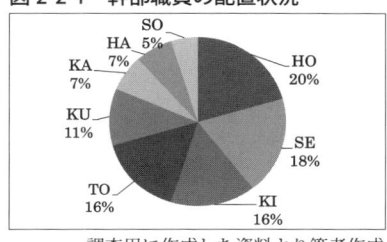

- HO 20%
- SE 18%
- KI 16%
- TO 16%
- KU 11%
- KA 7%
- HA 5%
- SO 7%

調査用に作成した資料より筆者作成

図 2-2-2　職員全体の配置状況

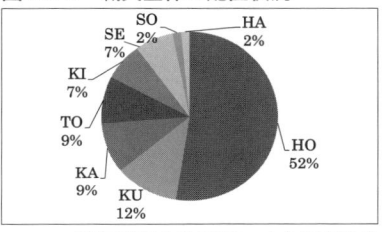

- HO 52%
- KU 12%
- KA 9%
- TO 9%
- KI 7%
- SE 7%
- SO 2%
- HA 2%

『X 区職員白書 2008』より筆者作成

幹部職員の配属状況は、職員全体の配属状況と比較すると、政策経営部、教育委員会、都市整備部への配属が多い。職層別では、統括部長は、派遣とその他を除く各部に1人ずつ配属され、部長は政策経営部に最も多く配属されている。統括課長は教育委員会に、課長は保健福祉部に最も多く配属されている。(図 2-2-3)

幹部職員の配属では、区の政策を判断する政策経営部への配属が多く、幹部職員でも部長、統括課長といった上位職の割合が高い。

図 2-2-3　職層別の配置状況

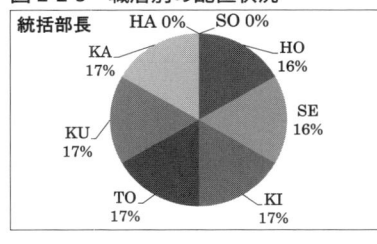

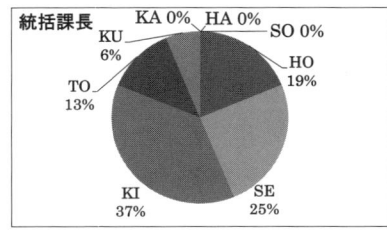

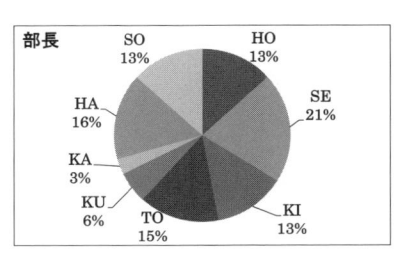

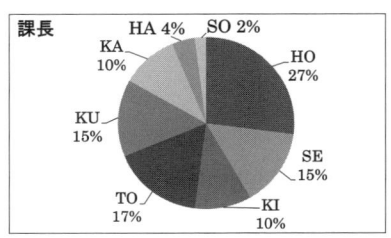

統括部長
- HO 16%
- SE 16%
- KI 17%
- TO 17%
- KU 17%
- KA 17%
- HA 0%
- SO 0%

部長
- HO 13%
- SE 21%
- KI 13%
- TO 15%
- KU 6%
- KA 3%
- HA 16%
- SO 13%

統括課長
- HO 19%
- SE 25%
- KI 37%
- TO 13%
- KU 6%
- KA 0%
- HA 0%
- SO 0%

課長
- HO 27%
- SE 15%
- KI 10%
- TO 17%
- KU 15%
- KA 10%
- HA 4%
- SO 2%

調査用に作成した資料より筆者作成

4-2 異動の型

4-2-1 経験した部数

　経験した部数は、1人平均3部であり、異動はほぼ3年に1度行なわれた。最も多く異動したのは3人であり、経験した部署数は6部だった。最も異動しなかった職員は6人[73]であり、経験した部署数は1部だった。2部を経験した職員は21人、3部は39人、4部は24人、5部は9人だった。職層別では、統括部長では4部ないし3部が多く、部長では3部、統括課長では4部、課長では3部が多かった。

　この調査では、幹部職員の61%が、過去5回の異動で3部から4部を異動した。特に、統括部長は、3部から4部がそれぞれ33%だった。統括課長は、50%が4部を異動した。つまり、統括課長の半数は、各部横断的に1年半に1度異動した。(図2-2-4,2-2-5) 職層別の最も多い部数とその割合は、表2-2-4に示した。

図 2-2-4　幹部職員が経験した部数

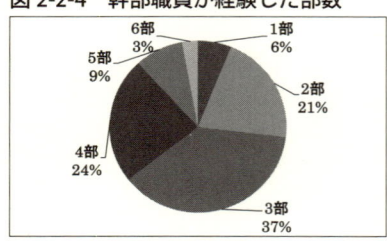

調査用に作成した資料より筆者作成

---

[73] 6人は、技術系専門職出身者。技術系専門職出身の幹部職員の場合、専門外の部に配属することが難しい。しかし、そのような場合でも、特にその専門を意識した異動ではなく、専門外の部への異動もある。(区への聞き取り調査より)

図 2-2-5　幹部職員が経験した部数

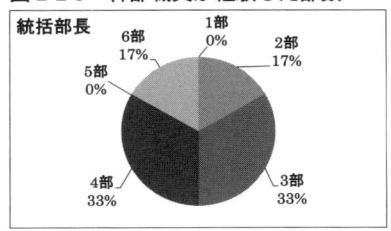

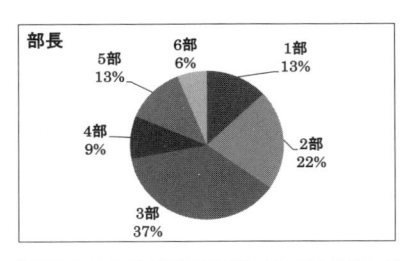

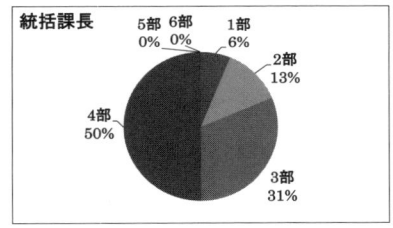

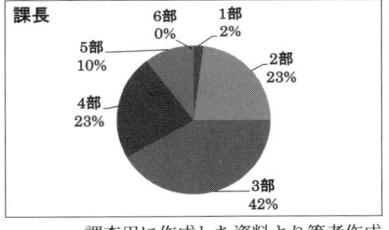

統括部長
- 1部 0%
- 2部 17%
- 3部 33%
- 4部 33%
- 5部 0%
- 6部 17%

部長
- 1部 13%
- 2部 22%
- 3部 37%
- 4部 9%
- 5部 13%
- 6部 6%

統括課長
- 1部 6%
- 2部 13%
- 3部 31%
- 4部 50%
- 5部 0%
- 6部 0%

課長
- 1部 2%
- 2部 23%
- 3部 42%
- 4部 23%
- 5部 10%
- 6部 0%

調査用に作成した資料より筆者作成

表 2-2-4　職層別最も多い部数の割合

	部数	割合
統括部長	3〜4	各33%
部長	3	37%
統括課長	4	50%
課長	3	42%

筆者作成

4-2-2　部にとどまった回数

　5回の異動で1つの部にとどまったのは14人、同じく4回は31人、3回は29人、2回または毎回異動したのは28人だった。職層別では、統括部長は5回の異動で1つの部署にとどまったのは1人、同じく4回は0人、3回は3人、2回または毎回異動したのは2人だった。部長では、過去5回の異動で1つの部にとどまったのは7人、同じく4回は9人、3回は6人、2回または毎回異動したのは10人だった。統括課長では、過去5回の異動で1つの部にとどまったのは2人、同じく4回は5人、3回は4人、2回または毎

回異動したのは5人だった。課長では、過去5回の異動で1つの部にとどまったのは4人、同じく4回は17人、3回は16人、2回または毎回異動したのは11人だった。

4-2-3　異動の型

　部にとどまった回数から、X区幹部職員は、〈スペシャリスト異動〉が14%、〈ジェネラリスト型スペシャリスト異動〉が31%、〈スペシャリスト型ジェネラリスト異動〉が28%、〈ジェネラリスト異動〉が27%となる。（図2-2-6）

　職層別で最も多い型は、統括部長では〈スペシャリスト型ジェネラリスト異動〉の50%、部長では〈ジェネラリスト異動〉の31%、統括課長では〈ジェネラリスト型スペシャリスト異動〉と〈ジェネラリスト異動〉の31%、課長では〈ジェネラリスト型スペシャリスト異動〉の36%だった。（図2-2-7）

　ジェネラリストの要素（GS、SG、G）をもつ異動は86%であり、職層別では、統括部長が83%、部長が78%、統括課長が87%、課長が92%だった。ジェネラリストの要素が強い（SG、G）異動は55%であり、職層別では、統括部長が83%、部長が50%、統括課長が56%、課長が56%だった。

　スペシャリストの要素（S、GS、SG）をもつ異動は73%であり、職層別では、統括部長が67%、部長が69%、統括課長が69%、課長が77%だった。スペシャリストの要素が強い（S、GS）異動は45%であり、職層別では、統括部長が17%、部長が50%、統括課長が44%、課長が44%だった。（表2-2-5）

図 2-2-6　幹部職員全体の異動の型

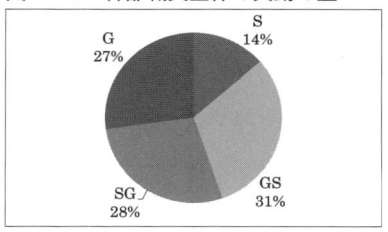

- S 14%
- GS 31%
- SG 28%
- G 27%

調査用に作成した資料より筆者作成

図 2-2-7　職層別の異動の型

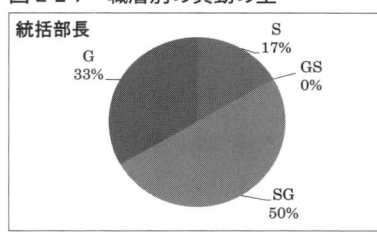

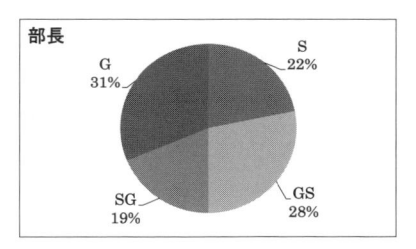

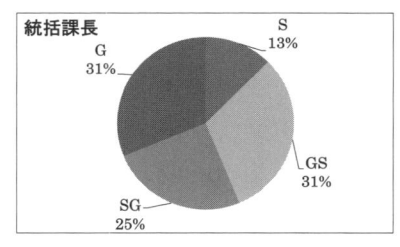

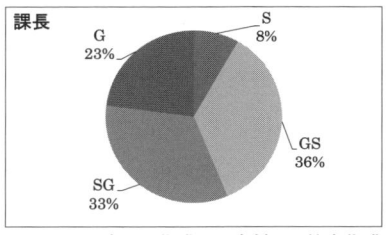

統括部長
- S 17%
- GS 0%
- SG 50%
- G 33%

部長
- S 22%
- GS 28%
- SG 19%
- G 31%

統括課長
- S 13%
- GS 31%
- SG 25%
- G 31%

課長
- S 8%
- GS 36%
- SG 33%
- G 23%

調査用に作成した資料より筆者作成

表 2-2-5　〈ジェネラリスト異動〉と〈スペシャリスト異動〉の要素が強い異動の割合

	ジェネラリスト異動	スペシャリスト異動
統括部長	83%	17%
部長	50%	50%
統括課長	56%	44%
課長	56%	44%

筆者作成

4-2-4　分析

　統括部長は、異動頻度からすれば、統括部長の異動の型は、〈ジェネラリスト異動〉となる。しかし、この場合、その人数6人に対し、主要部は6部であり、統括部長の異動は、管理者としての職務による異動と言える。

　部長と統括課長と課長では、〈ジェネラリスト異動〉と〈スペシャリスト異動〉が均衡した。部長については、①部長の主な職務は部の管理と様々な場面での判断となる　②部長の任用や異動は、過去の経歴を重視することがある　③部長の人数32人に対し、統括課長と課長は64人であり、部長のポスト数は統括課長と課長の半分となる。これらのことから、部長の異動には、〈ジェネラリスト異動〉も〈スペシャリスト異動〉もあり得る。従って、部長の異動も、管理者としての職務による異動と言える。

　統括課長と課長については、統括課長は4部と3部を異動した割合が81％であり、課長は同じく65％だったことから、その異動は、一見〈ジェネラリスト異動〉と思われる。しかし、実際には、〈ジェネラリスト異動〉と〈スペシャリスト異動〉が均衡した。

　均衡の要因には、次のことが考えられる。1つは、統括部長や部長と同様に、ポスト数がある。全職員約3500人に対し、管理職は約100人であり、管理職の割合は全体の3％弱に過ぎない。つまり、係長のポスト数に比べ、課長のポスト数は大幅に少ない。従って、異動の頻度からすれば、〈ジェネラリスト異動〉と〈スペシャリスト異動〉のどちらかに片寄る異動は難しい。

　2つは、先行研究でみた[74]、自治体職員の担う機能が職層により分有されることと関係する。加藤は、自治体職員の担う機能を、社会的代表機能、政策形成機能、行政執行機能だとした。社会的代表機能は、他の自治体や国に対し、地域の利害を代弁することを言い、政策形成機能は、対立する利害関係を調整し、自治体の基本方針や各部門の戦略策定とした。行政執行機能は、法律、条

---

74 第1章の3　変動転換期。

例、予算、行政計画などにそった職務遂行を指した。そして、部長は主に社会的代表機能を担い、課長では3つの機能が均等に求められ、係長は行政執行機能が圧倒的に多くなるとした。

つまり、課長は、自治体の仕事の全体観をもち、政策を主体的に立案展開することが求められる。従って、課長には、組織への理解を深めることと、具体的な知識や技術の習熟が期待される。そのことから、〈ジェネラリスト異動〉と〈スペシャリスト異動〉が繰り返されることには意味がある。

以上の異動の型の分析では、次の3つのことが言える。1つは、能力の広がりと習熟度の観点からであり、X区幹部職員には、それらが均衡する異動が行なわれていた。2つは、異動の型の調査だけでは、X区幹部職員を、ジェネラリストとスペシャリストのどちらかに分けるのは難しいことがわかった。3つは、各職層に求められる機能を果たす能力は、〈ジェネラリスト異動〉と〈スペシャリスト異動〉の両方を行なうことで育成されると言える。

4-3　異動による事務の継続性

4-3-1　事務の継続性

個人がどの程度の知識や技術を習得し蓄積しているかを計測することは難しい。ここでは、異動元と異動先の事務の継続性に着眼し、異動元と異動先の事務の継続性がある異動を続けている幹部職員を、特定の知識や技術を習得し蓄積しているとみる。なお、調査対象者の延べ配属数は510件だった。

全異動の中で、事務の継続性がある異動は164件であり、事務の継続性がない異動は346件だった。（図2-2-8）職層別では、事務の継続性がある異動が多かったのは、課長の41％であり、続いて、部長の39％だった。事務の継続性がない異動では、課長が51％を占め、続いて、部長が25％となった。（図2-2-9）

図 2-2-8 幹部職員全体の事務の継続性

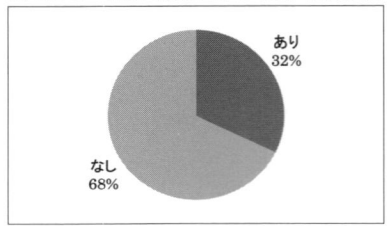

あり 32%
なし 68%

調査用に作成した資料より筆者作成

図 2-2-9 職層別事務の継続性

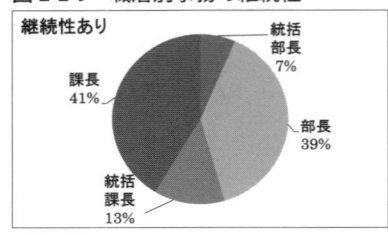

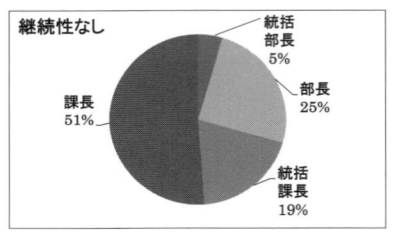

継続性あり
統括部長 7%
部長 39%
統括課長 13%
課長 41%

継続性なし
統括部長 5%
部長 25%
統括課長 19%
課長 51%

調査用に作成した資料より筆者作成

　部内異動の延べ配属数は 211 件であり、事務の継続性がある異動は 123 件、事務の継続性がない異動は 88 件だった。(図 2-2-10) 職層別では、事務の継続性がある異動も、ない異動も課長が最も多かった。(図 2-2-11)

図 2-2-10 部内異動での事務の継続性

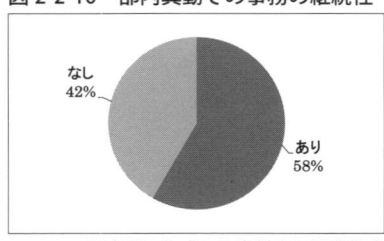

なし 42%
あり 58%

調査用に作成した資料より筆者作成

図 2-2-11 部内異動での職層別事務の継続性

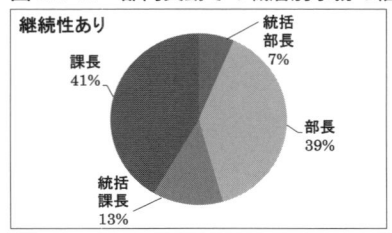

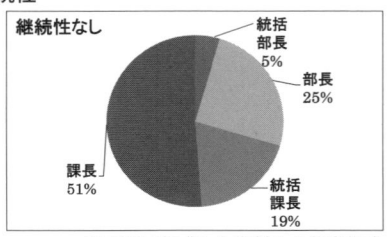

継続性あり
統括部長 7%
部長 39%
統括課長 13%
課長 41%

継続性なし
統括部長 5%
部長 25%
統括課長 19%
課長 51%

調査用に作成した資料より筆者作成

部間異動の延べ配属数は202件であり、事務の継続性がある異動は8件、事務の継続性がない異動は194件だった。（図2-2-12）職層別では、事務の継続性がある異動も、ない異動も課長が最も多かった。（図2-2-13）

図2-2-12　部間異動での事務の継続性

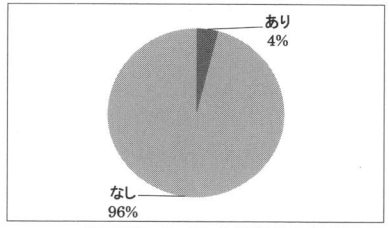

あり 4%
なし 96%

調査用に作成した資料より筆者作成

図2-2-13　部間異動での職層別事務の継続性

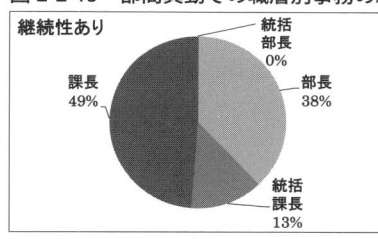

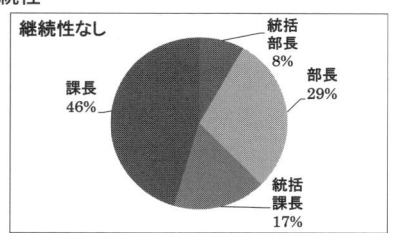

継続性あり
統括部長 0%
部長 38%
統括課長 13%
課長 49%

継続性なし
統括部長 8%
部長 29%
統括課長 17%
課長 46%

調査用に作成した資料より筆者作成

過去に経験した部に戻る異動の延べ配属数は54件であり、事務の継続性がある異動は16件、事務の継続性がない異動は38件だった。（図2-2-14）職層別では、事務の継続性がある異動も、ない異動も課長が最も多かった。（図2-2-15）

図2-2-14　過去に経験した部に戻る異動での事務の継続性

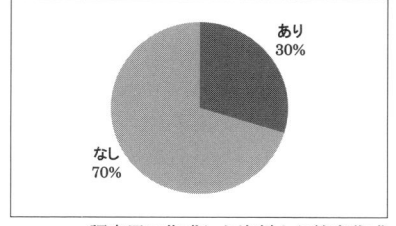

あり 30%
なし 70%

調査用に作成した資料より筆者作成

図 2-2-15　過去に経験した部に戻る異動での職層別事務の継続性

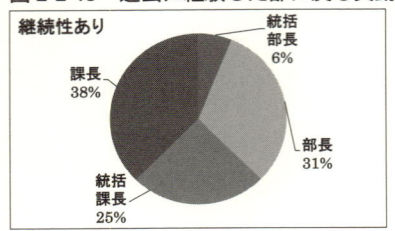

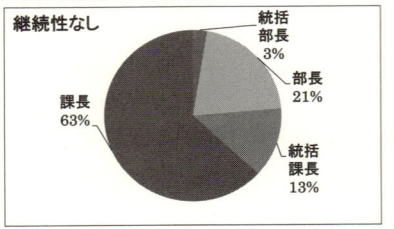

継続性あり
- 統括部長 6%
- 部長 31%
- 統括課長 25%
- 課長 38%

継続性なし
- 統括部長 3%
- 部長 21%
- 統括課長 13%
- 課長 63%

調査用に作成した資料より筆者作成

　派遣は延べ 43 件であり、事務の継続性がある異動は 17 件、事務の継続性がない異動は 26 件だった。(図 2-2-16) 職層別では、事務の継続性がある異動は課長が最も多く、事務の継続性がない異動は部長が最も多かった。(図 2-2-17)

図 2-2-16　派遣での事務の継続性

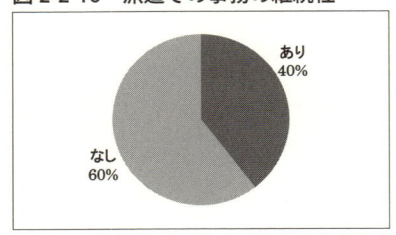

- あり 40%
- なし 60%

調査用に作成した資料より筆者作成

図 2-2-17　派遣での職層別事務の継続性

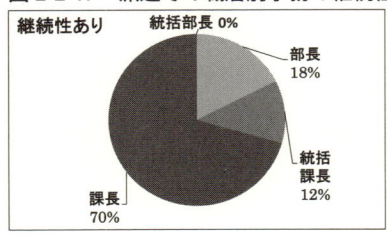

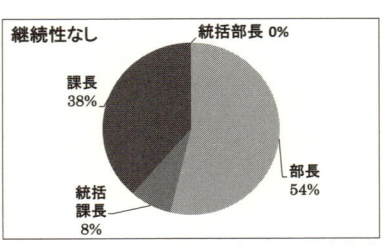

継続性あり
- 統括部長 0%
- 部長 18%
- 統括課長 12%
- 課長 70%

継続性なし
- 統括部長 0%
- 部長 54%
- 統括課長 8%
- 課長 38%

調査用に作成した資料より筆者作成

全異動の中でも、事務の継続性がある異動もない異動も、部長と課長の割合が高かった。そこで、部長と課長の異動別事務の継続性を示せば図 2-2-18,2-2-19 となる。

部長では、異動による事務の継続性がある異動とない異動が明らかにわかれた。事務の継続性がある異動は、部内異動で 69％を占めた。事務の継続性がない異動は、部間異動と過去に経験した部に戻る異動と派遣であり、特に、部間異動と派遣では、その割合が 95％、82％と高かった。

図 2-2-18　部長の異動別事務の継続性

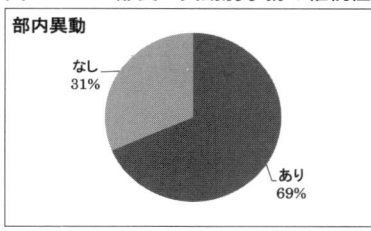

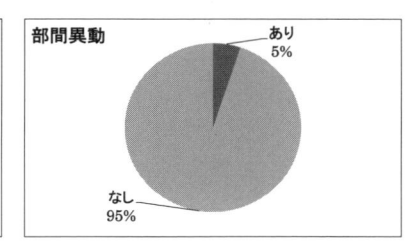

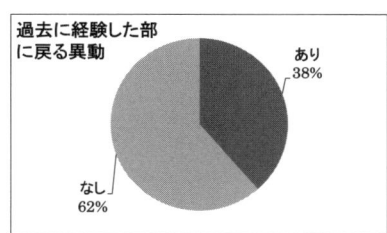

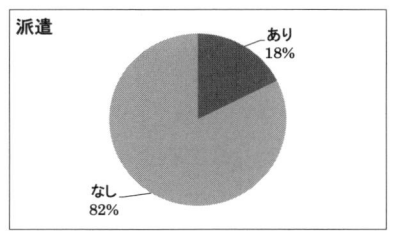

調査用に作成した資料より筆者作成

課長では、2 つの型をみることができた。1 つは、事務の継続性がある異動とない異動の割合がほぼ同じだったのは、部内異動と派遣であり、2 つは、事務の継続性がない異動が圧倒的に多いのは、部間異動と過去に経験した部に戻る異動だった。その割合は、96％と 80％だった。

117

図 2-2-19　課長の異動別事務の継続性

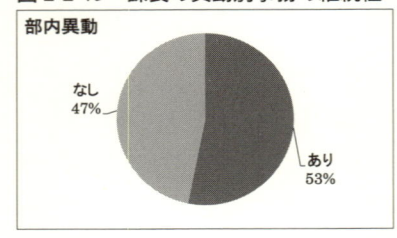

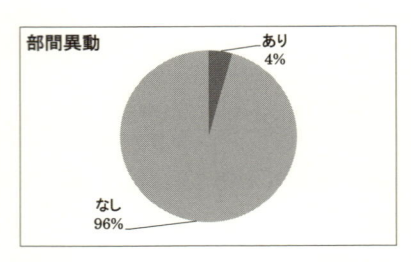

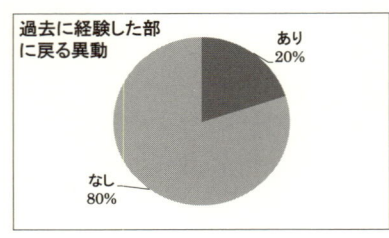

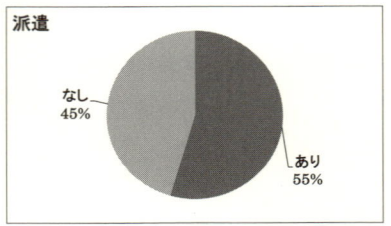

部内異動
- なし 47%
- あり 53%

部間異動
- あり 4%
- なし 96%

過去に経験した部に戻る異動
- あり 20%
- なし 80%

派遣
- なし 45%
- あり 55%

調査用に作成した資料より筆者作成

　課長については、さらに入庁時から調査対象期間前の期間[75]の事務の継続性を調査すると図 2-2-20 となる。ここでは、異動による事務の継続性がある異動とない異動が明らかにわかれた。事務の継続性がある異動は、部内異動で 69％を占め、事務の継続性がない異動は、部間異動と過去に経験した部に戻る異動と派遣であり、それぞれ 96％、89％、93％と高い。

　調査対象期間前の異動別割合は、図 2-2-21 となる。部内異動が 52％であり、部間異動が 32％、過去に経験した部に戻る異動が 9％、派遣が 7％だった。

75　入庁から、おおむね主査（等級は係長と同じ 4 級）や係長として働いている期間。以下、調査対象期間前とする。

図 2-2-20　課長の調査対象期間前の異動別事務の継続性

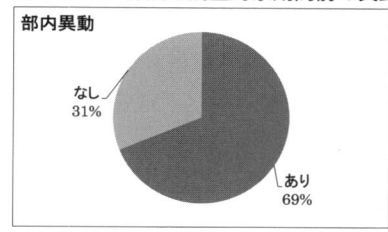

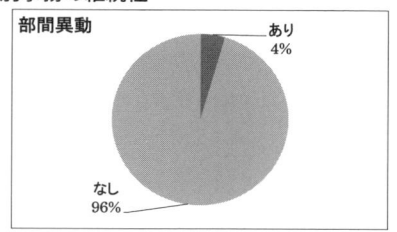

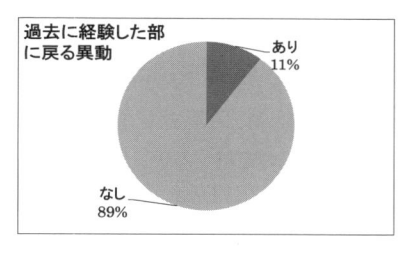

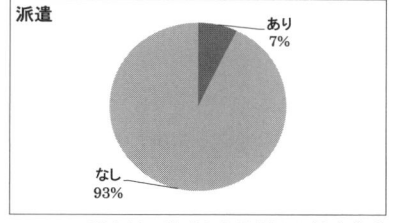

部内異動
- なし 31%
- あり 69%

部間異動
- あり 4%
- なし 96%

過去に経験した部に戻る異動
- あり 11%
- なし 89%

派遣
- あり 7%
- なし 93%

調査用に作成した資料より筆者作成

図 2-2-21　課長の調査対象期間前の異動別割合
- 派遣 7%
- 戻る異動 9%
- 部間異動 32%
- 部内異動 52%

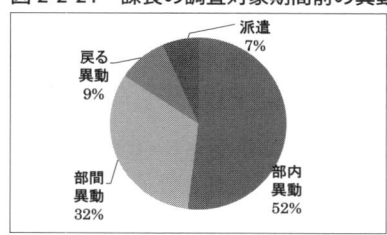

調査用に作成した資料より筆者作成
＊戻る異動は、過去に経験した部に戻る異動のこと。

4-3-2　分析

　事務の継続性の調査では、事務の継続性がある異動もない異動も、部長と課長の割合が高かった。ここでは、部長と課長（調査対象期間前を含む）の事務の継続性について、先の〈ジェネラリスト異動〉と〈スペシャリスト異動〉の定義（表 2-2-1）に従い、部間異動や派遣を〈ジェネラリスト異動〉とし、部内異動や過去に経験した部に戻る異動を〈スペシャリスト異動〉として、それぞれの能力との関係を表 2-2-6、2-2-7、2-2-8 に示した[76]。

表 2-2-1　〈ジェネラリスト異動〉と〈スペシャリスト異動〉の定義

	範　囲	能力との関係
ジェネラリスト異動	幅広い異動	様々な仕事を経験することから実務知識や技術は幅広くなる。しかし、その習熟の程度は高まらない異動。
スペシャリスト異動	限られた範囲の異動	実務知識や技術の範囲は限定的だが、その習熟の程度は高まる異動。

筆者作成

表 2-2-6　部長の〈ジェネラリスト異動〉〈スペシャリスト異動〉と能力との関係

	範　囲	能力との関係
ジェネラリスト異動	部間異動	様々な仕事を経験することから実務知識や技術は幅広くなる。しかし、その習熟の程度は高まらない異動。
	派遣	様々な仕事を経験することから実務知識や技術は幅広くなる。しかし、その習熟の程度は高まらない異動。
スペシャリスト異動	部内異動	実務知識や技術の範囲は限定的だが、その習熟の程度は高まる異動。
	経験した部に戻る異動	様々な仕事を経験することから実務知識や技術は幅広くなる。しかし、その習熟の程度は高まらない異動。

筆者作成

[76] 割合が明らかに高い方を選んだ。割合が均衡している場合は併記した。

表 2-2-7　課長の〈ジェネラリスト異動〉〈スペシャリスト異動〉と能力との関係

	範　囲	能力との関係
ジェネラリスト異動	部間異動	様々な仕事を経験することから実務知識や技術は幅広くなる。しかし、その習熟の程度は高まらない異動。
	派遣	様々な仕事を経験することから実務知識や技術は幅広くなる。しかし、その習熟の程度は高まらない異動と、実務知識や技術の範囲は限定的だが、その習熟の程度は高まる異動。
スペシャリスト異動	部内異動	様々な仕事を経験することから実務知識や技術は幅広くなる。しかし、その習熟の程度は高まらない異動と、実務知識や技術の範囲は限定的だが、その習熟の程度は高まる異動。
	経験した部に戻る異動	様々な仕事を経験することから実務知識や技術は幅広くなる。しかし、その習熟の程度は高まらない異動。

筆者作成

表 2-2-8　課長の調査対象期間前の〈ジェネラリスト異動〉〈スペシャリスト異動〉と能力との関係

	範　囲	能力との関係
ジェネラリスト異動	部間異動	様々な仕事を経験することから実務知識や技術は幅広くなる。しかし、その習熟の程度は高まらない異動。
	派遣	様々な仕事を経験することから実務知識や技術は幅広くなる。しかし、その習熟の程度は高まらない異動。
スペシャリスト異動	部内異動	実務知識や技術の範囲は限定的だが、その習熟の程度は高まる異動。
	経験した部に戻る異動	様々な仕事を経験することから実務知識や技術は幅広くなる。しかし、その習熟の程度は高まらない異動。

筆者作成

まず、これらの表からは、次の3つのことが言える。
　1つは、網かけの部分が、表2-2-1で示した〈ジェネラリスト異動〉と〈スペシャリスト異動〉の「能力との関係」の定義と異なった。過去に経験した部に戻る異動では、部長、課長、調査対象期間前で、〈スペシャリスト異動〉の定義とは逆の〈ジェネラリスト異動〉の定義と一致した。課長の派遣と部内異動では、〈ジェネラリスト異動〉と〈スペシャリスト異動〉に、両方の定義が共存した。
　このことは、〈ジェネラリスト異動〉でも、知識や技術が習熟する異動があり、〈スペシャリスト異動〉でも、知識や技術が習熟するとは限らないことを示す。従って、異動の範囲だけでは、X区幹部職員が、ジェネラリストかスペシャリストかを判断することはできない。加えて、〈ジェネラリスト異動〉と〈スペシャリスト異動〉の定義が共存することは、X区幹部職員を、ジェネラリストかスペシャリストかのどちらかに分けることも難しい。これは、異動の型でも言えた。
　2つは、各職層での〈ジェネラリスト異動〉と〈スペシャリスト異動〉の内容に関して、部長と調査対象期間前の表2-2-6と2-2-8は、全く同じだった。しかし、部長については、その経歴と異動の頻度からすれば、事務の継続性のある割合は当然高くなる。また、異動の型でみたとおり、そのポスト数は限られている。従って、ここでも管理者としての職務による異動と考えられる。
　3つは、調査対象期間前では、部内異動で事務知識や技術の習熟をはかり、それ以外の異動で、自治体の仕事を幅広く経験させていた。特に、調査対象期間前の全異動の半分を占める部内異動で、その約70％に事務の継続性があった。
　このことは、松下が、自治体職員の能力を「担当職務の専門家」(松下1979 p.50)と述べていたことを想起させる。つまり、調査対象期間前では、X区職員の能力の広さは、担当職務の範囲内になる。しかし、住民が自治体職員に期待することは、自治体職員の地域での役割からの発想であり、その発想のもとで事務知識や技術を発揮することと言える。従って、調査対象期間前に、自治体の仕事を幅広く経験させる〈ジェネラリスト異動〉は、自治体の仕事を広く知り、自治体職員の地域での役割を考えさせる意味で重要となる。

次に、課長の異動からは、次の３つのことがわかる。１つは、部内異動と派遣で、事務の継続性のある異動とない異動が均衡した。部内異動では、事務の継続性のない異動をすることで、部内の新たな事務知識や技術を習得するとともに、部全体について理解を深めることができる。従って、その部に関するスペシャリティは高まる。派遣では、事務の継続性のある異動をすることによって、その事務知識や技術の習熟を高めることができる。従って、特定の事務知識や技術のスペシャリティは高まる。つまり、〈ジェネラリスト異動〉と〈スペシャリスト異動〉を繰り返すことで、①特定の事務知識や技術に習熟しているスペシャリスト　②部全体を知るスペシャリスト　③①と②の両方をもつスペシャリスト－が育成される。

　２つは、部間異動、過去に経験した部に戻る異動、派遣での事務の継続性のない異動は、新たな経験を積むことであり、①自治体の政策体系全体と個別の政策との関連の把握　②自治体内外の多様な人との接触　③様々な組織での管理能力の発揮　④新たな事務知識や技術の習得－を可能とし自治体に対する全体観の育成につながる。つまり、〈ジェネラリスト異動〉と〈スペシャリスト異動〉の両方を行なうことで、西尾の示す公共感覚が醸成される。

　３つは、これらのことから、各職層での〈ジェネラリスト異動〉と〈スペシャリスト異動〉がもつ意味は違う。

　最後は、部長、課長、調査対象期間前の異動での、各職層の機能との関連性からみる。異動の型でもふれたが、部長は社会的代表機能を担い、課長は社会的代表機能、政策形成機能、行政執行機能が均等に求められ、係長は行政執行機能が圧倒的に多くなる。つまり、各職層に求められる機能を果たす能力は、〈ジェネラリスト異動〉と〈スペシャリスト異動〉の両方を行なうことで習得される。このことは、異動の型でも言えた。ここでは、課長で顕著にみられた。

　以上の事務の継続性の分析からは、次の２つのことが言える。１つは、能力の蓄積の観点からであり、X区幹部職員は、〈ジェネラリスト異動〉と〈スペシャリスト異動〉を繰り返すことで、①特定の事務知識や技術に習熟しているスペシャリスト　②部全体を知るスペシャリスト　③①と②の両方をもつスペシャリスト－として育成される。

2つは、公共感覚の醸成の観点から、〈ジェネラリスト異動〉と〈スペシャリスト異動〉の両方を行なうことによって、X区ではX区職員というスペシャリストを育成してきたと考えられる。つまり、この観点からは、X区幹部職員を、ジェネラリストかスペシャリストかのどちらかに分けるとするならば、X区幹部職員というスペシャリストとなる。加えて、そのスペシャリストの育成には、〈ジェネラリスト異動〉と〈スペシャリスト異動〉を組み合わせた異動が必要となる。

4-4 小括

ケーススタディでは、能力の広がりと習熟度、および、能力の蓄積の観点から、X区幹部職員の人事異動の実情をみた。ここで明らかになったことと、今後の課題をまとめる。

1つは、一見〈ジェネラリスト異動〉と思われる異動がジェネラリストを育成し、〈スペシャリスト異動〉と思われる異動がスペシャリストを育成するとは限らないことがわかった。加えて、ここでは、〈ジェネラリスト異動〉と〈スペシャリスト異動〉の両方を行なうことで、スペシャリストが育成されることをみた。そのスペシャリストには、次の4つのタイプがあった。それは、①特定の事務知識や技術に習熟したスペシャリスト　②特定の分野に精通したスペシャリスト　③特定の事務知識や技術に習熟し、かつ、特定の分野に精通したスペシャリスト　④自治体職員の地域での役割からの発想で物事を考え判断できるスペシャリスト―だった。

2つは、4つのタイプのスペシャリストが、人事異動によって段階的に育成されていることをみた。つまり、職層が低い段階では、特定の事務知識や技術に習熟したスペシャリストを育成するような異動が行なわれ、職層があがるほど、それに広がりをもたせるような人事異動がされていた。それは、各職層に求められる機能とも一致した。

3つは、自治体職員の行動の根拠となる倫理と人事異動とのかかわりをみた。西尾はそれを公共感覚としたが、課長の時期の〈ジェネラリスト異動〉と〈ス

ペシャリスト異動〉がそれを醸成していた。

　4つは、人事異動には、物理的制約が避けられなかった。具体的には、ポスト数の制約があった。

　以上のことが、ケーススタディから明らかになった。その中でも、各職層に求められる機能を育成し、自治体職員の倫理を醸成しようとするならば、〈ジェネラリスト異動〉と〈スペシャリスト異動〉を組み合わせた異動を行なう必要が明らかになったことは、ケーススタディの成果と言える。

　しかし、ケーススタディからは、次の課題が残った。1つは、ケーススタディのはじめに定義したように、一般的に、ジェネラリストは、組織を幅広く異動するが、特定の知識や技術の習熟は高くなく、スペシャリストは、異動の幅は狭いが、特定の知識や技術の習熟は高いと考えられる。しかし、実際には、組織を幅広く異動していても、特定の知識や技術の習熟は高くなり、異動の幅が狭くても、特定の知識や技術が習熟されるとは限らないことがわかった。加えて、〈ジェネラリスト異動〉と〈スペシャリスト異動〉の両方を経験することで、スペシャリストが育成されることもみた。このことからすれば、ジェネラリストとはいったい何かとの疑問が残る。能力開発の議論の観点として、ジェネラリストとスペシャリストがあるならば、ジェネラリストとは何かを解明する必要がある。

　2つは、ケーススタディでは、各職層の機能や自治体職員の求められる役割とみあった人事異動が行なわれていた。これが、結果としてそうなったのか、人事政策として意図されたものなのかを解明する必要がある。これらは、今後の課題と言える。

3　研修制度

（1）ケーススタディの目的

　ケーススタディは、X区幹部職員[77]を対象とし、X区研修制度と能力開発の関係性を明らかにするために行なった。自治体職員に対する研修は、地方公務員法39条で、「職員には、その勤務能率の発揮及び増進のために、研修を受ける機会が与えられなければならない」とされ、研修は、「任命権者が行う」と規定されている。自治体職員の研修は、職員自身が自発的に取り組む自己啓発、上司や先輩が仕事を通じて行う職場研修（OJT）、日常の職場を離れた場所で実施される職場外研修（off JT）の3つ[78]となる。

　自治体職員の研修に関する先行研究から、その課題をみれば次になる。大森彌（1994）は、地方公務員法が、研修を任命権者が行うと規定したことに問題があるとする。この規定が、研修を担当所管や担当係の主催するものに限定するという、狭い解釈を招いたと述べる。つまり、研修とは、担当所管や担当者にとっては、職員に受けさせるものであり、職員にとっては、担当所管や担当者が実施する研修を受けるものという形式を作った。従って、研修では、供給者の視点が中心となり、研修の受講者である需要者の視点が軽視されてきたと指摘する。

　大島振作（1991）は、研修が、①予算消化のために実施されること　②職員に受けさせることを前提としていること　③実際の職務と研修が乖離していること—を指摘する。加えて、研修の専任職は少なく、職員の能力開発の重要性が強調される中でも、国や企業の研修と比較すれば、自治体の研修は軽視され

---

[77] 課長以上統括部長までの幹部職員112名を対象とした（中途採用者も含む）。
[78] 『地方自治・新時代における人材育成基本方針策定指針』（1997（平成9）年11月28日付自治省公務員部長通知）より。ケーススタディが対象とする研修は、職場外研修（off JT）を言い、研修と記す。自己啓発、OJT、off JTの3つを指す場合は、職員研修とする。

ていると言う。

　その他には、1997（平成9）年の自治省の指針[79]を受けた、自治体での人材育成の取り組み[80]も報告されている。しかし、先行研究による課題の指摘や各自治体での取り組みの報告はあるが、実際の運用状況の詳細な調査や、研修制度と能力開発の関係性の研究にまではいたっていない。自治体にとって現代の複雑な行政需要に対応できる職員を育成することは喫緊の課題と言える。従って、ケーススタディでは、先行研究や報告を踏まえ、X区の研修制度と能力開発の関係性の分析を試みる。

（２）　使用した資料、調査の着眼点と方法

　使用した資料は、X区職員録に掲載されている職員の中から、課長以上統括部長までの112人を抽出し使用した。対象者の内訳は、統括部長が6人、部長が32人、統括課長が17人、課長が57人となる。調査対象期間は、1977（昭和52）年4月1日から2008（平成20）年4月1日であり、調査対象となる幹部職員がX区に入庁した時点から2008（平成20）年4月1日までの資料[81]となる。

　X区の職員研修も、自己啓発、職場研修、研修の3つとなる。研修の利点は、①一度に多くの人を教育できる　②日常業務では習得できない知識や技術、情報を得られる　③研修での新たな人的交流が受講者や組織の財産になる－ことだと言える。（稲継裕昭 2009 p.74）加えて、④昇任や配置転換で新たな役割や業務を担ったときに必要となる知識や技術の習得　⑤職場研修で習得した知識や技術の理論を知り、仕事に対する考え方を深め、応用できるようになる－ことでもある。

---

79 『地方自治・新時代に対応した地方公共団体の行政改革推進のための指針』
80 地方公務員人材育成施策研究会編集 [1999]『地方自治・新時代　人材育成先進事例集』ぎょうせい
81 X区では、2007（平成19）年度より新制度による研修が運用されている。調査対象期間には、新制度の運用期間が1年入るが、調査全体への影響はない。

しかし、X区が2008（平成20）年に実施した職員意識調査[82]の結果では、「これまでに実施してきた研修が職員の能力開発、人材育成に効果があったと思うか」の設問に、「効果があった」「どちらかといえば効果があった」と回答した職員は54.9％だった。さらに、積極的に研修を評価した「効果があった」だけを見ると、その回答は9.57％と大幅に下がる。
　そこでケーススタディでは、X区での研修がどのように運用されてきたのかについて、①受講した研修の種類　②研修と昇任の関係性－の2点に着眼し分析を行うことにした。
　①では、研修をX区の分類に従い4つに分けた。1つは、職層ごとに行われる〈職層別〉であり、2つは、特定分野の知識や技術の習得やその向上を目的とする〈専門〉とし、3つは、X区職員として職務遂行上必要となる知識や技術の習得やその向上を目的とする〈実務〉を言う。4つは、1,2,3以外であり〈その他〉とした。（表2-3-1）
　②では、幹部職員がどの時期にどのような研修を受講したかを、幹部職員ごとに人事異動の年表と研修受講の年表を作成し、それを上段下段に重ね分析した。

表2-3-1　研修の種類

種類	定義	具体的な研修名称（例）
職層別	職層ごとに行われる研修。	管理職研修、課長研修など。
専門	①特定分野の知識や技術の習得・向上 ②資格取得 ③政策関連	①周産期医療、臨床指導者、語学、国際理解　②防災無線電話乙　③政策形成研修－など。
実務	X区職員として職務遂行上必要となる知識や技術の習得・向上。	法規、文書、人事評価、人事・給与事務、接客・接遇など。
その他	上記以外。	清掃業務、大学の講座、自己啓発など。

X区資料をもとに筆者作成

---

82 X区『職員意識調査実施結果』（2008（平成20）年7月）より。

（3） X区研修制度の運用状況

3-1 研修制度の概要

　X区職員[83]が受講する研修は、その実施主体によって、X区研修、特別区研修、ブロック研修がある。X区研修は、X区の研修所が行ない、特別区研修は特別区職員研修所[84]が実施する。ブロック研修は、特別区を5つのブロック[85]に分け、そのブロックごとに行なわれる研修を言う。

　X区は、2006（平成18）年度の能力開発行動計画の考え方[86]を次のように示す。①組織として職員の能力開発を展開すること　②職員の可能性と能力を高め実務に活かすこと　③企業などと協働して人材育成を行うこと　④職務を通じた人材育成を徹底すること　⑤職員の問題解決能力を高めること　⑥以上に重点を置き、自己啓発、職場研修、研修の支援を行うこと。

　研修については、「課題解決能力や実務に関する知識・技術を計画的に習得するために、採用から定年までの全期間を通して行われるもの」と位置づけている。

---

[83] ここではX区職員を指し幹部職員に限らない。特別職、派遣職員は除く。
[84] 特別区が共通事務を共同処理するために設置した地方自治法による一部事務組合「特別区人事・厚生事務組合」の機関。特別区の職員に対し、職層研修、ステップアップ研修、自治体経営研修、専門研修、公務基礎研修などの実施を行う。
[85] 第1ブロックは千代田・中央・港・新宿、第2ブロックは文京・台東・北・荒川、第3ブロックは品川・目黒・大田・世田谷・渋谷、第4ブロックは中野・杉並・豊島・板橋・練馬、第5ブロックは墨田・江東・足立・葛飾・江戸川。
[86] X区『能力開発実施計画』。本計画は毎年度策定される。2007（平成19）年度より新制度による研修が運用されているため、ここでは、新制度運用の前年度の計画をみた。

3-2　受講した研修の種類

3-2-1　受講件数と主催者

調査した研修の件数は、延べ3109件であり、幹部職員1人当たりの入庁時からの研修受講件数は27.7件だった。

研修の主催者別の割合は、図2-3-1となる。研修全体では、X区の主催[87]が60％、X区以外の主催[88]が40％だった。種類別は、職層別では、区主催が52％であり、他主催は48％だった。専門では、区主催が2％であり、他主催が98％となった。実務では、区主催が98％、他主催が2％であり、その他では、区主催が20％、他主催が80％だった。

区主催と他主催の割合が均衡した職層別の研修テーマは、表2-3-2となる。管理職候補者の研修は、管理職選考試験に対応する研修であり、それを除く

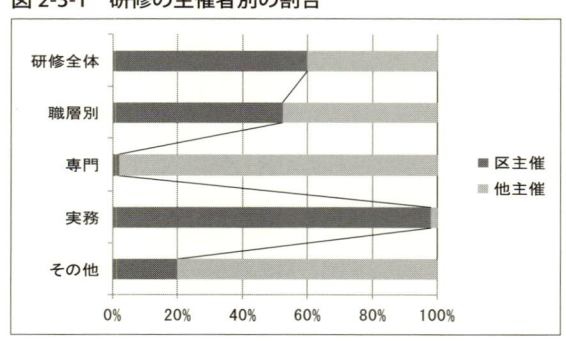

図2-3-1　研修の主催者別の割合

調査用に作成した資料より筆者作成

---

[87] 以下、区主催とする。
[88] 以下、他主催とする。ほとんどは特別区職員研修所が実施した研修。

と、係長対象の研修が全体の中で最も多い。係長対象の研修の目的[89]をみると、例えば、区主催の新任係長昇任前研修では、「組織目標の達成に向けて、リーダーシップや人材育成能力を向上させ監督者としての役割認識を深める。また、業務のマネジメント能力を高める」であり、他主催の係長昇任時研修では、「新たに係長職に昇任した職員に対し、監督者としての役割を理解させ、係長職にふさわしい視野の拡大と情報収集・分析力、プレゼンテーション能力などの政策形成能力の向上を図る」だった。どちらも立場と役割を含み、研修内容に重複があった。

表 2-3-2 職層別の主催者別研修テーマ

対象者	区主催（研修名）	他主催（研修名）
新任〜中堅	新任研修Ⅲ類、新任研修Ⅰ類 2年目（宿泊）、2年目（通所） 中堅職員宿泊、中堅女子社員	新任大卒程度、新任短大卒程度 現任中級、現任上級
主任主事	主任主事（短期）	主任主事
係長	新任係長昇任前、新任係長、新任係長（交渉・調整）、新任係長（フォロー）、新任係長2年目、係長（宿泊）、係長3年目、現任係長、係長リーダー	係長昇任前、係長昇任時、係長一部、係長二部、係長三部、課務担当係長、総括係長
管理職候補者		管候補一部、管候補昇任前、管候補オリエンテーション、管候補指定「人事考課」、管候補指定「労使フォロー」、管候補指定「同和問題」
幹部職員	課長研修（宿泊・5年目） 部課長（宿泊）、部長（宿泊）、評定者	課長、課長一部、課長二部、統括課長 管理職Ⅰ、管理職Ⅱ、管理職Ⅲ
その他	キャリアⅢ、キャリアⅡ、交流職員	

X区資料より筆者作成

---

89 2006（平成18）年度のX区『能力開発実施計画』より。

3-2-2　研修の種類と傾向

　幹部職員が受講した研修の種類別の割合を、図2-3-2に示した。研修全体では、職層別が51％、専門が12％、実務が33％、その他が4％だった。幹部職員1人が受講した種類別の件数は、職層別が13.8件、専門が3.4件、実務が8.9件、その他が1件だった。

　次に、幹部職員が各級[90]で受講した研修の傾向は次になる。級があがると職層別が増え、それは3級までの43％に対し、8級では72％だった。逆に級がさがると専門が増え、8級の3％に対し、3級まででは16％だった。しかし、実務は、8級を除き、どの級でも研修の1/4以上を占めた。その中でも、7級と3級までの割合は高かった。

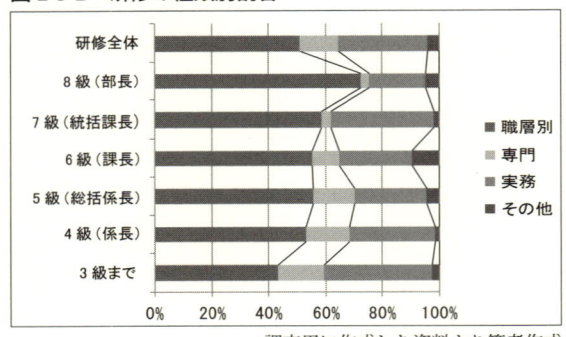

図2-3-2　研修の種類別割合

調査用に作成した資料より筆者作成

---

[90] 9級は統括部長、8級は部長、7級は統括課長、6級は課長、5級は総括係長、4級は係長級（図の表記は4級（係長）とする）、3級は主任主事、2級と1級は上記以外となる。9級で研修を受講した幹部職員は調査時点ではいない。

3-2-3 分析

　X区幹部職員が受講した研修の約50%が職層別だったことから、X区の研修の中心は職層別と言える。職層別の実施者は区主催と他主催が均衡した。特に、係長に対する職層別の研修が多かったが、その内容は重複した。このことは、研修への二重投資であるとともに、研修に充てる時間は、自治体の組織、職員ともに限りがあることから、研修計画策定の際に、行政需要への即応や重要度の高い研修を柔軟に組み込むことが難しくなると言える。専門や実務は、行政需要に対し即応性の高い研修と言え、受講者の需要とも合致する。

　次に、研修の傾向としては、級があがると職層別の割合が増え、級がさがると専門と実務の割合が増えた。先の人事異動のケーススタディでは、職層が低い段階では、特定の事務知識や技術に習熟する異動が行なわれ、職層があがるほど、それに広がりをもたせる人事異動がされていた。研修の傾向からも同様のことがみられた。

　加えて、実務は、8級を除き、どの級でも研修の1/4以上を占めた。これは、頻繁な人事異動により、常に新たな仕事に取り組まなければならず、実務の研修が級を問わず必要になるためと考えられる。

　従って、調査時点での研修は、職層別の内容の重複により、即応性や重要度に応じた研修計画の策定が難しく、受講者の必要性との乖離が推察される。このことは、先の職員意識調査にあるように、研修の積極的評価を低くする要因であると考えられる。職層別の研修内容の重複を改善することで、受講者の要望に応える研修計画の策定が可能となる。

3-3　研修と昇任の関係性

3-3-1　研修の受講時間と配分

まず、職員[91]の1人当たりの年間研修受講時間は、2006（平成18）年度では3時間37分であり、2007（平成19）年度では3時間39分だった。（表2-3-3）

厚生労働省の調査[92]では、企業の2006（平成18）年度の社員1人当りの年間の研修受講時間は43時間であり、2007（平成19）年度は同じく36時間だった。厚生労働省の資料から、企業の社員1人当たりの年間研修受講日数を算出すると、6.5日[93]となるが、職員の1人当たりのそれは1日に満たない。職員の年間研修受講時間と日数は、企業に比べると大幅に少ない。

次に、研修の各級への配分を、図2-3-3に示した。3級までには、研修全体の38％が配分される。4級には22％、5級には12％が配分される。6級には21％、7級には4％が配分され、8級には3％が配分される。ここでは、研修全体の62％が4級以上の研修であり、その中でも、4級と6級を対象とした研修は、全体の43％を占める。2007（平成19）年度のX区『職員白書』をみると、4級以上の職員は全体の約24％となる。従って、企業に比べると大幅に少ない研修は、4級以上に多く配分され、特に、4級と6級の時期に集中する。

---

[91] ここではX区職員を指し幹部職員に限らない。特別職、派遣職員は除く。
[92] 2007（平成19）年度と2008（平成20）年度の厚生労働省『能力開発基本調査』より。
[93] 39時間（2006年度と2007年度の平均）÷6時間=6.5日＊1日の研修時間を6時間とした。

表 2-3-3　年間研修受講時間

1. 実施日数と件数（延べ）

2006（平成18）年度

	日数（日）	件数（件）
区主催	82.5	446
特別区主催	367	226
ブロック主催	12	6
合　計	461.5	678

2007（平成19）年度

	日数（日）	件数（件）
区主催	70	336
特別区主催	155.5	96
ブロック主催	15	6
合　計	240.5	438

*2006年度の特別区主催の研修日数は、2007年度の研修実績が正確に取れるため、2007年度の数値を基準とし算出した。

2　2006年度と2007年度の職員数と研修受講人数（延べ）
　① 2006年4月の職員数は4049人、研修受講人数は3609人。
　② 2007年4月の職員数は3868人、研修受講人数は4282人。
3　1人当たりの年間研修受講時間の計算方法
　① 1日の研修時間を6時間として計算。
　② 2006年度の1人当たりの研修受講時間：3時間37分
　　461.5日×6時間×5.3人÷4049人＝3.624（5.3人＝3609人÷678件）
　　3時間＋（0.62×60分）＝3時間37分
　③ 2007年度の1人当たりの研修受講時間：3時間39分
　　240.5日×6時間×9.8人÷3868人＝3.655（9.8人＝4282人÷438件）
　　3時間＋（0.65×60分）＝3時間39分

X区資料より筆者作成

図 2-3-3　研修の各級への配分

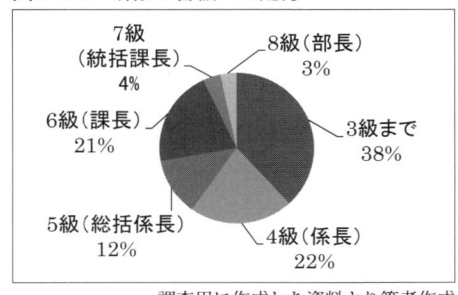

7級（統括課長）4%
8級（部長）3%
6級（課長）21%
3級まで 38%
5級（総括係長）12%
4級（係長）22%

調査用に作成した資料より筆者作成

3-3-2　研修と昇任の関係性

X区で研修の受講が昇任の条件になっているのは、1級から2級への昇任時[94]となる。それ以外の昇任では、研修の受講は区長命令[95]ではあるが条件ではない。

研修と昇任の関係性は、図2-3-4に示した。ここからは、X区幹部職員は昇任時に限らず研修を受講していることがわかる。その中でも、昇任の年とその前後の年に受講件数は多くなる。X区への聞き取り調査からは、昇任の年とその前後の年に区長命令による職層別を受講している。

図2-3-4　研修と昇任の関係性

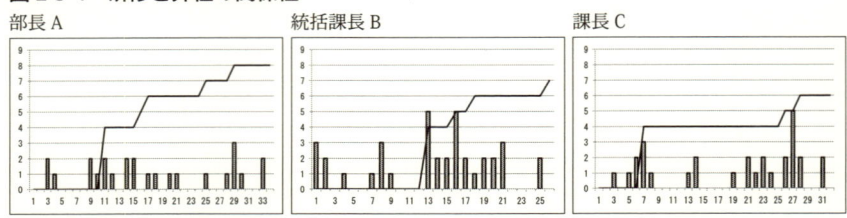

部長A　　　　　　　　　　統括課長B　　　　　　　　　課長C

＊縦軸：級と研修受講回数　＊横軸：勤続年数　＊線グラフ：4級（係長）以上のキャリアラダー
＊棒グラフ：研修受講回数

調査用に作成した資料より筆者作成

次に、表2-3-4では、同期職員[96]が、調査対象期間に受講した研修の受講件数と種類を示した。図2-3-5では、表2-3-4の役職ごとに、研修の平均受講件数と種類を表した。

図2-3-5では、統括部長と部長の研修受講件数は、統括課長と課長のそれより少ない。加えて、統括課長の研修受講件数は、課長のそれより少ない。研修の種類は、職層別では大きな違いがみられないが、実務・専門・その他では、統括課長と課長は、統括部長と部長より多い。つまり、研修と昇任の関係性は、

---

94 X区『2級職昇任選考勤務成績評定等実施要綱』より。
95 X区『職員能力開発実施要綱』より。
96 調査対象の幹部職員で19XX年、19YY年、19ZZ年入庁の者。

キャリアラダーを速く昇る者ほど研修の受講件数は少なく、受講する研修は、義務的な職層別の研修になる。逆に、1つの職層でのとどまりが長ければ、実務・専門・その他の研修受講件数が多くなる。

表 2-3-4　同期職員の研修受講件数と種類

19XX 年度入庁　　　　　　　　　　　　　　　　　　　　　　　　（件）

	統括部長	部長	部長	部長	統括課長	課長
職層別	17	14	14	15	13	15
実務	9	12	8	10	18	5
専門	1	1	3	5	7	10
その他	1	0	0	0	0	0
合計	28	27	25	30	38	30

19YY 年度入庁　　　　　　　　　　　　　　　　　　　　　　　　（件）

	統括部長	部長	統括課長	課長	課長
職層別	11	17	15	16	17
実務	4	4	5	5	10
専門	3	3	8	18	10
その他	1	1	0	1	0
合計	19	25	28	40	37

19ZZ 年度入庁　　　　　　　　　　　　　　　　　　　　　　　　（件）

	統括部長	統括部長	部長	部長	部長	課長	課長
職層別	14	16	14	5	14	13	16
実務	4	2	3	0	7	1	5
専門	14	9	13	5	17	11	14
その他	0	0	1	0	6	1	7
合計	32	27	31	10	44	26	42

調査用に作成した資料より筆者作成

図 2-3-5　同期職員の役職ごとの研修受講件数と種類

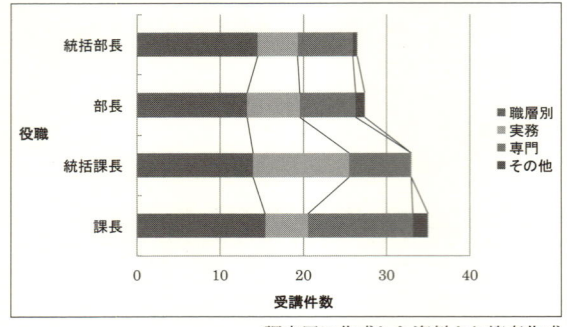

調査用に作成した資料より筆者作成

3-3-3　分析

　研修と昇任の関係性からは、次のことが言える。1つは、X区職員の研修受講時間は、企業に比べ大幅に少ない。企業の研修受講時間の多さの要因の1つは、その組織目標だと考えられる。企業の組織目標は利潤の追求であり、市場の競争に勝ち抜くことで組織の永続的な存続を目指す。全ての社員には、利益の向上を図ることが求められ、それぞれの役割を果たすための知識や技術の習得が必須となる。従って、企業の研修には、組織目標達成のための能力開発という明確な意味がある。そのため、多様で時流にあった内容の研修[97]が計画され社員に提供される。

　これに対し、自治体の組織目標は、先行研究でみたように曖昧で漠然としている。併せて、自治体の職務遂行は、長い間、国からの指示待ちや前例踏襲を重視した。職場では、上司や先輩がやる通りに仕事を遂行することが重要であり、時流に沿った方法や新規のアイディアは求められない。つまり、自治体の組織目標や職務遂行からは、研修による能力開発に明確な意味を見いだすこと

---

[97] 例えば、①コスト意識や利益意識の醸成　②顧客満足向上のための接客研修　③営業職であれば商品知識や購買意欲を向上させるコミュニケーション技術の向上やマーケティングの知識　④小売店舗の責任者であれば床面積に対する利益率の計算方法からアルバイトのシフト管理の仕方－など様々。

ができない。しかし、今日の自治体には、高度複雑化する行政需要に応えることが期待される。自治体職員の能力開発が、住民本位の行政の実現につながるならば、自治体の研修は、明確な意味をもつ。

　２つは、企業と比べると大幅に少ない研修は、職員全体の24％の職員に多く配分された。つまり、76％の職員に対する研修はさらに少なくなる。研修の配分の良し悪しは、実務との関係により、この数値からはそれを判断することはできない。しかし、すでに職層が低い職員に対して、特定の事務知識や技術に習熟する人事異動や研修が実施されていることをみた。加えて、常に知識や技術を更新することの重要性からすれば、職場で職務遂行を中心に担う職層に、専門や実務の研修をより厚く配分することも考えなければならない。

　最後は、キャリアラダーを速く昇る者は研修の受講件数が少なく、義務的な職層別を受講し、逆に、１つの職層でのとどまりが長ければ、専門・実務・その他の受講が多くなった。研修と昇任の関係性から言えば、職層別には昇任との関係性があるが、専門・実務・その他には関係性はみられない。人事政策での専門・実務・その他の位置づけは明確ではない。

　このことは、職員の研修受講動機に関係する。職層別を受講する動機は昇任と言える。専門・実務・その他の場合は、職務遂行上の必要性からであり、しかも、受講は職員の判断に任される範囲が多いと考えられる。

　先にも述べたように、研修に充てる時間は、組織、職員ともに限りがある。従って、研修を計画する自治体にも、それに参加する職員にも、明確な動機が必要となる。明確な動機は、積極的な研修の活用につながる。自治体の動機は、住民本位の行政の実現からくる。職員の動機は、職務遂行上の必要性、キャリア形成、人事評価の３つと考えられる。職務遂行上の必要性だけならば、現在の職務が支障なく遂行していれば、時間を作ってまで研修を受講することはない。しかし、研修の受講が職員のキャリア形成を助長するのであれば、それは動機となる。加えて、キャリア形成を組織が共有し、キャリア形成の過程で得られる能力を組織に還元させる仕組みとしての人事評価が機能すれば、職員の動機はより強くなる。３つが相互作用することで、動機は高まると言える。つまり、どの研修でも職務遂行上の必要性、キャリア形成、人事評価が一体となっ

て運用される仕組みを人事政策の中で作る必要がある。そのことは組織の能力を高める実効性ある研修の実現につながる。

3-4　小括

ケーススタディでは、受講した研修の種類と研修と昇任の関係性から、X区研修制度の実情をみた。ここでは、研修制度と能力開発の関係性について考察する。

ケーススタディからは、研修制度の様々な課題が明らかになった。1つは、研修内容と職員の必要性との乖離があった。それは、研修供給者の視点での研修計画策定が、即応性や重要度の高い研修を柔軟に組むことを難しくしているためだった。そのことは、職員が研修を積極的に評価しない要因とも言えた。2つは、研修の実施について、自治体は明確な意味を見いだしていなかった。それは、自治体の組織目標や職務遂行の特性によった。しかし、今日では、自治体職員の能力開発が、住民本位の行政の実現につながることから、研修は明確な意味をもつと言えた。3つは、研修の配分であり、職務遂行上の必要性から研修の配分を再考することが求められた。4つは、人事政策と研修の関係性が不明確なことだった。つまり、研修と職務遂行上の必要性、キャリア形成、人事評価の関係性を人事政策の中で明確にする必要があった。

これらの課題は、先にみた大森や大島の指摘する課題と一致する。ここで再度、研修制度と能力開発の観点で課題をみれば、研修と職員の能力開発が十分に結びついてこなかったことがわかる。その要因の多くは、自治体の組織目標や従来の職務遂行の特性にあると言える。

しかし、今日では、自治体には、高度複雑化する行政需要に応えることが求められる。現代のように様々な社会基盤のうえでの生活を余儀なくされる住民は、好むと好まざるとにかかわらず、自治体に対する期待を強くする。併せて、既存の知識や技術では十分対応できない新たな課題が、自治体に突きつけられる。このような中での職員の能力開発の目的とは、個人の知識や技術の向上にとどまらず、それらを総合して組織の能力を高めることにある。その機会とし

て研修があるならば、〈研修と職員の能力開発〉と〈職員の能力開発と組織能力の向上〉を結びつける政策が自治体の重要な課題となる。それを担うのが人事政策と言える。

　職員の能力開発を通して、組織能力の向上を図るためには、職員の知識や技術の蓄積状態を把握することが求められる。その1つの方策として、研修履歴がある。ケーススタディのために作成した研修履歴からは、各職員の知識や技術の蓄積状態とともに、それぞれの関心分野やキャリア形成の足跡をみることができた。それは先のケーススタディの人事異動の履歴をみるよりも鮮明だった。その理由として、従来、研修の受講には、個人の意思が入る余地が多かったためだと考えられる。今後、自治体は、この研修履歴を組織能力の向上や行政の発展に直結させる仕組みを作らなければならない。研修履歴を人事異動の履歴とともに、人事政策の重要な要素とし、研修と昇任や配置転換が関係性をもって運用されることが重要となる。このことにより、各職員の研修で習得した知識や技術が組織に有効に還元されると言える。

4　職員意識

（1）　アンケートの目的と実施方法

　アンケートは、X区幹部職員102名[98]を対象とし、自治体職員の能力開発に関する意識を調査するために行なった。着眼点は、次の3つとした。①得意分野や専門分野を習得した時期　②研修[99]　③自治体職員に求められる能力。

　アンケート用紙[100]は、2009（平成21）年12月に対象者に配布し、2010（平成22）年1月に回収した。回答は56名から得た（回答率54.9％）。性別は男

---

[98] 国からの退職再採用者、民間人から登用した期限付き任用職員、東京都からの派遣の職員は除いた。
[99] 職場外研修（off JT）を言う。研修の種類は、研修制度のケーススタディの種類と同様。
[100] 本節の最後に添付した。参考資料1。

性53名、女性2名、不明1名であり、年齢は60歳代が2名[101]、50歳代が35名、40歳代が19名、30歳代が0名となった。所属は教育委員会15名、保健福祉部12名、都市整備部12名、政策経営部9名、区民生活部3名、環境清掃部3名、不明2名だった。回答者の勤続年数は平均27.9年だった。

（2） X区幹部職員の能力開発に関する意識

2-1　得意分野と専門分野を習得した時期

2-1-1　得意分野を習得した時期

　得意分野がある幹部職員は回答者全体の66%であり、得意分野がない幹部職員は34%だった。年齢別では、50歳代では得意分野があるのは69%であり、ないのは31%だった。40歳代では得意分野があるのは56%であり、ないのは44%だった。（図2-4-1）

　得意分野の分布は、土木建築が29%、保健福祉が18%、法規が11%、教育・環境・財政がそれぞれ9%、その他が15%だった。（図2-4-2）

　得意分野を習得した時期は、全体では主任と係長の時期がそれぞれ28%、

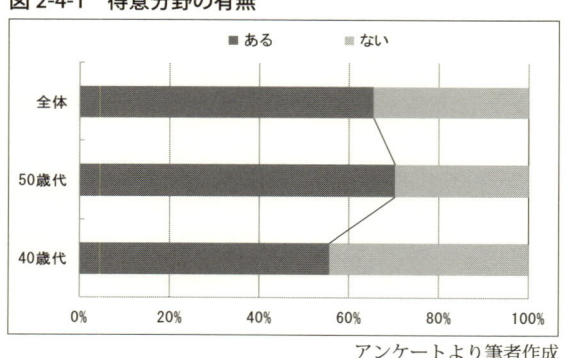

図2-4-1　得意分野の有無

アンケートより筆者作成

101　60歳代は、人数が少なくしかも60歳代前半のため、集計は50歳代に含めた。

図 2-4-2　得意分野の分布

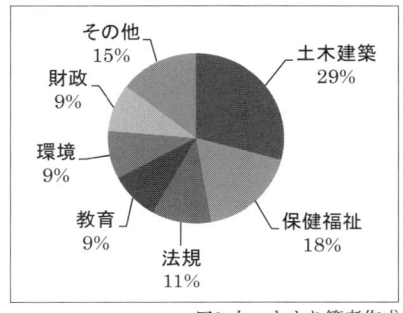

その他 15%
財政 9%
環境 9%
教育 9%
法規 11%
保健福祉 18%
土木建築 29%

アンケートより筆者作成

総括係長の時期が 8%、課長の時期が 21%、その他が 15% だった。年齢別では、50 歳代では主任の時期が 25%、係長の時期が 23%、総括係長の時期が 10%、課長の時期が 27%、その他が 15% だった。40 歳代では主任の時期が 39%、係長の時期が 38%、総括係長の時期が 0%、課長の時期が 8%、その他[102] が 15% だった。（図 2-4-3）

図 2-4-3　得意分野を習得した時期

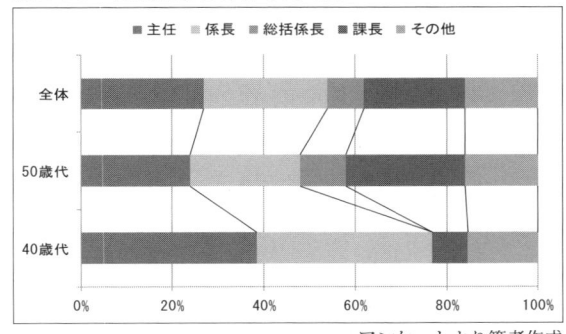

■主任　■係長　■総括係長　■課長　■その他

全体
50歳代
40歳代

アンケートより筆者作成

---

102 〈その他〉の内訳は、一般職のとき、学生時代から、民間企業にいたとき、職務を通じてだった。

2-1-2 専門分野を習得した時期

　専門分野がある幹部職員は回答者全体の 51％ であり、専門分野がない幹部職員は 49％ だった。年齢別では、50 歳代では専門分野があるのは 45％ であり、ないのは 55％ だった。40 歳代では専門分野があるのは 53％ であり、ないのは 47％ となった。（図 2-4-4）

図 2-4-4　専門分野の有無

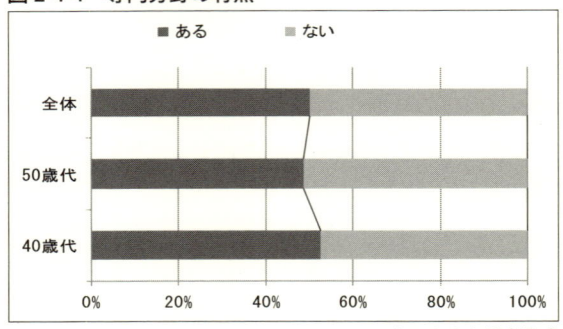

アンケートより筆者作成

　専門分野を習得した時期は、全体では主任の時期が 30％、係長の時期が 22％、総括係長の時期が 9％、課長の時期が 17％、その他が 22％ だった。年齢別では、50 歳代では主任の時期が 28％、係長の時期が 15％、総括係長の時期が 12％、課長の時期が 21％、その他が 24％ だった。40 歳代では主任の時期が 33％、係長の時期が 42％、総括係長の時期が 0％、課長の時期が 8％、その他[103] が 17％ だった。（図 2-4-5）

103〈得意分野を習得した時期〉と同様。

図 2-4-5　専門分野を習得した時期

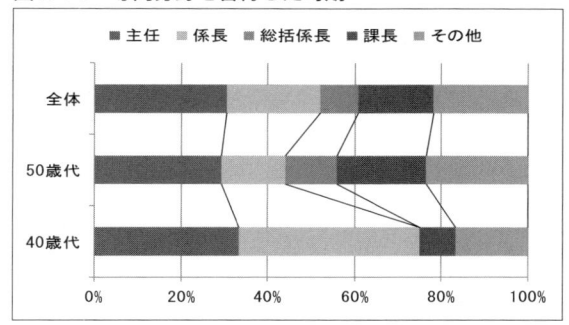

■主任　■係長　■総括係長　■課長　■その他

アンケートより筆者作成

2-1-3　特別な知識や技術、専門分野について

　自治体職員は特別な知識や技術、専門分野をもったほうがいいかとの質問には、そう思うと回答した職員は全体の69％であり、そうは思わないと回答したのは31％だった。年齢別でも同様だった。（図2-4-6）それぞれの理由は、表2-4-1、表2-4-2に示した。

図 2-4-6　特別な知識や技術、専門分野をもったほうがいいか

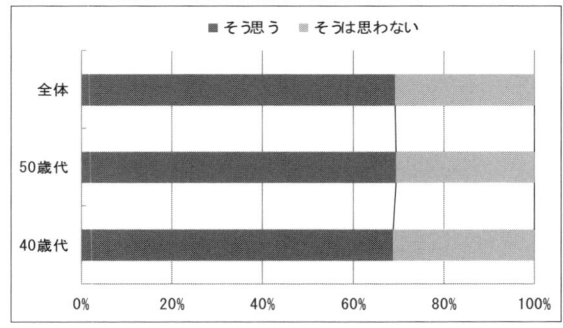

■そう思う　■そうは思わない

アンケートより筆者作成

表 2-4-1 〈そう思う〉と答えた理由

観　点	理　由
外部環境	行政需要が多様化しているために1人の職員が様々な分野に精通することは困難。
職務遂行上	税や国保などの頻繁な制度改正への対応。 問題を解決するには専門知識と柔軟な思考力が必要なため。 社会の動きを先取りする政策展開に欠かせないため。 行政への効率化の要請が強くなっているため。
民間との協働	住民要望の多様化と行政需要の専門化への適切・迅速な対応。 より良い行政サービスの実現や民間への支援や指導のため。 行政は住民生活に影響を与えるためより深い確かな知識や技術が必要。 対外交渉を円滑に行うため。 区民への説明責任を果たすため。
能力開発	職業人としての誇りや勤務意欲につながる。 専門分野を核として能力を広げることで、他分野への応用がきく。 専門分野をもつジェネラリストが求められる。 時代の変化に的確に応えるためには「異動してから勉強」ではまにあわない。
組　織	職員数が減る中で住民ニーズにこたえるため。

アンケートより筆者作成

表 2-4-2 〈そうは思わない〉と答えた理由

観　点	理　由
外部環境	
職務遂行上	幅広い視野が必要な業務が多い。 1つの部署に長く居続けられないため。 専門的な知識ばかりだと弊害がある。
民間との協働	多くの住民は専門家ではないため。
能力開発	自治体職員として行政全般の知識の習得が必要。 専門知識は協働などの手法で補うほうが効率的。 幅広い知識と柔軟性に加え区民の視点での考え方が必要。 基礎自治体の職員は幅広い分野の知識をもつべき。 調整には幅広い視野が求められる。
組　織	小さな政府を目指すにはジェネラリストの方が必要性は高い。 様々な職場で様々な職務を遂行するため1つの分野に特化できない。 スペシャリストは必要な部署にいればいいと考える。 専門分野をもっている職員は全員でなくてもよい。

アンケートより筆者作成

2-1-4　分析

　アンケート回答者の50％以上が得意分野や専門分野があると自覚していた。得意分野や専門分野を習得した時期は、いずれも主任と係長の時期が50％以上を占め、次いで課長の時期が20％前後となった。人事異動のケーススタディでは、職層が低い職員には、特定の事務知識や技術に習熟する異動が行なわれ、課長の時期では、組織理解を深め、知識や技術の習熟を高める異動をみた。研修制度のケーススタディでは、3級（主任主事）までと4級（係長級）の時期に専門と実務の研修が多いことを確認した。アンケートでも同様の結果が得られた。

　特別な知識や技術、専門分野をもつべきかとの質問には、〈そう思う〉と〈そうは思わない〉の回答が、7対3の割合になった。〈そう思う〉の理由からは、行政需要の多様化や職員数の減少の中で、住民の期待に応えるためには、特別な知識や技術、専門分野が必要だと考えていることがわかった。〈そうは思わない〉の理由では、人事異動で職場が頻繁に変わることや実務では幅広い知識を求められること、加えて、組織の規模の拡大が望めないことから、特別な知識や技術、専門分野だけでは、住民との現実的な対応ができないことが述べられていた。これらの回答は、いずれもX区職員の実情を示している。

　両者に共通する認識は、行政需要への対応と職員数の減少と言える。住民の期待に応えようとすれば特別な知識や技術、専門分野が必要だが、職員数が減る中では様々な職務を遂行しなければならない。この回答からは、X区職員が、専門的な知識や技術の習得と様々な職務への対応を同時に行なうことを迫られていることがわかる。このことは、X区職員が、①特別な知識や技術、専門分野に特化すべきなのか　②幅広い分野の知識をもつべきなのか　③両方を兼ね備えるべきなのか－という、能力開発の方向性をどこに据えるかの問題に直結する。

2-2 研修

2-2-1 役立った研修と企画したい研修

　全体では、役立った研修と企画したい研修の職層別、専門、実務は、それぞれほぼ 30％と均衡した[104]。年齢別では、職層別とその他は、役立った研修と企画したい研修ともに 50 歳代が 40 歳代より高かった。専門は、役立った研修の評価は 50 歳代も 40 歳代も同じだったが、企画したい研修では、40 歳代が 50 歳代を上回った。実務は、役立った研修と企画したい研修ともに 40 歳代が 50 歳代より高かった。（図 2-4-7）それぞれの理由は、表 2-4-3 に示した。

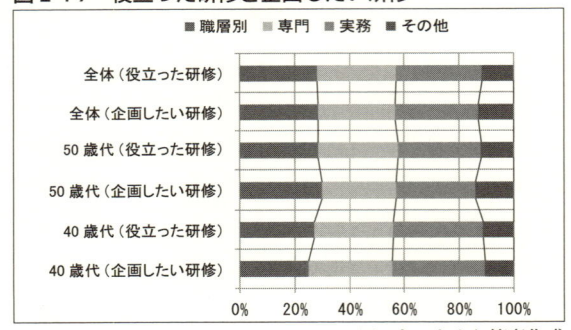

図 2-4-7　役立った研修と企画したい研修

アンケートより筆者作成

---

104 研修の種類に従って、1～4 番の順位をつけてもらい、1 番を 4 点、2 番を 3 点、3 番を 2 点、4 番を 1 点として集計した。

表 2-4-3 役立った研修と企画したい研修の理由

	役立った研修	企画したい研修
職層別	役割を認識し自己啓発のきっかけとなった。 職層が変わったときは必要。 昇任した時に自覚やスキルを備えるには有意義。 管理職として経験のない知識を効率的に習得した。 視野を広げることができた。 社会の流れや行政全般を学ぶことができた。 自分を見つめなおす時間になった。	自己の人間性をみがいてもらいたい。 公務員としての考え方を学ぶことが大切。 職員として職層の役割を自覚することが大切。 職層に求められる考え方や知識・技術を身につけることが大切。特に管理職には必要。 幅広い視野をもつため。
専門	職場では得られない知識や技術を得られる。 日々変化する専門分野のスキルの向上に重要。 必要性が高く緊張感があり習得度が高い。 職務遂行に非常に有益。 政策形成能力や専門的な分野の問題解決能力の向上に有効。 他の職員に負けない得意分野をもつことが大事。 困難な仕事に対応するのに有効。 区民に説明するときに役立つ。 同じ悩みを共有する職員と知り合えた。 他自治体で同様の課題にどう対応しているかを知ることができる。	専門性を必要とする時代のため。 専門分野を深めるため。 業務に直結する知識が習得できる。 まず担当業務を確実に遂行できることが必要。 基礎能力を習得したうえで次の段階の応用研修に参加したほうが効果的だと考える。
実務	すぐに役だつし、テキストにもなる。 日々の職務遂行の参考になり効果も大きい。 実践的内容なので学習したことを職場で活用できる。 仕事を覚えなければならないので。 短時間で必要な学習ができる。 実務に精通することが区民の信頼を得ること。 実務研修は仕事を進めていくうえで必須。	限られた人材で行政サービスを行うには実践的な能力が求められる。 まず区役所職員の常識を身につけてもらいたい。区職員としてオールラウンドプレイヤーにならなければ現在の人事体制に対応できなくなる。 公務員として基礎的技能の習得は区民に信頼されるために不可欠。 基本的な職務遂行力を確実に身につけてほしい。 担当業務をしっかり遂行するため。 ジェネラリストを育てるためには実務の知識が基本になると考えるから。
その他		視野を広げること、また将来を考える契機となる。 勤務年数や職歴に対応した研修が必要だと思う。

アンケートより筆者作成

2-2-2　分析

　役立った研修と企画したい研修の割合は、職層別、専門、実務がそれぞれ30％程度と均衡した。しかし、年齢別では、50歳代は職層別の評価が高く、40歳代は専門、実務を高く評価した。

　役立った研修と企画したい研修の理由をみると、職層別では〈職層の役割や考え方〉や〈幅の広い視野〉が強調され、専門では〈職務遂行上の必要〉が書かれた。実務では〈職務遂行上の必要〉とともに〈組織との関係性〉が述べられた。これらからは、職層別、専門、実務の研修について、X区幹部職員がそれぞれに意義があると捉えていることがわかる。

　特に実務は、職員数の減少や頻繁な人事異動といった組織の現状と深くかかわっていた。研修制度のケーススタディでは、8級（部長）を除く、どの級でも実務の割合が研修の1/4以上を占めた。このアンケートからも、実務が級を問わず必要なことがわかる。このことからも、X区職員は、専門的な知識や技術の習得と様々な職務への対応を同時に求められていると言える。

　役立った研修と企画したい研修の理由からは、アンケート回答者が、職層別と専門・実務を違う目的で捉えていることがわかる。職層別の目的は、〈職層の役割や考え方〉と〈幅の広い視野〉の習得であり、これらは、職層に求められる判断能力の養成につながると言える。専門・実務の目的は、〈職務遂行上の必要〉であり、職務を支障なく遂行する能力の育成と言える。つまり、職層別は判断能力を養成し、専門と実務は職務遂行能力を伸ばす。加えて、判断能力の養成につながる職層別が、①管理職ほど求められるとしていること　②50歳代では職層別の評価が高いこと－から、上位の職層ほど判断能力が求められることがわかる。このことは、先行研究でもみた。

2-3 求められる能力の変化

2-3-1 求められる能力の変化

ここでは、①入庁時に比べ、求められる能力が変化したか　②求められる能力とは何か―の2点を聞いた。②では、現在を基点とし、〈以前〉〈現在〉〈今後〉について、求められる能力を具体的に記入してもらった。

求められる能力の変化については、全体の94％が変化したと思うと回答した。年齢別では、50歳代では、全員が変化したと思うと答えた。40歳代では、変化したと思うが89％であり、変化したと思わないが11％だった。（図2-4-8）具体的な能力については、表2-4-4に示した。

図 2-4-8　求められる能力の変化

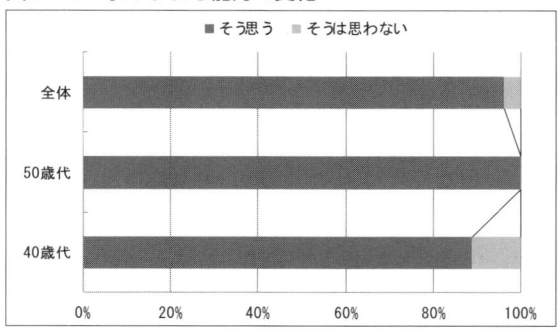

アンケートより筆者作成

表 2-4-4 求められる能力

	関連用語	求められる能力
以前	国・都	国や都の指示や意向に従う気風があり事務処理や単純な作業をこなす能力。
	職務遂行	前例を踏まえて実施する作業能力。経理や文書事務などの内部手続きに関する知識。 単純・反復・定型的な事務処理能力。定型的かつ大量の業務を処理する能力。 マニュアル通りに執行する能力。スピードより正確性や確実性。
	住民	住民に直接説明することや、苦情対応に時間がかかることが少なかった。
	専門	専門知識が求められる機会は少なかった。専門的なことは専門職に任せておけばよかった。
	上記以外	
現在	国・都	
	職務遂行	幅広い知識や経験。自ら考え実行する能力や意識。職務を効果的・効率的に遂行する力。 状況の変化を読みとる力。解決策を考え実行する力。
	住民	住民との合意形成に向けたコーディネート力や政策形成力。
	専門	専門性。
	上記以外	発信力、PR力、情報収集力、創造力。
今後	国・都	
	職務遂行	技術系職員には、専門技術力の向上と幅広い視野が求められる。 変化を感じる感性や先見力。違った意見をまとめる調整力と説明力。バランスのある判断力。 「できない理由」ではなく「できる理屈」を考えられる能力。説得から納得への転換。 行政ニーズを把握する力（問題がわかれば対応できる）。困難な課題に挑戦するチャレンジ精神。
	住民	住民とともに問題解決していく行動力。
	専門	専門能力とスペシャリストの養成。
	上記以外	折衝力、IT活用力、企画力、分析力、論理的思考力、経営者的思考力、問題解決力、実行力、指導力、企画立案力、コミュニケーション力、プレゼンテーション（PR、説明責任）力、交渉力、公平公正性、情報収集力、想像力、政策形成力、決断力、カウンセリング力、信念や努力、忍耐力、責任感。

アンケートより筆者作成

2-3-2 分析

アンケート回答者の94％が、入庁時に比べ、求められる能力が変化したと答えた。それを具体的に示した「表2-4-4 求められる能力」からは、次のことが言える。

1つは、〈以前〉は、①国や都の指示待ち ②前例踏襲 ③定型的な事務 ④内部優先の思考—がみられるが、〈現在〉〈今後〉では全くみられない。加えて、〈以前〉は、住民に対し説明することや苦情対応に時間がかかることはなく、専門知識を求められる機会も少なかった。しかし、〈現在〉〈今後〉では、住民と合意形成をはかることや専門知識が求められる。つまり、〈以前〉には必要とされなかった新たな能力が、〈現在〉〈今後〉では要求される。これらのことから、X区職員に求められる能力は、〈以前〉と〈現在〉〈今後〉で大きく異なることがわかる。

2つは、〈現在〉〈今後〉には、心理にかかわる要素が述べられていた。具体的には、〈現在〉では「チャレンジ精神」であり、〈今後〉では「信念、努力、忍耐力、責任感」が述べられていた。これは、自治体組織が抱える様々な問題からくると考えられる。つまり、これらの要素は、①職員数の減少と個々の職員の業務量の増加 ②行政需要の高度複雑化への対応 ③住民との合意形成 ④求められる専門能力—の中で、X区職員が心理的よりどころをどこにおいているかを示している。それは職務遂行での行動の心理的根拠であり〈倫理〉と言える。しかし、この要素は〈以前〉ではみられなかった。このことから、X区職員が職務を遂行するには、①〈専門的な知識や技術〉〈政策立案展開力〉とともに〈倫理〉も必要となること ②そのことをX区幹部職員が明確に意識していること—がわかる。

2-4 小括

アンケートでは、X区幹部職員が能力開発に関しどのような意識をもってい

るのかを調査した。ここで明らかになったことをまとめる。

　1つは、人事異動と研修制度の実情とX区幹部職員の意識に整合性があることがわかった。人事異動と研修制度のケーススタディからは、職層が低い職員には、特定の事務知識や技術に習熟する能力開発が行なわれていることをみたが、アンケートでも同様の結果が得られた。加えて、研修については、職層別、専門、実務の研修について、X区幹部職員がそれぞれに意義を見いだしていることがわかった。

　2つは、X区職員が、専門的な知識や技術の習得と様々な職務への対応を同時に行なうことを迫られていることがわかった。まず、特別な知識や技術、専門分野をもつべきかとの質問の回答は、〈そう思う〉の7割に対し〈そうは思わない〉が3割だった。しかし、〈そう思う〉〈そうは思わない〉の回答理由に共通する認識は、住民の期待にこたえようとすれば特別な知識や技術、専門分野は必要だが、職員数が減る中では様々な職務を遂行しなければならないという実情だった。加えて、実務の研修の必要性を、職員数の減少や頻繁な人事異動といった組織の現状から認識していた。これらから、X区職員が、専門的な知識や技術の習得と様々な職務への対応の中で能力開発を求められていることがわかった。

　3つは、X区幹部職員が、〈倫理〉を職務遂行上必要な能力だと意識していたことがあった。特に、〈倫理〉が、〈現在〉にも増して〈今後〉で必要になることをみた。それは、自治体組織が抱える様々な問題からくるものだった。ここで注目すべき一点目は、第一次分権改革期の人的要素と「専門性」の考察では示されなかった〈倫理〉が、第一次分権改革期から10年を経た現代で、X区幹部職員により必要な能力として示されたことである。二点目は、倫理の特性の「旧来の倫理が機能しなく」（石川 2002 p.15）なるとき、人々に自覚されることによる。つまり、価値観が大きく変わる時期に人は倫理を自覚する。これらのことからすれば、第一次分権改革期後の10年間の自治体をめぐる内外の環境が、X区幹部職員の価値観に大きな変化を与えたと言える。

5　自治体の人事異動・研修制度・職員意識のまとめ

　本章では、X区のケーススタディから、自治体の人事異動・研修制度・職員意識の実情をみた。ここでは、それぞれについて能力開発の観点で明らかになったことをまとめる。

（1）　人事異動

　人事異動のケーススタディでは、①能力の広がりと習熟度　②能力の蓄積－の観点から、X区幹部職員の人事異動の実情をみた。ここで明らかになったことは次になる。
　1つは、組織を幅広く異動する〈ジェネラリスト異動〉が、ジェネラリストを育成し、限られた範囲を異動する〈スペシャリスト異動〉が、スペシャリストを育成するとは限らなかった。加えて、このケーススタディからは、〈ジェネラリスト異動〉と〈スペシャリスト異動〉の両方を行なうことで、4つのタイプのスペシャリストが育成されることをみた。それは、①特定の事務知識や技術に習熟したスペシャリスト　②特定の分野に精通したスペシャリスト　③特定の事務知識や技術に習熟し、かつ、特定の分野に精通したスペシャリスト　④自治体職員の地域での役割からの発想で物事を考え判断できるスペシャリスト－だった。
　2つは、4つのタイプのスペシャリストを、人事異動によって段階的に育成できることをみた。それは、職層が低い段階では、特定の事務知識や技術に習熟したスペシャリストを育成するような異動を行い、上位の職層にあがるほど、それに広がりをもたせるような人事異動をすることによって可能となった。
　3つは、自治体職員の行動の根拠となる〈倫理〉の醸成と人事異動にかかわりがあった。具体的には、課長の時期に〈ジェネラリスト異動〉と〈スペシャリスト異動〉を繰り返すことによりそれが醸成された。

（2） 研修制度

　研修制度のケーススタディでは、①受講した研修の種類　②研修と昇任の関係性－から、X区の研修制度の実情をみた。ここでは、従来の研修の運用が職員の能力開発と結びついてこなかったことが明らかになった。その要因は、①研修内容と職員の必要性に乖離があること　②研修について、自治体は明確な意味を見いだしてこなかったこと　③研修の配分を職務遂行上の必要性から再考することが求められること　④人事政策と研修の関係性が不明確なこと－だった。

　しかし、今日では、自治体が高度複雑化する行政需要にこたえるために、自治体職員の能力開発が求められる。その機会として研修を捉えるならば、〈研修と職員の能力開発〉と〈職員の能力開発と組織能力の向上〉を結びつける政策が自治体の重要な課題と言えた。そのためには、職員の知識や技術の蓄積状態を把握できる研修履歴を人事政策の重要な要素とすることが求められた。つまり、研修と昇任や配置転換が関係性をもって運用されることにより、各職員の研修で習得した知識や技術が組織に有効に還元されると言えた。

（3） 職員意識

　職員意識のアンケートでは、X区幹部職員が能力開発に関しどのような意識をもっているかが明らかになった。

　1つは、人事異動と研修制度の実情とX区幹部職員の意識に整合性があった。また、研修制度のケーススタディで触れたように、研修の効果を積極的に評価する職員は、X区職員の10％弱だったが、研修の意義については、職層別、専門、実務のそれぞれにそれを見いだしていた。

　2つは、X区職員は、専門的な知識や技術の習得と様々な職務への対応を同時に迫られていた。その要因は、自治体組織が抱える様々な問題にあった。具体的には、①職員数の減少と個々の職員の業務量の増加　②行政需要の高度複

雑化への対応　③住民との合意形成　④求められる専門能力－であり、職員数が減る中で、様々な職務を遂行しなければならないＸ区職員の実情があった。

　３つは、そのような中で、Ｘ区職員は、〈倫理〉を職務遂行上必要な能力だと意識していた。そして、〈倫理〉が、〈現在〉にも増して〈今後〉で求められるとしていた。このことから注目すべきは、①第一次分権改革期での人的要素と「専門性」の考察では示されなかった〈倫理〉が、第一次分権改革期から10年を経た現代で、Ｘ区幹部職員により必要な能力として示されたこと　②倫理は旧来の倫理が機能しなくなるとき人々に自覚されること－と言える。つまり、価値観が大きく変わる時期に人は倫理を意識するのであり、これらのことからすれば、第一次分権改革期後の10年間にＸ区幹部職員の価値観を大きく変える環境の変化があったと言えた。

参考資料1　アンケート用紙

自治体職員の能力開発に関するアンケート

（西暦）　　　年　　　月　　　日記入

あなたの性別、現在の所属部署、役職名などをお教えください。（お答えできる範囲でご記入ください）

　　　性別：<u>男・女</u>　所属部署：<u>　　　　　　　　　　　</u>　役職名：<u>　　　　　　　　</u>

　　　年齢：<u>30歳代　40歳代　50歳代　60歳代</u>　勤続年数：<u>　　　</u>年

1. あなたの得意の分野についてお聞きします。
　（1）あなたは仕事をするうえで得意とする分野を持っていますか？
　　　　　持っている・持っていない
　　　得意とする分野を「持っている」と答えた方にお聞きします。
　　（1）-1　その得意とする分野はどのような分野ですか？
　　　　　　＊複数回答可。得意とする分野で具体的な業務を記載できるものについては、あわせてご記入ください。
　　　　　　保健福祉に関する分野（具体的な業務：　　　　　　　　　　　　　　　）
　　　　　　教育に関する分野（具体的な業務：　　　　　　　　　　　　　　　）
　　　　　　環境に関する分野（具体的な業務：　　　　　　　　　　　　　　　）
　　　　　　土木や建築に関する分野（具体的な業務：　　　　　　　　　　　　）
　　　　　　財政に関する分野（具体的な業務：　　　　　　　　　　　　　　　）
　　　　　　法規に関する分野（具体的な業務：　　　　　　　　　　　　　　　）
　　　　　　その他（　　　　）に関する分野（具体的な業務：　　　　　　　　　）
　　（1）-2　あなたが得意とする分野を習得した時期はいつ頃ですか？
　　　　　　主任の時　係長のとき　総括係長のとき　課長のとき　統括課長のとき
　　　　　　部長のとき　その他（　　　　　　　　　　　　　　　　　　　）
　（2）あなたは、他の職員と比べた時、特別な知識や技術、専門分野を持っていますか？
　　　　　持っている・持っていない
　　　特別な知識や技術、専門分野を「持っている」と答えた方にお聞きします。
　　（2）-1　あなたが特別な知識や技術、専門分野を習得した時期はいつ頃ですか？
　　　　　　主任の時　係長のとき　総括係長のとき　課長のとき　統括課長のとき
　　　　　　部長のとき　その他（　　　　　　　　　　　　　　　　　　　）
　（3）行政需要に応えるためには、自治体職員は特別な知識や技術、専門分野を持ち、それに精通
　　　したほうがいいと思いますか？
　　　　　　そう思う　・　そうは思わない
　　（3）-1　なぜそのように思うのですか？

2．集合研修と能力開発についてお聞きします。集合研修の分類[105]については次ページの表を参照してください。
　（1）あなたにとって、職務遂行上、役に立ったと思う集合研修はどのような研修ですか？役にたったと思う順番に1、2、3、4、と記入してください。
　　　（　）職層別研修　（　）専門　（　）実務　（　）その他
　　　そのように順番をつけた理由をお書きください。
　　　_____
　（2）あなたが集合研修の企画担当者である場合、職員に受講してもらいたい研修の優先順位を付けていください。優先順位の高いものから、1、2、3、4、と記入してください。
　　　（　）職層別研修　（　）専門　（　）実務　（　）その他
　　　そのように順番をつけた理由をお書きください。
　　　_____

3．自治体職員に求められる能力についてお聞きします。
　（1）あなたが自治体職員となって以降、職務遂行上において、その求められる能力は変化したと思いますか？
　　　変化したと思う　・　変化したとは思わない
　　（1）-1「変化したと思う」とお答えした方にお聞きします。それはどのように変わってきたと思いますか？
　　　　以前：_____
　　　　現在：_____
　（2）今後、自治体職員に求められる能力とはどのようなものだと考えますか？率直にお書きください。

　　　　　　　　　　　　　　　　　　　　お忙しい中、ありがとうございました。

---

[105] 研修制度のケーススタディの〈表2-3-1 研修の種類〉と同じため〈参考資料1〉での表の掲載は省略した。

第3章　現代自治体職員の「専門性」概念
－インタビューより－

本章では、現代の自治体職員の「専門性」概念を、現職の自治体職員へのインタビューから考察する。

1　インタビューの概要とまとめ方

（1）　対象者と実施時期

インタビューは、先のケーススタディと同じ東京都特別区のX区幹部職員を対象に行なった。

具体的には、統括部長2名、部長2名、課長6名となる[106]。10名の内訳は、事務系の採用が8名、技術系の採用が2名だが、いずれも管理職選考は事務系で受けている[107]。インタビュー調査は2010（平成22）年10月に実施し、1人40分程度行なった。

（2）　質問項目と用語の定義

質問項目は次になる。
① 自身の専門性の有無。
② 自治体職員の専門性とは何か。
③ 自治体が蓄積すべき能力について。
④ 部下に期待する専門性は何か。
⑤ 専門性が期待される職層。
⑥ どのような水準の専門性が求められるのか。

⑦能力開発について。
⑧人事異動[108]についてどのように考えているのか。
⑨自治体職員として物事の見方や考え方が変わった時期。
⑩幹部職員になるためにはどのようにすればいいのか。

　なお、1人につき全項目を質問できたわけではない。また、話の進み具合によって予定外の質問をすることもあった。しかし、自治体職員の「専門性」とは何かという本題からそれることはなく、有意義な応答を得た。

（3）　まとめ方と表記方法

　まとめ方の全体の流れは次になる。まず、インタビューを部長と課長の職層に分け、職層による「専門性」の捉え方をみる。そのために、個々のインタ

---

[106] 本章では、統括部長も部長と記す。インタビュー対象者は、氏名と関係ないアルファベットのAからJで記す。なお、インタビュー対象者は次の理由で選抜した。1つは、インタビューを幹部職員としたのは、〈自治体職員の「専門性」を解明する〉という本書の目的による。従って、インタビューでは、既に一定の専門性を高めたと評価できる幹部職員を対象にする必要があった。2つは、インタビューの人数であり、その理由は次の3つになる。①全幹部職員へのインタビューを筆者のみで行うのは時間的、体力的に限界があり難しいこと　②全幹部職員にインタビューしても内容に重複があると考えられること　従って、③幹部職員の1割であり、実際の組織構成の割合（統括部長と部長（40%）、統括課長と課長（60%））に基づく人数であれば本インタビューの目的を達成できると考えたこと―による。3つは、具体的な人選の仕方であり、議会や委員会での答弁、日ごろの仕事ぶりや言動から勘案した。今回選抜した幹部職員であれば、その経験の中から重要な意見を引き出せると考えた。以上が選抜理由であるが、インタビュー対象者について優等生との指摘もあろう。この指摘について筆者は次のように考える。ここでの目的は、現職の自治体職員がその「専門性」をどのように捉えているかを明らかにすることであり、それを一定の時間内に聞き出すには、ある程度日ごろから自治体職員の役割や能力について問題意識をもつ職員でなければならない。また、筆者としては、彼らからの答えが偏ったり、優等生になりすぎないように、質問を多方面から行うように質問項目を工夫した。

[107] 東京都特別区の場合、管理職選考は特別区人事・厚生事務組合の特別区人事委員会が実施する。選考には事務系と技術系がある。

[108] 先の人事異動のケーススタディでは、X区幹部職員は平均3年に1度異動していた。しかし、今回のインタビュー対象者には、20年間に10回の異動を経験している者も少なくない。また、X区では4月の一括採用の新入職員には、10年間で3部署を経験させる人事異動を行なっている。

ビューは、極力正確に文章で再現する。再現された内容は、分析され個人別に表 3-1-1 が作成される。表に示した番号①③④⑤⑦⑧⑨⑩は、先ほどの質問項目に対応する[109]。質問項目の②⑥は、内容によって表の該当項目に分類される。先にも記したように、全ての質問項目をインタビューできたわけではないため、応答を得ていない項目には斜線を引く。

　部長 4 名の表が作成された段階で、部長が示した人的要素と「専門性」を小括する。

　その後、課長インタビュー 6 名の表が作成された段階で、部長と課長インタビューで得た全ての質問項目を考察する。特に、この考察では、人的要素の能力開発への展開を試みる。

　これらの過程から、現代の自治体職員の「専門性」概念を導く。

　なお、インタビュー対象者が「専門性」をどのように捉えているかを知るために、インタビューの際は「専門性」について特に定義しなかった。また、インタビューでは、「基礎」「基礎的」「基本」に類する表現の能力が示された。これらの能力は、〈倫理〉〈専門的な知識や技術〉〈政策立案展開力〉の人的要素と同様に重要な要素だった。ここでは「基礎」「基礎的」「基本」に類する表現の能力も人的要素に加え〈基礎〉と記すことにした。従って、「「専門性」と人的要素の定義」は表 3-1-2 となる。

　インタビューの再現と分析での表記方法は、定義に基づく「専門性」と人的要素については、「専門性」〈倫理〉〈専門的な知識や技術〉〈政策立案展開力〉〈基礎〉と表記し、それ以外にはカッコを付けない。表では、人的要素の〈倫理〉は倫理、〈専門的な知識や技術〉は知識技術、〈政策立案展開力〉は政策力、〈基礎〉は基礎と表記する。

---

[109] ①③⑩は表のその他に記入する。④⑤は職層に対応する。⑦は開発に、⑧は人事異動に、⑨は変わった時期に対応する。

表3-1-1　個別のインタビューで作成する表
表3- -　職層と応答者

項目		概　要	職層 ④⑤	開発 ⑦
専門性				
人的要素	倫理			
	知識技術			
	政策力			
	基礎			
人事異動⑧				
変わった時期⑨				
その他		①③⑩など		

筆者作成

表3-1-2　「専門性」と人的要素の定義

	定　義
専門性	自治体職員が社会の中で果たすべき役割からくる能力。
倫　理	一定の考え方や行動の型。行動の根拠となる心理的作用。職務に関する行動の適正な判断基準。
専門的な知識や技術	職務遂行上求められる専門的な知識や技術。
政策立案展開力	問題解決のための方法やその行動計画を作ること。政策プロセスの実施（①問題の発見　②公共的問題の選択　③問題解決手法の追求　④組織内調整　⑤決定＝合意形成の社会過程　⑥執行　⑦評価　⑧フィードバック）。
基　礎	職務遂行上求められる基本的な能力。

筆者作成

2　X区幹部職員に対するインタビュー

（1）部長インタビュー

1-1　部長A氏

1-1-1　バランス感覚と先を見通す力

　まず、「自分自身の専門性は何か」の問いには、「建築」との答えだった。
　次に、「自治体職員の専門性とは何か」を問うと、「世間で言われている専門性とは何か」と自問しつつ「バランス感覚」と言う。そして、「ベースにあるのは法を理解するリーガルマインド」だが、法に基づく職務では「法と法の間を埋めるような仕事」が求められる。例えば、「あることをやった方がいいのか、あるいは、やらない方がいいのかという場合にどういう裁量ができるのかという、バランス感覚に秀でていることが大切」だとする。また、「役所では、極端に専門性を狭めて仕事をしたり、専門職を必要とする部署は部分的な話であり、たとえそうであっても、先を見通す目とそれを把握する力」は要求されると述べる。
　しかし、上司からすれば長く1つの仕事に携わっている職員は、「書類を渡すだけで用が済み、使いやすい」と言う。だが、そういう職員は、同じ部内の他の課に異動すると「とたんに仕事ができなく」なる。つまり、建築分野であれば、「1つは違反建築の取り締まりや建築行政の行政畑（ぎょうせいばた）、2つは都市計画のまちづくり、3つは実際に物を作る営繕を経験してようやく建築の全体がみえてくる。自分の専門にこだわりすぎると、積算もできない、測量もできない、ほとんど図面も引けない、ということになってしまう」と続ける。
　同時に、職層によっては専門性を深めなければならないと指摘する。例えば、実務の中核は30歳代半ばから40歳代半ばの主査[110]になる。主査は、担当職

110　係長級で4級職。

務について「矢面に立って仕事をする立場にあり、担当職務の法律を熟知し、それを現実の仕事に対応させるように勉強する必要がある」とする。しかし、このことは、自治体職員としての「基礎的な知識」を習得することであり、「30歳代半ばから40歳代半ばくらいまでに習得できるかどうかは本人の努力」と言う。

　併せて、その間は様々な部署に異動する。その中で自分が何に向いているかをみつけ、「専門をきちんと開花させる」ことも大切だとする。例えば、建築分野であれば、「物を作る方面に向いているのか、建築行政がいいのか、まちづくりをやるのか。建築分野の中で専門をきっちり身につけていく」ことができると言う。そのことは、事務系でも同様であり、教育、公衆衛生、福祉など、「本人の興味や関心」でそれはできると述べる。

　「自治体が蓄積すべき能力」については、特に「業者を指導する立場にある物を作る分野」の能力が落ちていると指摘する。そのことは、「不正を見抜く目、『これは少しおかしいのではないか』という管理監督者として実態を見抜く目」が鈍くなることであり、「その目を常に磨いておかなければならない」と言う。その要因の1つを外部委託とする。それを回避するには、「小さな建物であれば自分たちで、図面を作成し、積算し、現場監督をやる」ことをしないと、その分野での専門的な能力は磨かれないとする。しかし、それには時間もコストもかかることから、それを「許容できる社会かどうか」が、別の問題として出てくると言う。加えて、建築分野で専門的な能力を磨くには「現場でたたきあげる」「先輩とのやり取りで受け継いでいく」ことが必要だが、その意味でも「技術の継承が失われてきている」とする。

　最後に、「幹部職員になるためにはどうすればいいのか」との問いには、自身は「人に恵まれた」と言う。そして、「人に恵まれ、チャンスを与えられたときに、のほほんとすごすか、負けまいと勉強するか。必要に迫られて勉強すること」と続けた。

1-1-2　分析

　ここでは専門性について3つ示された。1つは、《バランス感覚》だった。それは、「法と法の間を埋める仕事」であり、「あることをやった方がいいのか、やらない方がいいのかという場合の裁量」だった。つまり、《法律を適用する際の柔軟で的確な判断能力》と言える。2つは、極端に専門性が高い仕事でも、《先を見通す目とそれを把握する能力》が求められた。これらは、物事を判断する根拠と言え〈倫理〉になる。

　3つは、「30歳代半ばから40歳代半ばの主査」を実務の中核とし、その専門性を《担当職務の法律知識》と《法律知識を実務にいかす能力》とした。しかし、それは自治体職員に求められる基礎的な知識と能力でもあった。従って、《担当職務の法律知識》と《法律知識を実務にいかす能力》は〈基礎〉となる。なお、主査は、それら知識や能力を深めるべき職層だった。

　このインタビューでは、技術系、事務系職員のどちらも人事異動の中で、「自身の専門を開花させる」ことが可能とされた。しかし、そのためには仕事に「興味や関心」をもつことだった。また、〈基礎〉の習得は「本人の努力」によった。つまり、人事異動と仕事への積極的な態度が得意分野や専門分野の形成と〈基礎〉の習得には重要だと言える。

　ここでは、能力に関して2つの指摘があった。1つは、技術系職員であっても「極端に専門を狭めて」仕事をすることはなかった。技術系職員というと、一級建築士などの公的資格[111]をもつ専門職を想定するが、たとえそうでも、その資格の範囲内だけでは仕事はできなかった。例えば、建築行政であれば、建築行政全般を知ることが大切だった。2つは、自治体が蓄積すべき能力の観点から、自治体職員の管理監督者としての《実態を見抜く能力》が落ちていることだった。しかし、その能力の育成には、「現場でたたきあげ、先輩から受け継いでいく」ことが必要だった。

---

[111] 以下、資格とする。

最初の指摘は、職員にある程度の幅のある能力を求めているのであり、それには人事異動により様々な部署を経験することが必要となる。次の指摘は、専門家としての能力の育成であり、現場でたたきあげなければ習得できない知識や技術を要求していた。このような職員を育てようとすれば、その職員を人事異動させずに1つの部署にとどめることになる。しかし、その育成には時間もコストもかかり、それを「社会が許容できるか」が、別の問題として出てくるのだった。2つの指摘は、自治体が責任ある行政を担う観点での重要な指摘であり矛盾する課題と言える。

　このインタビューでは、〈倫理〉〈専門的な知識や技術〉〈基礎〉が示された。（表3-2-1）

表 3-2-1 部長 A 氏

項目		概　　要	職層	開発
専門性				
人的要素	倫理	バランス感覚（法律を適用する際の柔軟で的確な判断能力。先を見通す目とそれを把握する能力）。		人事異動・自己啓発
	知識技術	資格。専門的な技術（例えば、積算・測量・図面作成技術）。実態を見抜く能力。		
	政策力			
	基礎	担当職務の法律知識。法律知識を実務にいかす能力。	主査	
人事異動		人事異動の中で自身の興味関心から専門を開花できる。		
変わった時期				
その他		・自身の専門性は建築。 ・技術系職員でも極端に専門を狭めて仕事をすることはない。 ・主査は実務の中核であり、〈基礎〉を深める時期。 ・自治体職員の管理監督者としての《実態を見抜く能力》は落ちている。コストや人員削減の中でその能力をいかに育成するかが課題。 ・幹部職員になるには、チャンスを与えられたときに勉強すること。		

筆者作成

1-2　部長 B 氏

1-2-1　住民の幸せに対する思い

　まず、「自身の専門性」は、「企画調整」だった。
　続けて、「自分なりに研鑽した時期を専門性を磨いた時期」とするならば、それは「自治体の地区計画制度が創設された時期」だとする。その理由を、「後ろ盾に法令や国の計画がない」中で、住民との協働で新しい価値を創造することは、「自治体職員の力量なり構想力が問われる」ことだった。この時期に「本当の意味での専門性を磨かないとできないと感じた」と述べる。
　その専門性については、「言葉通りの専門性」として、「まちづくりであれば、建築や都市計画の基礎知識であり、自治体の先進事例を研究し吸収すること」とする。また、どの職場でも「担当の仕事にかかわりのある法令や計画を押さえることは当然のこと」とする。そして、「それを究めて専門性がある」と終わるのではなく、むしろその先が重要だと言う。それは、「横断的な興味関心から得られる異分野の知識や情報を、自分の領域の中で新しい価値につなげていくセンス」だと述べる。
　その理由は、①ある政策をやるのかやらないかの判断は自治体にあること　②地域には様々な価値観や職業の住民がいること　③その中で地域の住民と新しい政策について議論するには、「自治体の誠意を伝え、信頼を得られるような広い知見」が求められること－だとする。加えて、事務系職員は頻繁に異動することから、そのような専門性があれば、「どこに異動しても対応でき、新たな発想を得られる」と述べる。
　「専門性が期待される職層」は、「課長」だった。「目標や道筋を描いて、そこに課長なりの発想や価値観を付け加え、目標を上回る成果を出すこと」を期待するが、「それは専門性ではないと思う」とも言う。
　最後に、「諸外国の政策の動向を調査することも必要である。また、例えば、児童に関する分野であっても、生物学や文学の知識が必要かもしれない。しか

し、その先に『住民の幸せがあるのか』ということに関心を向けることが大切だ」とする。

1-2-2 分析

まず、専門性を磨いた時期を、「基礎自治体の地区計画制度が創設された時期」とした。インタビューの内容から、1992（平成4）年の都市計画法改正の頃だと考えられる。「法令や国の計画がない」中で、新しい価値を創造することは「自治体職員の力量」を問われることだった。そして、この時期に「本当の意味での専門性」の必要性を強く感じていた。インタビューで示された専門性は次になる。

1つは、自治体職員の行動のその先を考えられることだった。つまり、《住民の幸せに対する思い》であり〈倫理〉と言える。

2つは、〈政策立案展開力〉に分類できる能力だった。それは、政策プロセスの最初の3つの段階である問題の発見、公共的問題の発見、問題解決手法の追及につながる能力だった。具体的には、《横断的な興味関心から得た知識（例えば、諸外国の政策、担当職務に直接関係ない分野の知識）》《物事を体系的に考えまとめる構想力》《新しい価値を生み出す創造力》となる。加えて、「自治体の誠意を伝え、信頼を得られるような広い知見」も示された。これは政策に関し住民との合意形成を図ることであり《調整力》となる。この場合、自治体外部との調整であり《外部調整力》と言える。

3つは、〈基礎〉になる《担当分野の基礎知識》《他の自治体の先進事例の知識》《担当職務の法律や事業計画の知識》だった。

専門性が期待される職層は課長であり、特に〈政策立案展開力〉が求められた。また、これらの専門性が頻繁な人事異動の中での職務遂行を支え、新たな発想の源となっていた。

このインタビューでは、〈倫理〉〈政策立案展開力〉〈基礎〉が示された。（表3-2-2）

表 3-2-2 部長 B 氏

項目		概　要	職層	開発
専門性				
人的要素	倫理	住民の幸せに対する思い。	課長	
	知識技術			
	政策力	横断的な興味関心から得た知識（例えば、諸外国の政策、担当職務に直接関係ない分野の知識）。物事を体系的に考えまとめる構想力。新しい価値を生み出す創造力。外部調整力（政策に関し住民との合意形成を図るために自治体の誠意を伝え信頼を得ること）。		
	基礎	担当分野の基礎知識。他の自治体の先進事例の知識。担当職務の法律や事業計画の知識。		
人事異動				
変わった時期		自治体の地区計画制度が創設された時期（1992（平成 4）年の都市計画法改正の頃）。		
その他		・自身の専門性は企画調整。 ・専門性は頻繁な人事異動の中での職務遂行を支え、新たな発想の源となる。		

筆者作成

1-3　部長C氏

1-3-1　住民にとって何がいいのかという思考

　まず、「自分自身の専門性は何か」の問いには、「ない」との答えだった。
　しかし、「分権が進み、国や都の指示待ちではなく、自らが物事を考え、判断が求められる今日では、専門的な知識をもつ人材が重要になる」とする。続けて、昨今では、「情報システム分野の職員」の育成が求められるとしたうえで、その能力を次のように述べる。①外部のシステム事業者と交渉できる知識があること　②「有用な情報を入手」できること　③広い視野から物事をみられること　④調整力。③の広い視野とは、個別の情報システムが組織全体にどのような効果をもたらすのかという視点から、改善や提案ができる人材だとする。④の調整力とは、「コンピューターに詳しい知識をベースとしながら、他の部署とうまく折り合いをつけながら」職務遂行できることだと述べる。そして、これらのことは、情報システムに従事する職員に限らず、事務系職員にも技術系職員にも求められるとする。
　加えて、法務に従事する職員であれば、「住民にとって何がいいのか」という視点から、「自治体独自の法理論を作れる職員」が求められると言う。以前は、法律の解釈は国に従い、法律や判例を熟知しているだけで足りたと述べる。
　このようなことから、「専門的な知識をもった職員を育成することと、特定分野の専門家[112]を採用することは意味が違う」とする。
　次に、「専門性が期待される職層」を問うと、「係長」だった。課長以上の職層には、組織のマネジメントが求められるため専門性をもつ職員をいかすことが重要になる。しかし、監督者である係長には、「部下も率い、専門知識や技術をベースとしながら、全体をみて、自分の所属する部署と他の部署とうまく折り合いをつけて物事を作り出していく先頭に立つ」ことが求められると言う。

---

112 例えば、システム・エンジニアや弁護士。

「能力開発」については、「自治体職員としてどうありたいかという目標をもつこと」が必要だとする。そして、目標の「出発点は窓口業務であり、まずそこから学んでほしい」と述べる。加えて、能力開発は「仕事の中」にあり、「直面する仕事に真正面からぶつかること。相手の話を聞き、資料を読み、自分なりに考える過程」が重要だと言う。

「物事の見方や考え方が変わった時期」を問うと、「首長や法律・制度が変わっても自身の考え方が変わることはなかった」とする。しかし、「管理職試験の勉強では自分自身の生き方を考えた」と述べる。

最後に、「行革は今まで強制的にやらされてきた部分もある。しかし、今後は自らを律することも含めて、より能動的に仕事を見直し、常に改革することが求められる。これからは自治体職員の意識や能力が試される」とする。

1-3-2　分析

ここでは、情報システムと法務担当職員の専門性が示された。情報システム担当職員には、①《外部の専門事業者と同程度の知識（例えば、システム事業者と交渉できる知識）》　②《有用な情報の収集力》　③《組織の観点からの改善提案力》　④《他の部署と折り合いをつけながら職務遂行できる調整力》―が求められた。法務担当職員には、⑤《自治体独自の法理論構築力》　⑥《住民にとって何がいいのかという思考》―が求められた。

①は〈専門的な知識や技術〉と言え、②③④⑤は政策プロセスで求められる能力であり〈政策立案展開力〉となる。なお、⑤は自治体内部の調整であり《内部調整力》と言える。⑥は〈倫理〉に分類できる。

これらの専門性が期待される職層は係長だった。

能力開発については、自治体職員としてどうありたいかという目標をもつことだった。そして、その目標の出発点は窓口業務にあった。つまり、発想の原点を住民とする考え方に職層は関係ない。加えて、能力開発は職務遂行の中にあり自己啓発によるとした。

また、管理職試験を自らの生き方を考える機会としていた。このことから、

試験は職業感や役割意識の醸成の1つの契機になると考えられる。

なお、自治体職員の専門性と特定分野の専門家の専門性は意味が違うことが指摘された。

このインタビューでは、〈倫理〉〈専門的な知識や技術〉〈政策立案展開力〉が示された。（表3-2-3）

表3-2-3　部長C氏

項目		概　　要	職層	開発
専門性				
人的要素	倫理	住民にとって何がいいのかという思考。	全職層	自己啓発・試験
	知識技術	外部の専門事業者と同程度の知識（例えば、システム事業者と交渉できる知識）。	係長	
	政策力	有用な情報の収集力。組織の観点からの改善提案力。自治体独自の法理論構築力。内部調整力（他の部署と折り合いをつけながら職務遂行できること）。	係長	
	基礎			
人事異動				
変わった時期		管理職試験（自らの職業や役割を考える機会となった）。		
その他		・自身の専門性はない。 ・職員の専門的な知識を育成することと、特定の分野の専門家を採用することは意味が違う。 ・課長以上には組織のマネジメントが求められ、専門性をもつ職員をいかすことが重要になる。 ・監督者である係長は実務のリーダー。従って、部下を率い、専門知識や技術をベースとしつつ他部署と折り合いをつけて物事を進めることが求められる。 ・能力開発は、仕事に真正面からぶつかり、相手の話を聞き、資料を読み、自分なりに考える過程が重要。		

筆者作成

1-4　部長D氏

1-4-1　スペシャリストをベースとした常識人

　まず、「自身の専門性」は、「(強みという意味で)法務」だった。
　「自治体職員の専門性とは何か」を問うと、「ジェネラリストかスペシャリストか」と自問した後、「両方ではないか」と言う。まず、法務担当職員であれば、「基礎学力に加え、公務員としてのセンス」が求められるとする。なぜならば、自治体が従来の「国の出先機関の位置づけ」であれば、「国の通知通達を読んで、それをそのまま自治体に置きなおせばよくセンスは必要とされなかった。しかし、分権が進む今日では、法律を駆使して、様々な政策を実現してい」かなければならない。そのためには、「法律の解釈だけではなく、それぞれの地域の特性や住民の感情、議会の動き、他の自治体や国・東京都の動向、過去の判例など、多くの情報を吸収しながら、いかに合法的に解釈し、運用し、企画立案できるかという能力」が必要とされるからだとする。
　また、「スペシャリストの側面をベースとしつつ、つきつめていえば常識人」と言う。「人としての常識、住民としての常識、公務員としての常識、加えて、X区であればX区役所の職員としての常識がある。それら常識を前提として幅広く知識を得るジェネラリストが求められる」とする。また、「公務員は最終的に何らかの判断をしないといけないが、それには、公務員としての常識が住民の常識と同じでないと正しい判断ができない」と述べる。
　「どのような水準の専門性が求められるのか」の問いには、法務担当職員であれば「修士課程修了程度の体系的知識と思考能力」が必要であり、採用段階では「法律の基礎を学んできている」ことが必要だとする。また、担当職務については、「スペシャリストになることがX区職員の追い求めるべき姿」であり、それができれば「住民の相談に対し的確に答えられる」と述べる。
　しかし、X区規模の自治体では、「弁護士の資格をもつ専門職までは必要ない」とも言う。理由は、1つは「訴訟はあるが自治体によっては1件、2件程度の

こともあり事務量との見合いがある」ことと、2つは人事異動を考えれば「法務以外の分野が長くなることが考えられる」からだった。

「専門性が期待される職層」については、「現在の部長の立場からは課長クラスであり、課長の時は主査クラス」だった。

「物事の見方や考え方が変わった時期」を問うと、「機関委任事務の廃止が大きかった」とする。そして、「東京都の特別区には実務では大きな影響はなかった」が、「意識は大きく変わった」とし、その理由を次のように述べる。それは、「学生の頃から機関委任事務はあたりまえであり、未来永劫続くものと思っていた。1980年代に地方の時代と言われ革新首長が登場したが、それによって法制度が変わったわけではなく一過性という感があった。しかし、2000（平成12）年の分権改革では様々な変化があり、その中でも機関委任事務の廃止は、『バックボーンが変わった』と感じた」と述べた。

1-4-2 分析

ここで示された専門性は次になる。まず、法務担当職員の〈専門的な知識や技術〉の水準が述べられた。採用段階であれば、基礎学力として《大学の法学部卒業程度》であり、法務担当職員は、《修士課程修了程度の体系的知識と思考能力》が求められた。また、「X区職員の追い求めるべき姿」を、「住民の相談に対し的確に答えられるスペシャリスト」とした。

2つは、「公務員としてのセンス」として〈政策立案展開力〉が示された。それは、《地域の特性や住民感情、議会・他自治体・国の動向、過去の判例などの様々な情報から独自の政策を企画立案できる能力》だった。

3つは、〈倫理〉であり《スペシャリストをベースとした常識人》と表現された。自治体の政策が、住民の良識や分別と離れたものにならないための重要な思考と言えた。

これら専門性を期待される職層が課長と主査だった。

このインタビューでは、X区規模の自治体では、「弁護士の資格をもつ専門職までは必要ない」とされた。理由は、事務量と人事異動によった。

物事の見方や考え方が変わった時期は、機関委任事務の廃止の時期であり、「バックボーンが変わった」と感じていた。インタビューの冒頭で、「自治体が国の出先機関の位置づけであればセンスは必要」ない。しかし、「分権が進む今日では、法律を駆使して、様々な政策を実現していかなければならない」と述べたような意識変化の要因に、機関委任事務の廃止があったことが伺える。
　このインタビューでは、〈倫理〉〈専門的な知識や技術〉〈政策立案展開力〉〈基礎〉が示された。（表 3-2-4）

表 3-2-4　部長 D 氏

項目		概　　要	職層	開発
専門性				
人的要素	倫理	スペシャリストをベースとした常識人（具体的には、住民、公務員、X 区職員としての常識があること）。	課長 主査	
	知識技術	法務担当者であれば、修士課程修了程度の体系的知識と思考能力。住民の相談に的確に答えられる水準の知識。	課長 主査	
	政策力	様々な情報（例えば、地域の特性や住民感情、議会・他自治体・国の動向、過去の判例など）からの企画立案力。	課長 主査	
	基礎	法務担当者であれば、大学の法学部卒業程度。	採用時	
人事異動				
変わった時期		機関委任事務の廃止の時期。		
その他		・自身の専門性は法務。 ・X 区規模の自治体では、事務量との見合いと人事異動から、必ずしも弁護士のような資格をもつ専門職の職員までは必要ない。 ・スペシャリストをベースとした常識人であれば、住民の相談に的確に答えられる。 ・機関委任事務の廃止についてはバックボーンが変わったと感じた。		

筆者作成

1-5 小括

部長インタビューによる人的要素と「専門性」は表 3-2-5 になる。

表 3-2-5　部長インタビューの人的要素と「専門性」

項目		概　要
専門性		（示されなかった。）
人的要素	倫理	バランス感覚（法律を適用する際の柔軟で的確な判断能力。先を見通す目とそれを把握する能力）。
		住民の幸せに対する思い。
		住民にとって何がいいのかという思考。
		スペシャリストをベースとした常識人（具体的には、住民、公務員、X区職員としての常識があること）。
	知識技術	資格。専門的な技術（例えば、積算・測量・図面作成技術）。実態を見抜く能力。
		外部の専門事業者と同程度の知識（例えば、システム事業者と交渉できる知識）。
		法務担当者であれば、修士課程修了程度の体系的知識と思考能力。
		住民の相談に的確に答えられる水準の知識。
	政策力	横断的な興味関心から得た知識（例えば、諸外国の政策、担当職務に直接関係ない分野の知識）。物事を体系的に考えまとめる構想力。新しい価値を生み出す創造力。外部調整力（政策に関し住民との合意形成を図るために自治体の誠意を伝え信頼を得ること）。
		有用な情報の収集力。組織の観点からの改善提案力。自治体独自の法理論構築力。内部調整力（他の部署と折り合いをつけながら職務遂行できること）。
		様々な情報（例えば、地域の特性や住民感情、議会・他自治体・国の動向、過去の判例など）からの企画立案力。
	基礎	担当職務の法律知識。法律知識を実務にいかす能力。
		担当分野の基礎知識。他の自治体の先進事例の知識。担当職務の法律や事業計画の知識。
		法務担当者であれば、大学の法学部卒業程度。

筆者作成

1-5-1 〈倫理〉

　先行研究では、〈倫理〉には〈内発の倫理〉と〈外発の倫理〉の存在を確認した。〈内発の倫理〉は、自治体内部の事情を優先する〈倫理〉であり、〈外発の倫理〉は、自治体外部から要求される〈倫理〉だった。

　地方自治法制定初期では、民主的な自治制度の確立を目指す〈倫理〉は1つだった。中央地方協調期になると、〈倫理〉は、国土の均衡ある発展のためには「住民の犠牲もやむなし」という公務観から発する〈内発の倫理〉と、住民の視点からの行政を求める〈外発の倫理〉の2つに分かれた。2つの〈倫理〉は、変動転換期まで拮抗した。しかし、行政需要移行期になると2つの〈倫理〉は再び一致した。理由は、①中央地方協調期から続いた高度経済成長の終焉　②多発する公害問題と住民意識の高まり　③生活水準の向上―が行政需要に大きな変化をもたらし、自治体に住民の視点からの行政を強く求めたからだった。

　西尾は、公務員の倫理を「公共感覚（パブリック・センス）」（西尾 1979 p.8）とした。それは、地域と行政サービスの全体像から生まれる平衡感覚と、それをもって住民の対立する利害や関心の調整統合にあたることだった。つまり、地方自治法制定初期に民主的な自治制度を目指した〈倫理〉は、戦後の歴史の中で2つに分かれながらも、西尾の示した公共感覚にもとづく〈倫理〉に収斂していったと言える。

　その後、第一次分権改革期では、地方制度の抜本的改革が行なわれた。その改革にともない自治体職員の能力開発は行政改革の1つのテーマになった。そこでは自治体職員に求められる個別の様々な能力が議論され提言された。しかし、〈倫理〉は示されることはなかった。

　現代の自治体の部長インタビューでは、「自治体職員の専門性とは何か」の問いに対し全員が〈倫理〉をあげた。第一次分権改革期には人的要素から消えた〈倫理〉は、その後10年を経て、現代の自治体職員によって自治体職員の思考の重要な要素として示された。理由は、政策実施の判断に自治体職員が深く関与することにあった。その判断の基準とは、住民の常識を基点とする平衡

感覚であり思考や行動の底流をなすものと言える。

1-5-2 〈専門的な知識や技術〉

　部長インタビューで示された〈専門的な知識や技術〉には、3つの観点があった。

　1つは、〈専門的な知識や技術〉に求められる水準だった。それは、外部の専門事業者と同程度の知識や修士課程修了程度の知識と思考能力だった。一般的に専門家とみなされる水準と言えた。住民の中には高度な知識や技術をもつ者がいる。また、住民同士の利害も様々となる。自治体職員が住民と協働する場合、住民の納得を得、それらを調整して1つの結論を導くには、専門家とみなされるような高い水準の〈専門的な知識や技術〉が求められることになる。

　2つは、先行研究では〈専門的な知識や技術〉の範囲を「各行政分野」「特定の行政領域や業務」としていた。また、時代が下るほど、〈専門的な知識や技術〉で示される能力は細分化されてきた。これらのことは現職の自治体職員へのアンケート調査でも変わることはなかった。加えて、いま確認したように、高い水準が要求された。しかし、インタビューでは、「技術系職員でも極端に専門を狭めて仕事をすることはない」と述べられた。つまり、〈専門的な知識や技術〉を、高度の水準をもってその範囲内だけで発揮するのではなく、他の行政分野の知識や人的要素との関係の中でいかすことが求められていた。

　3つは、〈専門的な知識や技術〉に関連して、自治体が蓄積すべき能力の低下が指摘された。自治体が蓄積すべき能力とは、「これは少しおかしいのではないか」という管理監督者としての《実態を見抜く能力》だった。しかし、この能力は知識と経験の積み重ねが必要であり、①その能力を育てるには時間とコストがかかること　②自治体職員にはある程度の幅のある能力が求められること－から、自治体は能力の蓄積について矛盾する問題を抱えていると言えた。

1-5-3 〈政策立案展開力〉

　武藤は、政策プロセスの実施は「連続性を重視する思考をもたらす」（武藤2003 p.47）と言う。部長インタビューでは、〈政策立案展開力〉に《物事を体系的に考えまとめる構想力》が示され、それを期待される職層の課長には、「目標や道筋を描いて、新たな発想や価値観を付け加え、目標を上回る成果を出すこと」が求められた。部長インタビューに物事の連続性を重視する思考がみられた。
　また、《自治体独自の法理論構築力》とあるように、政策プロセスの実施では、国や他の自治体とは異なる政策の独自性が意識されていた。
　《調整力》については、《外部調整力》と《内部調整力》が具体的に述べられ、それぞれに期待される職層も示された。ここでの《外部調整力》は、住民との合意形成を図るための調整であり課長に求められた。《内部調整力》は、他部署との調整であり係長に求められた。

1-5-4 〈基礎〉

　部長インタビューでは、①法律に関する知識　②職務遂行上必要とされる知識　③担当分野に関する知識—が示された。法律に関する知識は、一般的には専門的な知識と言えるが自治体職員にとっては基礎的な知識とされた。その水準は、例えば、法務担当職員であれば、採用時点では大学法学部卒業程度だった。

1-5-5 「専門性」

　定義した「専門性」に該当するものはなかった。

(2) 課長インタビュー

2-1　課長 E 氏

2-1-1　自治体の規模で異なる専門性の考え方

　まず、「自分自身の専門性は何か」の問いには、「ない。何でもやる」との答えだった。
　続けて、「以前であればシャープペンシルと電卓、現在ならばパソコンをもってすべての職場をまわる。従って、事務系職員は何でも」やり、「やりたい仕事とやれる仕事が必ずしも一致するわけではない」と言う。
　「一般的に自治体職員は専門性を高めるべき」と言われることについては、「東京都のような大組織であれば、土地の分野、福祉の分野といった形の異動は可能であろう。しかし、X区やそれより小さな規模の自治体では分野を決めて異動となればポストが1つしかないこともある。同じように、技術系の管理職（例えば、医療や土木建築）であれば、ポストは限られている。ポストの数より候補者の数の方が多ければ、技術系であっても事務系へというケースは往々にしてある。従って、その議論は自治体の規模によって違うのではないか」とする。
　しかし、X区の場合、「事務系であっても、都市計画に強い職員や福祉分野に強い職員、政策や財務に強い職員といったある分野に精通した人はいる」とし、加えて、「人事異動により、様々な仕事に携わるため、おのずと得意分野ができるのかもしれない」と述べる。
　「様々な部署に異動するが、どのように対応しているのか」との問いには、「異動して3日もすると、いかにも何でも知っているような顔をして仕事をするのが事務系職員の1つの能力。どの分野に移動してもそつなくこなす」と言う。しかし、「逆に、この道一筋でやってきて、人事異動で違う分野に配属されたとしても『お手あげ』にはならない」と続ける。その理由は、どこに異動しても「ベースのやり方がある」からだとする。

つまり、Aという分野、Bという分野はそれぞれ違うが、「仕事のベースとなる部分には共通するやり方」がある。例えば、X区であれば「X区の組織としてのやり方や作法」と言える。併せて、異動すれば人とのつながりも多くなり、その人間関係をいかして「ベースの上に、求められる知識をいかに加えていけるかが勝負」と述べる。

次に、「専門性が期待される職層」は、「係長」だった。政策立案の場合、「通常、係単位や班単位の課題が管理職に提言され、管理職はそれに対し意思決定」する。従って、「係長が日頃から職務での課題に関心をもって動いているかどうか」が重要だとする。

「人事異動」については、「チャレンジ、トライアル」の意味で肯定的だった。[113]

2-1-2 分析

まず、「自治体職員は専門性を高めるべきか」との質問に対し、自治体の規模によるとした。このことは部長インタビューでも述べられた。確かに、自治体は都道府県から市区町村に至り、基礎自治体でも政令指定都市に匹敵する規模がある。専門性の議論も自治体の規模によって、捉え方や考え方が変わることが考えられる。

次に、様々な部署に異動する中でも、職務を支障なく遂行できる理由が述べられた。それは、職務を2層構造と捉えているからだった。1つは、《X区としての職務遂行のやり方や作法》といったベースとなる層であり、2つは、それぞれの分野で求められる知識の層となる。つまり、〈基礎〉の上に〈専門的な知識や技術〉を積むことと言える。

人事異動については、得意分野の形成とチャレンジやトライアルの意味があった。しかし、幹部職員の人事異動は、先の人事異動のケーススタディで確

---

[113] E氏に対するインタビューは、筆者がX区で最初に行なったインタビューであり要領を得なかった。従って、表の項目を埋めるような質問ができなかった。このことはE氏に謝らねばならない。しかし、このインタビューでも有意義な応答を得た。

認したように平均3年に1度であり、今回のインタビュー対象者は、20年で10箇所以上の人事異動を経験[114]している者も少なくない。

　一般的には、このような頻繁な人事異動での得意分野の形成は難しいと考える。また、新しいことを覚えた頃に異動では、仕事への動機づけがうまくできるのかが懸念される。しかし、ここでは頻繁な人事異動の中でも、得意分野が形成され、「チャレンジ、トライアル」という動機づけが可能であるとしている。先の部長インタビューでも、頻繁な人事異動について能力の蓄積の観点での課題を指摘しつつも能力開発の意味では肯定的な受け止め方だった。つまり、能力開発の観点からは短所が多いと考えられる頻繁な人事異動が、逆にそれに貢献していることになる。いずれにしても、《異動して3日もすると何でも知っているような顔をして仕事をする能力》は、自治体職員にとって重要な能力と言える。

　専門性が期待される職層は、係長だった。理由は、彼らの問題意識が政策立案につながるためだった。部長インタビューでも、係長と主査に〈政策立案展開力〉が期待された。つまり、〈政策立案展開力〉が比較的早い時期から求められていることがわかる。先の研修制度のケーススタディでは、実際に職場で求められる能力と研修内容にずれがあることが確認された。従って、これらの指摘は、職員の能力開発について、どの時期に何を習得するのかということの手掛かりとなる。

　このインタビューでは、〈専門的な知識や技術〉〈基礎〉が示された。（表3-2-6）

---

[114] 主に採用時に事務系で入っている職員。

表 3-2-6　課長 E 氏

項目		概　要	職層	開発
専門性				
人的要素	倫理			
	知識技術	ある分野に精通する知識。		
	政策力		係長	
	基礎	X区としての職務遂行のやり方や作法。		
人事異動		得意分野が形成される。チャレンジ・トライアルの意味がある。		
変わった時期				
その他		・自身の専門性はない。 ・自治体職員の専門性の議論は、自治体の規模によって違ってくる。 ・自治体職員には《異動して3日もすると何でも知っている顔をして仕事をする能力》が重要。 ・仕事は〈基礎〉と〈専門的な知識や技術〉の2層構造であり、後者をいかに習得できるかが勝負となる。 ・事務系職員でも、ある分野に精通した人はいる。例えば、都市計画に強い職員、福祉分野に強い職員、政策や財務に強い職員など。 ・係長が問題意識をもって職務遂行しているかが政策立案には重要となる。		

筆者作成

2-2　課長F氏

2-2-1　組織として能力を蓄積することが重要

　まず、「自身の専門性」は、「都市計画」だった。

　続けて、「技術職として役所に入ったが学ぶことが多かった」と述べたうえで、「最初の配属部署に影響を受けたが、それは、フレッシュな時期は覚えようという意識があり、知識をどんどん吸収したからだ」とする。その後の人事異動では「様々な部署を経験したが、仕事の中で習得した個々の知識が総合され自分の得意分野が形成された」と言う。

　次に、「自治体職員の専門性とは何か」の問いには、「まちづくりや建築関係では、1級建築士や建築主事などの資格が必要であり、その資格にもとづく専門家集団になる。しかし、事務系でも資格をもたないながらも、経理畑とか職員畑といったある分野に精通した職員はいる」とする。加えて、そのような職員がいないと「地方の時代と言って、国から自治体に権限をおろそうとしても、また、自治体から国に対して権限をおろせおろせと言っても、それを受け入れる体制が作れない」と述べる。

　何々畑のような「専門性が期待される職層」は、「係長と主任主事」だが、特に「係長」だとする。理由は、「仕事を取り仕切るのは係長であり、係長が専門性に通じているかどうか」が、職務遂行で「非常に重要になる」からだ。併せて、「管理職は（技術系、事務系の）どこに異動するかわからないが、どこに異動してもマネジメントに重点がある」とする。

　「自治体が蓄積すべき能力」については、建築分野では「以前に比べて薄れている」と言う。理由は、人事異動の周期が早いことによる。加えて、①建築基準法が細かく複雑になってきていること　②従来の資格より高度な資格が求められること―から、本来であれば「専門的な知識はますます求められる」と指摘する。また、③資格を保有する職員が高齢化していること　④若い職員が資格を取りたがらないこと―から、将来、「職務に必要な資格保有者の割合が

少なくなる」とする。そして、「高度な資格がないと設計できないビルが建設される中で、そのような図面を役所に出されても、それに対応してチェックできる人がいなくなりつつある」と言う。このようなことは事務系にもあり、「専門性の位置づけを明確にして、それを蓄積していかなければ、民間を指導することは難しくなる」と述べる。

「能力開発」については、自身の経験から、研修、自己啓発、試験をあげた。まず、研修は、「整理された知識を体系的に習得できる」とする。自己啓発については、「最も重要」と言う。例えば、「自分の問題意識から専門書や判例を調べることで知識が習得」され、同時に、「自主的に調べながら仕事をすると、仕事を任されているという責任感も備わってくる」とする。試験は、主任主事試験と管理職試験では「相当勉強した」と話す。主任主事試験では、「公務員の基本知識の地方自治法、地方公務員法、区政全般」について、管理職試験では、「法律が対象であることから地方自治法」について「それぞれ1年は勉強した」と述べる。

最後に、「幹部職員になるためにはどのようにすればいいのか」の問いには、「公平な組織機構を作ること」だと言う。試験では計れない、「折衝能力やコミュニケーション能力」、「人物の徳や性格」をしっかり評価することが大切だとする。

2-2-2 分析

ここでは専門性が職種別に示された。1つは技術系職員の《資格》であり、2つは事務系職員の何々畑(なになにばた)と言われる《ある分野に精通する知識》だった。これらは、人的要素の〈専門的な知識や技術〉となる。

専門性が期待される職層は、係長と主任主事だった。特に係長は、「仕事を取り仕切る」立場から〈専門的な知識や技術〉は重要だった。なお、幹部職員に期待される能力は、《マネジメント能力》だった。

人事異動については、2つの指摘があった。1つは、肯定的な受け止め方として、人事異動で様々な部署を経験することにより、個々の知識が総合され得

意分野が形成されることだった。2つは、人事異動の周期が早く、職員の専門的な能力の低下が懸念されることだった。併せて、現実には資格保有者の高齢化やその数の減少が見込まれた。しかし、昨今の建築基準法や資格の動向から、職務遂行では職員の専門的な能力はますます重要になると言えた。事務系も同様であり、さらに専門的な能力が低下すれば、民間への指導が難しくなることが懸念された。このことは、自治体が蓄積すべき能力の低下でもあり、それは、地方分権の観点からも問題だった。従って、専門的な能力の重要性を明示し、蓄積する必要があるとした[115]。

自身の能力開発については、研修、自己啓発、試験の有効性をあげた。研修は知識の体系的な整理となり、自己啓発は知識の習得と責任感の醸成になった。試験は、職務遂行の〈基礎〉となる《地方自治法、地方公務員法、区政全般の知識》の習得に役立つとした。

最後に、幹部職員になるには、《折衝能力やコミュニケーション能力》などの対人関係の能力とともに《人徳や性格》も重要だとした。また、それらを評価する組織機構が求められた。《折衝能力やコミュニケーション能力》は〈政策立案展開力〉となるが、その中でも《調整力》と言える。

このインタビューでは、〈専門的な知識や技術〉〈政策立案展開力〉〈基礎〉が示された。(表3-2-7)

---

[115] A氏とF氏は、技術系職員から事務系管理職の経歴となる。両者のインタビューの共通点は次になる。1つは、技術系職員の〈専門的な知識や技術〉について、資格と具体的な技術（例えば、積算・測量・図面作成技術）から話していたことがある。つまり、技術系職員の場合、〈専門的な知識や技術〉の習得状況は客観的判断が可能ということになる。

2つは、この客観的判断から自治体が蓄積すべき能力の低下を指摘したことにある。具体的には、自治体の本来の役割である、民間を管理監督する能力の低下が懸念された。

3つは、人事異動について肯定的意見と否定的意見の双方が述べられたことと言える。肯定的意見は、様々な部署を経験することで、個別の知識が総合化され得意分野が形成されることだった。否定的意見は、自治体が蓄積するべき能力の低下にあった。

表 3-2-7　課長 F 氏

項目			概　要	職層	開発
専門性					
人的要素	倫理			係長・（主任主事）	研修・自己啓発・試験
	知識技術	技術系	資格。		
		事務系	ある分野の専門に精通する知識。		
	政策力		調整力（折衝能力やコミュニケーション能力）。	幹部職員	
	基礎		地方自治法、地方公務員法、区政全般の知識。		
人事異動			様々な部署を経験することで個々の知識が総合され得意分野が形成されることでは肯定的。 周期の早い人事異動は民間を指導する能力と地方分権の観点では否定的。		
変わった時期					
その他			・自身の専門性は都市計画。 ・専門的な能力の重要性を組織として明示し蓄積する必要がある。理由は、①法律や資格の観点から専門的な知識はますます要求されること　②資格保有者の高齢化や減少が見込まれること－から。 ・新入職員の時期は、覚えようという意識があり知識をどんどん吸収する。 ・管理職任用には、《対人関係の能力》や《人徳・性格》を評価することも必要。 ・幹部職員には《マネジメント能力》が期待される。係長は「仕事を取り仕切る」立場であり〈専門的な知識や技術〉が重要となる。		

筆者作成

2-3　課長 G 氏

2-3-1　職層によって異なる専門性の意味

　まず、「自分自身の専門性は何か」の問いには、「政策調整分野」との答えだった。
　続けて、「係長試験を受ける時期に専門性を意識するようになった。専門性が仕事の中で発揮されてくるのが係長くらいからだった」と言う。採用後の10年間は、「仕事と仕事、住民と住民が、どのようにつながっているのかを知る期間」だとする。次に、「実務の柱」の主任主事になると「将来の自分の専門性になりえる仕事がある」と述べる。そして、「もう1つ上の職層の係長の時期に専門性の素地ができる」とする。理由は、係長の時期には「一定の組織の管理監督」の役割が明確になる。その役割は、「各職員の能力をそれぞれの分野で発揮させつつも、チームの力として1つの仕事にまとめることであり、その積み重ねが専門性を養う」とする。
　また、課長以上の職層になると専門性の意味が違ってくると言う。なぜならば、課長以上は、「経営戦略といった、より広い視点から組織を管理監督するのであり、同じ管理監督でも係長の管理監督の立場とは違う」からだと述べる。課長の仕事の守備範囲は係長に比べて広く、①課相互の関係の理解　②住民のネットワークを考えながら現実的に物事を進める能力　③予測して先を分析する力―が求められると言う。
　次に、「一般的に自治体職員は専門性を高めるべき」と言われていることについては、X区規模の自治体では、「人事異動も特定の分野内だけというわけにはいかず難しい」としながらも、「対人関係のコミュニケーション能力や論理的思考に基づく説明能力は、どの分野でも求められる」とする。
　「部下に求める能力（この場合、係長）」については、法務分野であれば、まず、「条例・規則・要綱をその形成過程（どのような課題から立案され、形成過程にはどのような議論がされたのか）も含めて正しく理解すること」とする。

続けて、「それらを改正する場合、各所管での条例・規則・要綱が相互にどのように関係しているのかを理解し、改正が組織に与える影響を考えられることが極めて大切」だと述べる。加えて、住民との関係は「かつてとは大きく変わり、職員の意識としてはパートナーの関係になってきている。従って、わかりやすく説明する能力や、地域の実情にそった政策をスピード感をもって形にする能力、また、独自性も必要」だとする。

「能力開発」については、自身の経験から、「仕事から学ぶことと自己啓発であり、そこから自分なりのやり方を作っていくこと」が大切だと述べる。研修については、「上位職になるほど職場外研修はきっかけの部分が大きくなる」とした。ちなみに、政策形成に関しては職場研修、法務に関するものは自己啓発が有効だったとする。

「物事の見方や考え方が変わった時期」は、「機関委任事務の廃止、自治権拡充運動、都区制度改革、個別の政策や制度の変化、政治家首長の誕生」をあげた。

最後に、「幹部職員になるためにはどのようにすればいいのか」の問いには、自身については「上司に恵まれた」とする。「いい上司につけば多くのことを覚えられる。また、力のある上司は部下を引き上げる。優秀な上司が有能な部下を育てる連鎖があると思う。しかし、いい上司についたとしても自分に積極性がなければものにならない」と言う。

2-3-2　分析

ここでは、まず専門性の形成過程が述べられた。採用後の10年間を、組織内部の仕事相互の関係性と組織外部の住民同士の関係性を理解する時期とし、実務の柱となる主任主事の時期に、将来の専門性になりえる仕事に出会うとした。そして、係長の時期にその役割から専門性の素地ができるとした。

係長の役割とは、一定の組織の管理監督であり、具体的には、各職員の能力をチームの力としてまとめ、1つの形ある仕事として成果を出すことだった。つまり、係長の専門性とは、《係内の各職員の能力やそれぞれの職務を調整し成果に結び付ける能力》だと言える。それは経験を積み重ねることで形成され

た。加えて、《条例・規則・要綱の形成過程と相互関係を正しく理解する能力》も求められた。

しかし、課長以上の幹部職員の専門性は、係長のそれとは違った。理由は、幹部職員の役割が、経営戦略の観点から組織を管理監督することにあった。具体的には、先見性をもって、組織内、自治体と住民、住民同士を調整し成果を出すことだった。

職層や担当分野に関係なく求められる専門性は、《コミュニケーション能力》や《説明能力》だった。

これらの専門性は〈政策立案展開力〉と言える。なお、係長は組織内部を対象とする《内部調整力》が求められ、幹部職員には組織内部と組織外部を対象とする《内部調整力》と《外部調整力》が求められた。

能力開発については、G氏自身は自己啓発によった。加えて、職務遂行の中から自分なりの方法を作ることが大切だった。法律知識の習得は自己啓発を、政策形成に関しては職場研修を有効だとした。

物事の見方や考え方が変わった時期は、機関委任事務制度の廃止、自治権拡充運動、都区制度改革、個別の政策や制度の変化、政治家首長の誕生の時期だった。

最後に、幹部職員になるには、職務に対する積極的な取り組みが重要だった。このインタビューでは、〈政策立案展開力〉が示された。（表3-2-8）

表 3-2-8　課長 G 氏

項目		概　要	職層	開発
専門性				
人的要素	倫理			職務・自己啓発
	知識技術			
	政策力	先見性。 外部調整力（自治体と住民、住民同士などの調整）。 内部調整力（組織内の調整）。	幹部職員	
		内部調整力（係内の各職員の能力やそれぞれの仕事を調整し成果を出すこと）。条例・規則・要綱の形成過程と相互関係を正しく理解する能力。	係長	
		コミュニケーション能力と説明能力。	全職層	
	基礎			
人事異動				
変わった時期		機関委任事務の廃止、自治権拡充運動、都区制度改革、個別の政策や制度の変化、政治家首長の誕生。		
その他		・自身の専門性は政策調整分野。 ・採用後 10 年間は、仕事間、住民間のつながりを知る期間。主任主事の時期に将来の自分の専門性になる仕事に出会う。係長の時期に専門性の素地ができる。 ・主任主事の役割は実務の柱。 ・係長の役割は一定の組織の管理監督。従って、職員の能力を発揮させつつ、チームの力として 1 つの仕事にまとめ成果を出すこと。 ・X 区規模の自治体では、1 つの分野内だけの人事異動は難しい。		

筆者作成

2-4　課長 H 氏

2-4-1　説明能力／政策条例化能力／条例規則整備能力

まず、「自分自身の専門性は何か」の問いには、「ない」との答えだった。

続けて、「東京都であれば1つの局の中での異動が可能であり、そこで専門性が培われるかもしれない。区の場合は部署を超えて様々な仕事をしなければならず、専門性も必要だがジェネラリストとしての資質も求められる」と言う。

しかし、「住民のニーズをつかみやすい基礎自治体の職員であれば、どこの部署でも求められる能力がある」とする。1つは、住民の理解を得るための説明能力や資料作成能力だと言う。新規事業が増え、それを「住民参画で進めるには、区の考えや実施しようとすることに理解を得るのが重要になる」からだ。2つは、「政策を条例化までもっていける能力」と言う。具体的には、「現状の課題を把握し、解決するための効果的な政策を考え、最終的にそれを具現化する条例制定まで漕ぎつける能力」だとする。3つは、様々な資料から「条例や規則を整備する能力」だと述べる。

併せて、これらの能力が特に求められるのが「主査」だと言う。主査は、「係長を補佐する立場」だが、その立場から、「所属する課の全体像がわかり、なおかつ、基礎的なことはすでに習得している」ことから、「実務の中から政策を提言して成果をあげる動きができる」からだと述べる。

「能力開発」については、「仕事を若い人に任せる」ことが大切だとする。例えば、「東京都の職員と区の職員では、職層に対する役割が1職層ずれている」と言う。「東京都の主事クラスは区では係長クラス」であり、「東京都の係長クラスは、23区全体の施策を作っているという自負があり、区の課長と対等」に話す。このようなことをみると、「区は職層や年齢にとらわれ、『主任主事であればこのくらいでいい』という枠にはめすぎているのではないか」と述べる。

加えて、能力開発の時期として、「入庁して主査になるまでの期間は大事だが、特に、新人から5～6年の間は重要な時期」だと言う。自身の経験から、

「若い時期に特別区人事・厚生事務組合に派遣されたことが大きい」とする。「東京都や他の区から同世代の若い職員が集まり、仕事をしたことは刺激になった。相手と対等に話すには、自分も相手と同じ立場にいなければならない。そのために、早く昇任試験を受けたいと思った」と述べる。

「人事異動」ついては、肯定的だった。理由は、①様々な仕事の経験から視野が広がること ②立場が変わることで相手の立場が理解できバランス感覚が培われること ③専門性をみつける機会になること－だった。

「物事の見方や考え方が変わった時期」は、2000（平成12）年の都区制度改革であり、地方自治法の改正により、東京都の特別区が基礎自治体になった時期だと言う。「地方分権一括法が施行される大きな潮流の中で、特別区の位置づけが変わったことは大きな転機だった」とする。しかし、一般的に自治体の仕事が「窓口で定型的なことしかやっていない」という印象がまだ払拭されていないとも言う。

2-4-2 分析

ここでは、基礎自治体の職員であれば、どこの部署でも求められる能力が示された。1つは、住民参画を進める《説明能力》や《資料作成能力》だった。2つは、《政策を条例化までもっていける能力》であり、具体的には、①《課題把握力》 ②《政策立案力》 ③《条例策定力》－と言えた。3つは、様々な資料の中から《条例や規則を整備する能力》とされた。これらは〈政策立案展開力〉であり、その中でも《実務能力》と言える。

これらの能力を期待されるのが主査だった。理由は、主査は係長を補佐する立場であり、所属する課の全体をみて政策提言ができるからだった。

能力開発については、2つの観点が述べられた。1つは、自治体としての能力開発の考え方が、職層や年齢にとらわれすぎていることだった。2つは、基礎的な能力開発は入庁して主査になるまでの時期が適し、特に新人から5～6年の間が重要であった。

自身の能力開発については、若い時期の派遣が昇任試験を受ける動機となっ

ていた。

　人事異動の受けとめ方は肯定的だった。理由は、①視野が広がること　②バランス感覚が培われること　③専門性をみつける機会になること－だった。

　物事の見方や考え方が変わった時期は、2000（平成12）年の都区制度改革の時期だった。

　このインタビューでは、〈政策立案展開力〉が示された。（表3-2-9）

表3-2-9　課長H氏

項目		概　　要	職層	開発
専門性				
人的要素	倫理			人事異動（特に派遣）
	知識技術			
	政策力	実務能力（説明能力。資料作成能力。政策条例化能力（具体的には、①課題把握力　②政策立案力　③条例策定力）。条例・規則整備力（具体的には、①資料収集分析力））。	主査	
	基礎			
人事異動		①視野が広がる　②バランス感覚が培われる　③専門性をみつける機会になる－ことから肯定的。		
変わった時期		2000年（平成12）の都区制度改革の時期。		
その他		・自身の専門性はない。 ・区の場合は様々な仕事をすることからジェネラリストとしての資質も求められる。 ・主査は、係長を補佐する立場。その立場から、所属する課の全体像がわかり、なおかつ、基礎的なことはすでに習得していることから、実務の中から政策を提言して成果をあげる動きができる。 ・東京都と区では職員に対する役割が1職層ずれている。 ・能力開発について、区は職層や年齢にとらわれている。 ・入庁して5～6年が能力開発にとって重要な時期である。 ・自治体の仕事について「窓口で定型的なことしかやっていない」という印象が払拭されていない。		

筆者作成

2-5　課長I氏

2-5-1　物事を判断する思考のベクトル

　まず、「自分自身の専門性は何か」の問いには、「職歴から財政部門」との答えだった。
　次に、「自治体職員の専門性とは何か」に対しては、「3000人規模の組織では専門性というのは難しい」と言う。「基礎自治体は守備範囲が広」く、「いったん異動すると今までの経験が全く白紙になる。10箇所以上異動してきたが、同じ部署でも課が違えば全く違う」と述べる。従って、「どこに異動しても仕事の内容を理解し、職場に早く適応できる能力が最も求められる」とする。
　続けて、「係員は、定型的な仕事なので前任者と後任者の引き継ぎで仕事ができる」が、「係長のような監督者になるとそうはいかない」と言う。「組織目標を達成するために、どのように人を動かし、ヤル気を出させるか。いかに仕事を組み立てていくかというマネジメント能力が求められる」とする。そして、「マネジメント能力を軸として、そこに勉強して得た知識」を加える。また、課長以上では、それに「枝をつけていく」とする。
　しかし、どの仕事でも求められるのが、「法令に関する知識」であり、それは「自治体職員としての基礎的な能力」だと言う。併せて、「20年前と現在では自治体に期待されることは全く違う。従って、仕事を時代にあわせていく力、自分の見方を修正していく力が必要」だと述べる。
　また、「住民にとってためになるのかならないのかという思考のベクトル」が大切だとする。そして、「公務員としての考え方がはっきりしていないと、物事を判断することはできない」と続ける。その思考のベクトルは、「若い時期にしっかり身につけなければ、専門性を磨いたとしても期待通りの結果は出せない」と言う。加えて、「知識や技術はある程度時間をかければ何とかなるが、思考のベクトルは一度固まるとそれを方向転換させるのが難しい。30歳くらいまでに、仕事を通じてしっかり覚えることが肝心」と述べる。

「物事の見方や考え方が変わった時期」は、「自治体出身の首長から政治家の首長に変わった時期」だった。

「能力開発」については、自身の経験から「上司に学んだ。手本になる人が多かった」と言う。また、「自分で学べないことは職場外研修がいいのではないか」とする。併せて、「定型的な仕事の中でも、少しずつ責任をもたせてもらうことが大切であり、その意味では、係長が上司としてしっかりしている必要がある」と述べる。

「人事異動」については、「適正までみつけられるかどうか」としながらも肯定的だった。

2-5-2 分析

ここでは求められる能力が2つの観点で述べられた。1つは、職層に求められる能力であり、係長以上には《マネジメント能力》が求められた。特に、係長のそれは、①《人を動かしヤル気を出させる能力》 ②《仕事を組み立てる能力》だった。2つは、どの仕事でも求められる能力だった。具体的には、③《どこに異動しても仕事の内容を理解し職場に早く適応できる能力》 ④《法律知識》 ⑤《仕事を時代にあわせていく能力》 ⑥《自分の見方を修正していく能力》－だった。また、⑦《住民にとってためになるのかならないのかという思考のベクトル》も求められた。①は、人事管理に関する能力であり〈専門的な知識や技術〉となる。②は、政策プロセスの実施に必要な能力であり〈政策立案展開力〉と言える。③④は、自治体職員としての基本的な能力といえ〈基礎〉に分類できる。⑤⑥⑦は、判断や行動の根拠となる能力であり〈倫理〉となる。

〈倫理〉で示された、《仕事を時代にあわせていく能力》《自分の見方を修正していく能力》は、「20年前と現在では自治体に期待されることが全く違う」ことによった。先行研究では、〈倫理〉が時代により変化したことを確認したが、このインタビューではそのことが実感として述べられた。また、先のD氏では、自治体職員の常識が住民の常識と同じ水準にないと正しい判断ができないとしていた。このことからすれば、ここで示された能力は自治体職員にとって重要

な能力と言える。

　《住民にとってためになるのかならないのかという思考のベクトル》は、「30歳くらいまで」に醸成されることが必要だった。つまり、最初の昇任試験の主任主事昇任選考を受ける頃となる。先のH氏は、能力開発の時期として新人から5～6年の間が特に重要だとした。E氏は、《X区としての職務遂行のやり方や作法》が仕事の〈基礎〉だと述べた。このことから、主任主事昇任前には、X区職員の判断や行動の基盤となる〈倫理〉と〈基礎〉を身につけることが求められると言える。

　物事の見方や考え方が変わった時期は、自治体出身の首長から政治家の首長に変わった時期だった。人事異動については、肯定的だった。なお、ここでも自治体の規模と専門性の関係性が言われた。

　このインタビューでは、〈倫理〉〈専門的な知識や技術〉〈政策立案展開力〉〈基礎〉が示された。（表3-2-10）

表 3-2-10　課長 I 氏

項目		概　　要	職層	開発
専門性				
人的要素	倫理	住民にとってためになるのかならないのかという思考のベクトル。仕事を時代にあわせていく能力。自分の見方を修正していく能力。	全職員	自己啓発・職場外研修
	知識技術	マネジメント能力（ここでは、人事管理能力であり人を動かしヤル気を出させる能力）。	係長	
	政策力	仕事を組み立てる能力。	係長	
	基礎	どこに異動しても仕事の内容を理解し職場に早く適応できる能力。 法律知識。	全職員	
人事異動		肯定的。		
変わった時期		政治家首長に変わった時期。		
その他		・自身の専門性は財政。 ・3000人規模の自治体では専門性というのは難しい。 ・基礎自治体は守備範囲が広い。従って、異動すると今までの経験が全く白紙となる。同じ部署でも課が違えば全く違う。 ・係長以上には《マネジメント能力》が求められる。 ・《思考のベクトル》がなければ専門性を磨いても期待通りの結果が出せない。また、《思考のベクトル》は30歳くらいまでに、仕事を通じてしっかり覚えることが肝心。		

筆者作成

2-6　課長 J 氏

2-6-1　最適な解を導き出す専門家

　まず、「自分自身の専門性は何か」の問いには、「情報システム」との答えだった。
　続けて、「区役所に入ってから 10 年間携わった分野であり、現在は違う分野にいるが、いまだに未練があり情報政策をもう一度やってみたい」と言う。
　次に、「自治体職員の専門性とは何か」と問うと、「専門性とは誰からみて専門性があるか」だとする。技術系職員の場合は、「医者であれば医療業務の専門家であり、土木技術者であれば造園の専門家」となる。従って、「造園ならば、住民からみても私からみても『○○課長は造園の専門家』」になる。事務系職員の場合は、「住民からみた場合、『○○課長は、役所の課長で、様々な人から話を聞いて、それを 1 つの政策や方向にまとめる専門家』」になる。しかし、住民の意見を一方的に聞くだけではなく、「我々の主張も展開して、最適な解を導き出す専門家」だと述べる。
　「技術系職員の専門性は住民からみてわかりやすいが、事務系職員のそれはわかりにくいのではないか」との問いには、事務系職員でも「強い分野がある」と言う。それは、人事異動の中で「その分野に長く、あるいは、仕事に対し積極的に取り組むことで形成される」とする。特に、「主任主事の時期にそれを意識することが大切であり、強い分野をもって課長になり、部長になれば、物事を全体としてみることができる」と言う。そして、「強い分野があって、その上に自治体職員としての経験を積みあげている人は結構いる」とする。J 氏の場合は、係長になる前に強い分野ができ、それが「情報システムだった」と述べる。
　しかし、強い分野も、「常に住民を原点とする思考の上に築かれるものであり、そのような思考は職層に関係なく全ての職員がもたなければならない」とする。
　「現在、自治体職員に最も必要とされる能力は何か」と問うと、「自治体の役割、

公務員が担う核となる役割は何か」と自問しながら、「思い考えること、めぐらすこと。今何が必要か、どういう政策を生み出せるか、住民との議論をどのように1つの方向に結びつけていけるのかということ」だとする。それは、「これまでのような前例踏襲のやり方では住民の理解が得られない時代に求められる能力」であり、「この核となる役割に従事し、それを支えられる職員が公務員」だと言う。

「自治体が蓄積すべき能力」については、「情報システムの部門でも、福祉や建築の部門でもそれは弱くなっている」とする。特に、「民間を指導する部署では、様々な住民や業者と接することから、専門的な知識がなければ当然できない。また、そういう専門分野を委託することは考えられない」と言う。そのような分野の委託を、「法律や権限の問題として捉えるならば、単に『それは民間に委託できませんよね』という狭い話」になる。しかし、「自治体が正に責任をもたなければならないのが指導行政であり、従って、自治体として専門家を育成し、その能力を組織として蓄積しなければならない」とする。

加えて、この専門家も「単に技術や知識の専門家」ではないと言う。例えば、建築の専門家であれば1級建築士になる。しかし、「自治体職員としての建築の専門家とは、公務員が担う役割の中で、1級建築士としての知識をいかすこと」だとする。

「人事異動」については次のように述べる。「新入職員の育成の観点からすれば、3年間同じ部署にいれば一通りのことは覚えられる。しかし、いろいろな部署を異動して経験を積ませるのがいいと思える職員と、1つのことに集中してこだわって仕事を覚えさせることがいいと思える職員がいる。それを画一的に異動させるのはもったいない感じがする」と言う。しかし、いずれにしても「管理職が職員の特性をきちんと見極められるかどうか、そして、人事計画やキャリアプランを立てられるかどうか」にかかっているとする。

「人事異動と能力開発の関係性」について問うと、「異動でその課に赴任したら、その日からそのプロにならないといけない」と言う。異動した翌日に「○○についての見解をお聞きしたい」と住民に問われても、それに答えなければならず、それができるのが「公務員が公務員たるゆえん」だと述べる。それには、

「基本的な知識」に専門的な知識を「うまく付け加えること」であり、まず「異動先の部署の基本計画や条例を全部読む」ことから始まるとする。そして、「そのような基本的な知識があれば、専門的な知識はどんどん頭に入ってくるのであり、細かいことまでわからなくても新しい仕事をスタートすることができる」と言う。

「能力開発」については、自身の経験から「仕事をしていて自治体の意思決定や予算の策定に携わりたいと思った」ことが、能力開発の動機だったとする。「そのためには勉強しなければならず、そうしているといつ管理職試験を受けられるのかということを考えるようになった」と言う。「自分だけでは習得できない知識」については、研修の機会を活用したと述べる。

「物事の見方や考え方が変わった時期」については、「自治体出身の首長から政治家の首長に変わった時期」であり、「意識から何からガラリと変わった」としている。

最後に、「幹部職員になるにはどのようにすればいいのか」の問いには、「私の場合には上司に恵まれた」との答えだった。

2-6-2　分析

ここでは、専門性を住民からみた自治体職員の役割として捉えていた。それは、《様々な問題に対し最適な解を導き出す専門家》と表現された。そして、その専門性は、《日頃から政策について思いをめぐらし考え、住民と議論する中から、1つの方向性を見いだすこと》だった。それは、《従来の前例踏襲を重んずる行政では住民の理解が得られない時代に求められる能力》でもあった。加えて、自治体職員とは、この役割に従事し、それを支えられる人であり、自治体職員がもつ様々な知識や技術は、この役割の中でいかされることに意味があった。ここで示された専門性は、本書で定義する「専門性」と言える。

次に、〈専門的な知識や技術〉は、技術系職員であれば《資格の取得》、事務系職員の場合は、長年従事し、あるいは、積極的に取り組んでくることで形成される強い分野だった。つまり、《ある分野に精通する知識》と言える。それは、

主任主事の時期に意識することで形成され、それ以後の職務遂行の基盤となった。その基盤の上に様々な経験を積むことで物事を幅広く捉え、考えることができる。

〈基礎〉は、《所属する部署の基本計画や条例の知識》だった。この〈基礎〉に、〈専門的な知識や技術〉が加わることによって、頻繁な人事異動の中でも新たな仕事を円滑に進めることができた。

しかし、〈専門的な知識や技術〉〈基礎〉も〈倫理〉の上に築かれるものだった。〈倫理〉は、《常に住民を原点とする思考》であり全職員に求められた。

自治体が蓄積すべき能力の低下は、ここでも民間を管理監督する立場から懸念された。理由は、民間を管理監督する指導行政が、正に自治体が責任をもつべき行政と考えるからだった。従って、自治体としてその専門家の育成と組織としての能力の蓄積が求められた。

人事異動については、特に、新入職員の場合の画一的な異動に対し問題提起があった。併せて、幹部職員の人材育成に対する意識が重要であることも指摘された。

自身の能力開発の動機は、自治体の意思決定や予算の策定に関する強い関心からだった。具体的な能力開発は、自己啓発と研修によった。

物事の見方や考え方が変わった時期は、政治家の首長の誕生の時期だった。

このインタビューでは、「専門性」〈倫理〉〈専門的な知識や技術〉〈基礎〉が示された。（表3-2-11）

表 3-2-11　課長 J 氏

項目			概　要	職層	開発
専門性			様々な問題に対し最適な解を導き出す専門家。日頃から政策について思いをめぐらし考え、住民と議論する中から、1つの方向性を見いだすこと。		
人的要素	倫理		常に住民を原点とする思考。	全職員	自己啓発・研修
	知識技術	技術系	資格。		
		事務系	ある分野に精通する知識。		
	政策力				
	基礎		所属部署の基本計画や条例の知識。	全職員	
人事異動			1つの分野に長ければ強い分野は形成される。しかし、画一的なルールで全員を異動させることについては疑問である。		
変わった時期			自治体出身の首長から政治家の首長に変わった時期（意識から何からガラリと変わった）。		
その他			・自身の専門性は情報システム。 ・強い分野は主任主事の時期に意識することで形成される。それは職務遂行の基盤となる。 ・専門性の議論では、誰からみて専門性があるかということが重要。 ・異動した日から担当する分野のプロになることが「公務員が公務員たるゆえん」。 ・自治体職員としての専門家とは、その役割の中で専門的な知識がいかされること。 ・行政指導には責任が伴う。その観点から専門家を育成し組織として能力を蓄積しなければならない。		

筆者作成

（3） 部長／課長インタビューによる人的要素

3-1　考え方や行動の根拠となる〈倫理〉

　部長と課長が示した〈倫理〉は表 3-2-12 となる。
　部長インタビューでは、〈倫理〉が自治体職員の思考や行動の底流となっていることを確認した。なぜならば、政策実施の判断に自治体職員が深く関与するからだった。そして、その判断基準とは、住民の常識を基点とする平衡感覚と言えた。課長インタビューで示された〈倫理〉も、部長インタビュー同様に、自治体職員の思考や行動の原点が住民であることが述べられた。また、〈倫理〉が、全職員に早い時期から求められることがインタビューからわかった。
　しかし、部長と課長を比較すると、〈倫理〉を示した件数に違いがみられた。部長インタビューでは全員が〈倫理〉について述べたのに対し、課長では 2 人だった。
　先行研究の中で加藤は、自治体職員が担う機能を「社会的代表機能」「政策形成機能」「行政執行機能」とした。社会的代表機能は、他の自治体や国に対し、当該地域の利害を代弁することだった。政策形成機能は、対立する利害関

表 3-2-12　部長／課長が示した〈倫理〉

	概　要
部長	バランス感覚（法律を適用する際の柔軟で的確な判断能力。先を見通す目とそれを把握する能力）。
	住民の幸せに対する思い。
	住民にとって何がいいのかという思考。
	スペシャリストをベースとした常識人（具体的には、住民、公務員、X 区職員としての常識があること）。
課長	住民にとってためになるのかならないのかという思考のベクトル。仕事を時代にあわせていく能力。自分の見方を修正していく能力。
	常に住民を原点とする思考。

筆者作成

係を調整し、自治体の基本方針や各部門の戦略を策定することであり、行政執行機能は、法律、条例、予算、行政計画などにそった職務遂行を指した。この３つの機能は、職層により次のように分割分有された。部長は主に社会的代表機能を担い、課長では３つの機能が同様のウエイトとなり、係長は行政執行機能が大きくなった。

　これら機能と〈倫理〉〈専門的な知識や技術〉〈政策立案展開力〉の関係性をみると、社会的代表機能を果たそうとすれば〈倫理〉が最も重要となり、政策形成機能には〈政策立案展開力〉が求められ、行政執行機能は〈専門的な知識や技術〉が必要となった。

　つまり、〈倫理〉は全職員に早期から求められる能力ではあるが、職務遂行上、最も求められる職層が部長以上の職層であり、彼らがどのような〈倫理〉を発揮するかが、自治体にとっても住民にとっても極めて重要だと言える。

　従って、部長は職務遂行の中で数々の判断を求められることから日常的に〈倫理〉を意識していると言え、それが部長と課長の違いになったと考えられる。なお、課長インタビューでも〈倫理〉を示した職員は、やはり課長の経験が長い職員だった。

　〈倫理〉については、併せて、時代の要請にともない変化することを確認した。このことは、自治体職員の能力開発での重要な要件と言える。

3-2 〈専門的な知識や技術〉と自治体が蓄積すべき能力

部長と課長が示した〈専門的な知識や技術〉は表 3-2-13 となる。

表 3-2-13　部長／課長が示した〈専門的な知識や技術〉

		概　要
部長		資格。専門的な技術（例えば、積算・測量・図面作成技術）。実態を見抜く能力。
		外部の専門事業者と同程度の知識（例えば、システム事業者と交渉できる知識）。
		法務担当者であれば、修士課程修了程度の体系的知識と思考能力。
課長	技術系	資格。
	事務系	ある分野に精通する知識。
	係　長	マネジメント能力（ここでは、人事管理能力であり人を動かしヤル気を出させる能力）。

筆者作成

　まず、部長は、〈専門的な知識や技術〉についてその水準を述べた。それは、一般的に専門家とみなされる水準だった。これに対し、課長は、〈専門的な知識や技術〉の幅と個別の能力を述べた。この違いは、先に確認した部長と課長の機能からくると言える。つまり、部長は、常に判断を求められる立場であり、そのことから〈専門的な知識や技術〉の質を重視する。課長は、政策形成を担うため、より多くの情報が必要となり、各職員が〈専門的な知識や技術〉をどの程度保有しているのかという量や個別の能力に関心が向いているためだと考えられる。

　２つは、資格取得や得意分野・専門分野のような専門家とみなされる知識や技術を指す〈専門的な知識や技術〉と、組織や人の《マネジメント力》を言う〈専門的な知識や技術〉が示された。そして、専門家とみなされる〈専門的な知識や技術〉は、主に主査や係長に期待され、《マネジメント力》は、係長、課長、部長に求められた。さらに、係長の《マネジメント力》は、人を動かしヤル気を出させる《マネジメント力》であり、課長と部長のそれは、組織全体を管理監督する《マネジメント力》だった。（表 3-2-14）

表 3-2-14 各職層に求められる〈専門的な知識や技術〉

		概　要
部長	マネジメント力	担当する組織全体のマネジメント。
課長		
係長		人を動かしヤル気を出させること。
主査	資格・得意分野・専門分野	専門家とみなされる〈専門的な知識や技術〉の習得。

筆者作成

　3つは、〈専門的な知識や技術〉は、他の分野や人的要素との関係の中でいかすことが強調された。

　4つは、〈専門的な知識や技術〉に関連して、自治体が蓄積すべき能力の低下が指摘された。(表3-2-15) この指摘は、技術系出身者と事務系でも情報システム分野に長い幹部職員によった。彼らに共通することは、1つは、技術系職員の専門性の習得状況を、資格や具体的な技術（例えば、積算、測量、図面作成技術）から客観的な判断が可能だとしていた。2つは、この客観的判断から自治体が蓄積すべき能力の低下を指摘した。3つは、自治体が蓄積すべき能力の低下は、自治体の民間を指導する能力の低下を意味した。

表 3-2-15 部長／課長が示した自治体が専門的な能力を蓄積すべき理由と課題

	概　要
部長	自治体の専門的な能力の低下は、管理監督者としての実態を見抜く能力の低下を意味する。
課長	専門的な能力の重要性を組織として明示し蓄積する必要がある。理由は、①法律や資格の観点から専門的な知識はますます要求されること　②資格保有者の高齢化や減少が見込まれること－から。
	行政指導には責任が伴う。その観点から専門家を育成し組織として能力を蓄積しなければならない。

筆者作成

自治体の専門的能力の蓄積については、財政との関係から費用対効果の観点での議論がある。しかし、これを費用対効果の観点のみで考えるならば、インタビューでJ氏が述べたように外部委託ができるかできないかの問題となる。しかし、この問題の本質は、自治体の特性である権力性や独占性と切り離して考えられないことにある。つまり、権限を行使される住民や事業者にとっても重大な意味をもつと言える。自治体が蓄積すべき能力については、自治体の特性や機能からの議論が求められる。

3-3　幹部職員、係長、主査の総合力としての〈政策立案展開力〉

　部長と課長が示した〈政策立案展開力〉は表3-2-16となる。

表3-2-16　部長／課長が示した〈政策立案展開力〉

	概　要
部長	横断的な興味関心から得た知識（例えば、諸外国の政策、担当職務に直接関係ない分野の知識）。物事を体系的に考えまとめる構想力。新しい価値を生み出す創造力。外部調整力（政策に関し住民との合意形成を図るために自治体の誠意を伝え信頼を得ること）。
部長	有用な情報の収集力。組織の観点からの改善提案力。自治体独自の法理論構築力。内部調整力（他の部署と折り合いをつけながら職務遂行できること）。
部長	様々な情報（例えば、地域の特性や住民感情、議会・他自治体・国の動向、過去の判例など）からの企画立案力。
課長	調整力（折衝能力やコミュニケーション能力）。
課長	先見性。外部調整力（自治体と住民、住民同士などの調整）。内部調整力（組織内の調整）。
課長	内部調整力（係内の各職員の能力やそれぞれの仕事を調整し成果を出すこと）。条例・規則・要綱の形成過程と相互関係を正しく理解する能力。
課長	コミュニケーション能力と説明能力。
課長	実務能力（説明能力。資料作成能力。政策条例化能力（具体的には、①課題把握力　②政策立案力　③条例策定力）。条例・規則整備力（具体的には、①資料収集分析力））。
課長	仕事を組み立てる能力。

筆者作成

まず、〈政策立案展開力〉は、他の人的要素に比べ多く示された。部長、課長ともに関心が高いことがわかる。

次に、インタビューでは、①自治体独自の政策策定　②地域の課題からの政策立案　③政策プロセスの重視―が確認できた。

また、各職層に求められる能力が具体的に示された。示された能力を職層別にまとめたものが、表 3-2-17 になる。主に〈政策立案展開力〉が求められる

表 3-2-17　各職層に求められる〈政策立案展開力〉

職層			概　要
部長／課長	政策展開力	外部調整力	自治体と自治体外部との調整。具体的には、自治体と住民、事業者、議会の間で合意形成を図ること。
		内部調整力	自治体内部の調整。例えば、部門間調整、条例・規則間の調整、予算折衝や人材確保のための調整、また、相手の立場に配慮しながら調整すること。
		その他	新規性や独自性の発揮。
係長	政策立案力	内部調整力	部署間の調整。各職員の能力をいかし、それらをチームの力として結集し、1つの形ある仕事としてまとめていけること。そのためには、仕事を組み立てるマネジメント能力やコミュニケーション能力（どのように人を動かしヤル気を出させるか）、部下育成能力が求められる。
		課題解決力	条例・規則・要綱の相互の関係性についての理解能力、コミュニケーション能力、論理的思考による説明能力、地域の実情に沿ってスピード感をもって政策立案する能力が求められる。
主査	実務力	説明能力	物事をわかりやすく説明すること。
		資料作成能力	視覚的でわかりやすい資料を作成できること。
		条例化能力	現状の課題を把握し効果的な解決策を考えること。解決策を条例制定までもっていける一連の実務知識と技術を習得していること。
		条例・規則整備能力	様々な資料を集め分析し、それにもとづいて必要な条例・規則を整備できること。

筆者作成

職層は、幹部職員（部長／課長）、係長、主査だった。そして、幹部職員には《政策展開力》が、係長には《政策立案力》が、主査には《実務力》が求められていることがわかった。〈政策立案展開力〉の定義の政策プロセスの実施からすれば、幹部職員は政策プロセスの⑤から⑧を担い、係長は④を、主査は、①から③を主に任されると言える。

〈政策立案展開力〉の定義

定　義
問題解決のための方法やその行動計画を作ること。 政策プロセスの実施（①問題の発見　②公共的問題の選択　③問題解決手法の追求　④組織内調整　⑤決定＝合意形成の社会過程　⑥執行　⑦評価　⑧フィードバック）。

筆者作成

　加えて、〈政策立案展開力〉は大きく《調整力》と《実務力》に分かれた。《調整力》は、係長以上の職層に求められる《外部調整力》《内部調整力》であり、《実務力》は、係長の《課題解決力》と主査の《実務力》だった。従って、係長は《調整力》（この場合《内部調整力》）と《実務力》の両方を求められることから、政策形成過程で重要な役割を担っていると言える。この係長を補佐するのが主査となる。つまり、〈政策立案展開力〉は、幹部職員、係長、主査の各能力の総合力と言える。従って、〈政策立案展開力〉を支える能力は主査になる前までに形成されることが求められる。

3-4　職務遂行の慣習や方法の〈基礎〉

　部長インタビューでは、法律知識、職務遂行上必要とされる知識、担当分野に関する知識が示された。課長インタビューでも同様のことが述べられたが、次のことが強調された。1つは、頻繁な人事異動の中で職務を支障なく遂行する要因が〈基礎〉にあった。それは、自治体独自の職務遂行の慣習や方法であり全職員が共有する能力だった。2つは、これら〈基礎〉の上に、様々な能力が積み重なることで得意分野や専門分野が形成された。3つは、〈基礎〉の形成には、新入職員として入庁してから5～6年の間が重要だった。（表3-2-18）

表 3-2-18　部長／課長が示した〈基礎〉

	概　要
部長	担当職務の法律知識。法律知識を実務にいかす能力。
	担当分野の基礎知識。他の自治体の先進事例の知識。担当職務の法律や事業計画の知識。
	法務担当者であれば、大学の法学部卒業程度。
課長	X区としての職務遂行のやり方や作法。
	地方自治法、地方公務員法、区政全般の知識。
	どこに異動しても仕事の内容を理解し職場に早く適応できる能力。法律知識。
	所属部署の基本計画や条例の知識。

筆者作成

（4）　人的要素と能力開発の関係性

4-1　各職層に求められる人的要素

　部長と課長が示した人的要素が期待される職層は、表 3-2-19 になる。ここでは、A氏からJ氏が示した職層を全て○と△で表記した。従って、○と△の数が多ければ、その人的要素を期待する部長や課長が多いことになる。また、表 3-2-20 では、各職層の立場や役割として述べたことをまとめた。

　まず、部長には、4つの人的要素の中の〈倫理〉が最も求められた。社会的代表機能を担う部長には〈倫理〉が重要になることをすでに確認している。

　次に、課長には、〈倫理〉と〈政策立案展開力〉が多く求められた。表 3-2-20 では、課長の役割は、部長と同様に組織のマネジメント、人材の活用、調整であるが、その他に「目標や道筋を描き新たな発想や価値観を加え目標を上回る成果を出すこと」が期待される。つまり、立案された政策に新規性や独自性を加えながら発展させ成果を出すことが求められる。

　係長は実務のリーダーの立場となる。従って、チームの力を結集して職務の改善発展や政策立案が期待される。従って、〈倫理〉〈専門的な知識や技術〉〈政策立案展開力〉が要求される。

　主査は、実務実践の中核となる。従って、〈基礎〉のさらなる習熟と政策を

具現化する条例制定にかかわる一連の事務知識と技術、加えて、実務からの政策提言が期待される。

　主任主事は実務の実践者であり、自治体職員としての〈倫理〉〈基礎〉の習得とその発揮が求められる。

表 3-2-19　人的要素が期待される職層

	部長	課長	係長	主査	主任主事	合計
倫理	○△△	○○△△	○△△	○○△△	○△△	17
知識技術		○	○△△	○	△	6
政策力	△△	○○△△	○△△△	○△△	△	14
基礎	△△	△△	△△	○△△	△△	11

＊部長は○、課長は△とした。　　　　　　　　　　　　　　　　　　　　筆者作成

表 3-2-20　各職層の立場や役割

	立場や役割
部　　長	組織のマネジメント。人材の活用（職員の専門性をいかす）。調整（自治体内外の合意形成を図る）。 倫理の実践。
課　　長	組織のマネジメント。人材の活用（職員の専門性をいかす）。調整（自治体内外の合意形成を図る）。目標や道筋を描き新たな発想や価値観を加え目標を上回る成果を出すこと。
係　　長	一定の組織の管理監督者として仕事を取り仕切る立場。従って、〈専門的な知識や技術〉が重要となる。 部下を率いる実務のリーダー（具体的には、①専門知識や技術をベースとしながら内部調整しつつ職務を発展させる先頭　②職員の能力を発揮させ、それをチームの力として1つにまとめ成果を出すこと）。 政策立案。
主　　査	担当職務について矢面に立って仕事をする立場であり実務実践の中核。 担当職務に関する法律を熟知しそれを実務にいかす役割。従って、〈基礎〉を深める必要がある。 また、条例制定にかかわる一連の事務知識と技術、併せて、政策提言が期待される。
主任主事	実務の実践者。

筆者作成

4-2　人的要素と能力開発の時期

以上から、人的要素と能力開発の時期を示すと表3-2-21になる。まず、新入職員から主任主事までの間は、自治体職員としての思考や行動の根拠となる〈倫理〉と、基本的な職務遂行の知識や技術、慣習といった〈基礎〉の習得時期となる。

主査には、すでに習得した〈基礎〉を深めることが要求される。同時に、得意分野や専門分野を形成する時期に入ることから、〈専門的な知識や技術〉の習得に努めなければならない。政策形成では、それにかかわる一連の実務知識や技術の習得が求められる。具体的には、《実務力》の《説明能力》《資料作成能力》《条例化能力》《条例・規則整備能力》となる。また、実務の中から政策提言をしなければならない。

係長は、一定の組織の管理監督者であり、上司を補佐し部下を率いる。従って、さらに〈専門的な知識や技術〉を向上させる時期となる。政策形成では、政策の提言を具体的な形として立案することが求められる。そのため〈政策立案力〉の養成が求められる。具体的には、《実務力》としての《課題解決力》と、《調整力》としての《内部調整力》になる。

課長は、すでに習得してきた能力を総合化する時期となる。同時に自治体全体、部、課を視野に入れた《マネジメント力》が求められる。従って、組織マネジメントに関する〈専門的な知識や技術〉の深化が求められる。また、立案された政策を実現するための〈政策展開力〉の習得と強化が期待される。加えて、新規性や独自性が要求されるため知見を広げる必要がある。

部長は、人的要素の総合力の発揮が求められる。特に、様々な判断を求められるため、自治体の〈倫理〉の社会性を常に確認しなけれなならない。併せて、その実践者として実行する責任をもつ。

表 3-2-21　人的要素と能力開発の時期

	人的要素と能力				概　要
部　　長	総合力の発揮				＜倫理＞の実践者としての責任をもつ。
課　　長	〈専門的な知識や技術〉	マネジメント力	政策展開力	外部調整力	組織管理者としての行動。
					習得してきた能力の総合化。
				内部調整力	新規性や独自性の発揮。
係　　長		資格、得意分野、専門分野	〈政策立案展開力〉 政策立案力	内部調整力	一定の組織の管理監督者としての行動。
					＜専門的な知識や技術＞の深化。
				課題解決力	政策立案力の習得と強化。
主　　査				実務力 説明能力	実務実践の中核としての行動。
				資料作成能力	＜基礎＞の深化。得意分野や専門分野の形成。
				条例化能力	一連の実務知識や技術の習得。
				条例・規則整備能力	実務からの政策提言。
主任主事	＜基　　礎＞				職務遂行の基本的な知識や技術、慣習の習得。
新入職員	＜倫　　理＞				自治体職員の思考や行動の根拠の理解と習得。

筆者作成

4-3 能力開発の柱と重要なテーマとしての〈倫理〉

インタビューでは、応答者がどのような方法と動機で能力開発に取り組んできたかを聞いた。それに対応する質問項目は、「⑦能力開発について」「⑧人事異動についてどのように考えているのか」「⑨自治体職員として物事の見方や考え方が変わった時期」「⑩幹部職員になるためにはどのようにすればいいのか」になる。

まず、能力開発の質問では、自己啓発、職場外研修、試験、人事異動の有効性が述べられた。(表3-2-22) 中でも自己啓発の重要性を示す者が多かった。職場外研修は、自習だけでは習得できない知識や技術の習得に活用していた。従って、職場外研修は、自己啓発の範疇に入る。試験は、具体的には管理職選考試験と主任主事昇任試験だが、受験までに「相当勉強した」とあり、自己啓発が助長されていた。併せて、試験は、自らの職業や役割を考える機会にもなった。なお、「幹部職員になるためにはどのようにすればいいのか」への応答でも、自己啓発と職務への積極的な姿勢が述べられた。(表3-2-23)

表 3-2-22　能力開発

自己啓発	職場外研修	試　験	人事異動
○○△△△△	△△△	○△	○△

* ○は部長、△は課長を示す。○△の数が有効と答えた人の数。　　　　筆者作成

表 3-2-23　幹部職員になるためにはどのようにすればいいのか

人に恵まれ、チャンスを与えられたときに、のほほんとすごすか、負けまいと勉強するか。必要に迫られて勉強すること。
直面する仕事に真正面からぶつかること。相手の話を聞き、資料を読み、自分なりに考える過程が重要。
折衝能力やコミュニケーション能力。人物の徳や性格。
いい上司につけば多くのことを覚えられる。また、力のある上司は部下を引き上げる。優秀な上司が有能な部下を育てる連鎖があると思う。しかし、いい上司についたとしても自分に積極性がなければものにならない。
上司に恵まれた。

筆者作成

人事異動については、自治体としての能力の蓄積の観点では課題があるとしながらも、個々の職員の能力開発に関しては肯定的だった。（表3-2-24）理由は、①自治体職員としての視野が広がること　②バランス感覚が培われること　③得意分野や専門分野の形成につながること－だった。このことは、先の人事異動のケーススタディや職員意識の調査でも確認している。

　これらから、X区職員の能力開発では、自己啓発と試験と人事異動の循環が柱になっていると考えられる。

表 3-2-24　人事異動に関する意見

	概　要
部長	人事異動の中で自身の興味関心から専門を開花できる。
課長	得意分野が形成される。チャレンジ・トライアルの意味がある。
	様々な部署を経験することで個々の知識が総合され得意分野が形成されることでは肯定的。 周期の速い人事異動は民間を指導する能力と地方分権の観点では否定的。
	①視野が広がる　②バランス感覚が培われる　③専門性をみつける機会になる－ことから肯定的。
	1つの分野に長ければ強い分野は形成される。しかし、画一的なルールで全員を異動させることについては疑問。

筆者作成

次に、物事の見方や考え方が変わった時期は、法律改正の時期と首長が変わった時期だった。（表3-2-25）その時期に「バックボーンが変わった」「大きな転機だった」と感じていた。これは〈倫理〉の転換と言える。同様にインタビューの中では、〈倫理〉が時代とともに変化することが述べられた。つまり、自治体職員の〈倫理〉と社会変化との関係性が能力開発の重要なテーマとなる。

表3-2-25　物事の見方や考え方が変わった時期

	概　要
部長	自治体の地区計画制度が創設された時期（1992（平成4）年の都市計画法改正の頃）。
	管理職試験（自らの職業や役割を考える機会として）。
	機関委任事務の廃止の時期。
課長	機関委任事務の廃止、自治権拡充運動、都区制度改革、個別の政策や制度の変化、政治家首長の誕生。
	2000年（平成12）の都区制度改革の時期。
	政治家首長に変わった時期。
	自治体出身の首長から政治家の首長に変わった時期（意識から何からガラリと変わった）。

筆者作成

（5） 能力開発の方策

5-1 自己啓発、試験、人事異動の循環による能力開発

　以上から、能力開発の方策について次のことが考えられる。1つは、自己啓発と試験と人事異動の循環の維持になる。理由は次の3つになる。まず、インタビューでもみたように、最も効果的な能力開発とは、能力開発への積極的な姿勢による自己啓発と言える。

　次に、試験は、自己啓発を助長するとともに、職業感や役割意識を醸成する機会となる。

　最後に、人事異動は自治体の特性から求められる。一般的に、自治体で行なわれる頻繁な人事異動は、能力開発では短所とされる。しかし、インタビューでも先の人事異動のケーススタディや職員の意識調査からも、能力開発に関しその受け止め方は肯定的だった。理由は、自治体の特性にある。特に、自治体の、①組織目標の曖昧さ　②職務分野や利害関係の多岐性　③権力性　④独占性－からと言える。

　先行研究でみたように、自治体職員は、多様な利害関係者に直面し、彼らからの突発的で予定外の働きかけに応じなければならない。そこでは、バランス感覚や広範なものの見方が求められる。同時に、自治体の権力性や独占性からは、住民からの相談や問題の提起に対し専門家としての力量も必要となる。人事異動のケーススタディでは、このような自治体の特性に対し、人事異動が有効に機能していることを確認している。

　この3つの理由から、現在の自己啓発と試験と人事異動の循環の維持が能力開発の方策の1つとなる。しかし、インタビューでは、自治体として蓄積すべき能力と画一的な人事異動について問題提起がされた。これらについては、早急に対応を考えねばならない。また、①現在の人事異動に能力開発の観点から工夫改善を加えること　②自治体の特性から自治体の人事政策を議論し評価すること－も求められる。

5-2　早期育成への動機づけ

　能力開発の方策の２つは、次になる。それは、自己啓発と試験と人事異動の循環による能力開発は、その多くが個人の意識にかかっていることからくる。確かに、能力開発は個人の意識によるところが大きい。しかし、自治体では、①今後も職員の増加が見込めないこと　②経験豊かな職員の退職時期が重なること　③行政需要のさらなる高度複雑化が考えられること　④新たな事態の発生に備え対応しなければならないこと－が考えられる。従って、自己啓発と試験と人事異動の循環に職員の早期育成を促す要素を加え、より早い段階から効果的に能力開発を行なうことが求められる。その要素が人的要素となる。

　能力開発で重要なことは、能力開発に対する動機と言える。その動機づけの１つとして「表3-2-21　人的要素と能力開発の時期」の活用がある。この表では、いつ誰にどのような能力が求められるかがわかる。つまり、能力開発を担う職員は、個々の職員のキャリア形成からみた能力開発計画が作りやすくなる。職員にとっては、自己啓発、試験、人事異動と自身の能力開発との関係性がわかる。

　インタビューでは、職場外研修について知識を系統的に習得するのに効果があると述べられていた。自己啓発と試験と人事異動の循環に、職場外研修を組み込むことは、職員にとってその能力開発の機会を増やすことであり、活用すべきと言える。その際に、キャリア形成の道筋が明確であれば、職員の職場外研修参加への動機づけとなる。

5-3　人的要素の可視化による習得度の把握と能力開発への展開

3つは、職員の早期育成をはかるために、人的要素の習得度を可視化し、能力開発へ展開することである。例えば、パターン1からパターン4（図3-2-1から図3-2-4）が考えられる。

①パターン1〈倫理〉〈基礎〉の養成

図3-2-1　パターン1

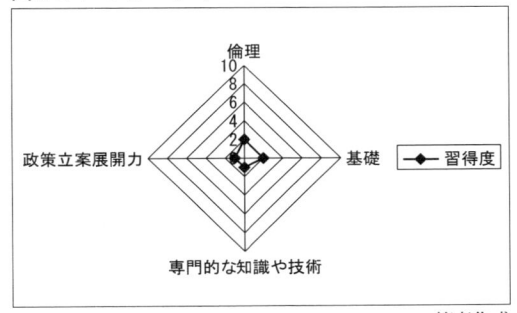

図3-2-1パターン1では、4つの人的要素の全ての習得度が低いことがわかる。
この場合、まず、自治体職員としての思考と職務遂行での基本的な知識と技術、職場の慣習を覚えることが求められる。従って、〈倫理〉と〈基礎〉に重点を置いた能力開発が求められる。指導方法としては、先輩職員による職場研修が考えられる。

求められる人的要素		〈倫理〉〈基礎〉
人的要素の習熟度		〈倫理〉〈基礎〉ともに低い。
能力開発	能力開発の目標	自治体職員としての思考と職務遂行の基本的な知識と技術、職場の慣習を覚える。
	重点をおく人的要素や能力	〈倫理〉〈基礎〉
	方　法	先輩職員による職場研修。
その他		

筆者作成

②パターン2〈専門的な知識や技術〉〈政策立案展開力〉の育成

図3-2-2　パターン2

筆者作成

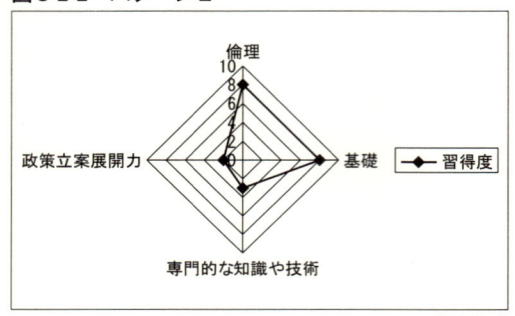

　図3-2-2パターン2では、〈倫理〉〈基礎〉はほぼ充足しているが、〈専門的な知識や技術〉と〈政策立案展開力〉の習得度が低いことがわかる。〈専門的な知識や技術〉と〈政策立案展開力〉の育成に優先順位をつけて、効率的で効果的な能力開発が求められる。この場合、技術系職員であれば〈専門的な知識や技術〉の習得を優先することが考えられる。事務系職員であれば〈政策立案展開力〉の《実務力》の育成とともに、得意分野形成に向けての意識づけが重要となる。

求められる人的要素		〈専門的な知識や技術〉〈政策立案展開力〉
人的要素の習熟度		〈倫理〉〈基礎〉は充足している。 〈専門的な知識や技術〉〈政策立案展開力〉はともに低い。
能力開発	能力開発の目標	得意分野の形成と政策形成にかかわる実務能力の習得。 〈基礎〉の深化。 政策提言のための視野の拡大。
	重点をおく 人的要素や能力	〈専門的な知識や技術〉 〈政策立案展開力〉の《実務力》。
	方　法	上司による職場研修。職場外研修。
その他		

筆者作成

③パターン3〈倫理〉〈基礎〉〈政策立案展開力〉の習得

図3-2-3　パターン3

筆者作成

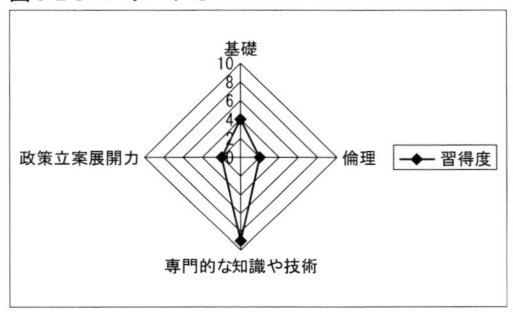

　図3-2-3パターン3では、4つの人的要素のうちの〈専門的な知識や技術〉が突出し、自治体職員としての基本的な思考、知識、行動が備わっていないことがわかる。また、住民の視点に立った考え方や基礎的な法律知識が不十分なことから、習得している〈専門的な知識や技術〉がいかされないことが考えられる。〈倫理〉と〈基礎〉の習得に早急に取り組む必要がある。〈政策立案展開力〉は〈倫理〉〈基礎〉の習得後の課題となる。

求められる人的要素		〈専門的な知識や技術〉〈政策立案展開力〉
人的要素の習熟度		〈専門的な知識や技術〉は充足している。〈倫理〉〈基礎〉〈政策立案展開力〉は低い。
能力開発	能力開発の目標	住民の視点に立った考え方と基礎的な法律知識の習得。
	重点をおく人的要素や能力	〈倫理〉〈基礎〉
	方　法	〈倫理〉については、窓口業務や住民説明会のチームリーダーを担当させることにより、住民と接する機会を作る。〈基礎〉については、試験へのチャレンジ。上司による動機づけや職場研修を徹底する。
その他		〈倫理〉〈基礎〉の習得が低く〈専門的な知識や技術〉がいかされていない。〈政策立案展開力〉は〈倫理〉〈基礎〉習得後の課題とする。

筆者作成

④パターン4〈政策立案展開力〉の強化

図 3-2-4　パターン4（〈政策立案展開力〉の強化）

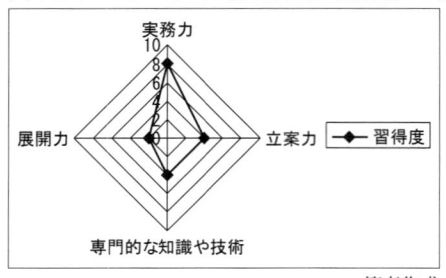

筆者作成

　図 3-2-4 パターン4は、〈政策立案展開力〉の強化となる。従って、図の項目は、〈政策立案展開力〉の《政策展開力》《政策立案力》《実務力》と〈専門的な知識や技術〉となる。この場合、政策立案を支える《実務力》は十分であるが、《政策展開力》《政策立案力》が弱いことがわかる。要因は、①政策形成に関する知識不足　②《調整力》の不足　③得意分野の形成が不十分－であるためと考えられる。従って、①職場外研修での政策形成に関する知識の習得－と、人事異動による、②人脈作り、コミュニケーション能力の養成　③得意分野の形成－が必要となる。

求められる人的要素		〈政策立案展開力〉の《政策展開力》《政策立案力》《実務力》。〈専門的な知識や技術〉
人的要素の習熟度		《実務力》は充足している。《政策展開力》《政策立案力》と〈専門的な知識や技術〉は低い。
能力開発	能力開発の目標	まず《政策立案力》の強化。〈専門的な知識や技術〉の習得による得意分野の形成。
	重点をおく人的要素や能力	《政策立案力》の《内部調整力》《課題解決力》。〈専門的な知識や技術〉
	方　法	職場外研修、職場研修、人事異動を組み合わせる。職場外研修により政策形成に関する知識の習得。人事異動により人脈作り、コミュニケーション能力の向上。併せて、得意分野を形成する。
その他		《政策展開力》《政策立案力》が弱いのは《調整力》不足と得意分野の形成が不十分のためと考えられる。まず《政策立案力》の強化を目指す。

筆者作成

以上ように、人的要素の習得度を可視化することで、個々の職員の強みと弱みが把握できる。従って、習得度の低い人的要素に重点を置いた能力開発による、職員の早期育成が可能になる。加えて、このパターンを使うことで、組織単位での各要素の充足度を可視化することも可能であり、自治体全体が保有する能力の可視化とその強化にもいかすことができる。

　この他にも、4つの人的要素を可視化することで、次のような応用が考えられる。1つは、本書では、考察の対象を自治体が各年度に募集する一括採用の一般行政職としたが、現実の自治体をみれば、多くの非正規職員が行政サービスを担っている。非正規職員の「専門性」の向上も重要な課題と言える。この場合、4つの人的要素を用いることにより、非正規職員の役割や担う仕事から、どの要素が求められ、強化を図るべきかが明確になる。

　2つは、自治体職員の研修機関でのカリキュラム編成への応用になる。例えば、総合的な自治体職員育成カリキュラムであれば、4つの人的要素に沿って、自治体職員倫理コース、自治体職員基礎コース、専門的な知識と技術コース（資格取得など）、政策立案展開コースのカリキュラム編成が考えられる。この場合、従来のカリキュラム編成との違いは、①倫理コースの設置により、自治体職員の時代認識の醸成が図られ、住民の求める行政の実現につながる　②能力開発の優先順位と目的が明確になり受講生が履修しやすくなる　③自治体職員の「専門性」の構成要素に沿うカリキュラム編成であり総合的な能力開発が行われる－ことにある。

（6）　現代自治体職員の「専門性」概念とそれがもたらす意味

6-1　人的要素の相互作用からなる自治体職員の「専門性」

　インタビューでは「専門性」について、「様々な問題に対し最適な解を導き出す専門家。日頃から政策について思いをめぐらし考え、住民と議論する中から、1つの方向性を見いだすこと」が示された。これは、「専門性」の定義の「自治体職員が社会の中で果たすべき役割からくる能力」であり、インタビューか

ら得られた現代の自治体職員の「専門性」と言える。

改めて、部長と課長の専門性の捉え方（「自治体職員の専門性とは何か」との質問に対する応答）を表3-2-26に整理した。ここでは、自治体職員の専門性が、実に様々な角度で捉えられていることがわかる。

幹部職員10人へのインタビューと本節までの考察から、現代の自治体職員の「専門性」概念とその意味を述べれば次になる。

1つは、自治体職員の「専門性」を「自治体職員が社会の中で果たすべき役割からくる能力」とするならば、その「専門性」は、〈倫理〉〈専門的な知識や技術〉〈政策立案展開力〉〈基礎〉の相互作用によって発揮されることである。（図3-2-5）

インタビューで示された全ての能力は、自治体職員がその役割を果たすため

表3-2-26　部長と課長の専門性の捉え方

	捉え方
専門性	様々な問題に対し最適な解を導き出す専門家。日頃から政策について思いをめぐらし考え、住民と議論する中から、1つの方向性を見いだすこと。
倫　理	バランス感覚。スペシャリストをベースとした常識人。住民の幸せに対する思い。常に住民を原点とする思考。住民にとってためになるのかならないのかという思考のベクトル。仕事を時代にあわせていく能力。自分の見方を修正していく能力。
専門的な知識や技術	資格。専門的な技術。外部の専門事業者と同程度の知識。修士課程修了程度の体系的知識と思考能力。実態を見抜く能力。ある分野に精通する知識。マネジメント力。
政策立案展開力	横断的な興味関心から得た知識。物事を体系的に考えまとめる構想力。新しい価値を生み出す創造力。有用な情報の収集力。組織の観点からの改善提案力。法理論構築力。企画立案力。先見性。コミュニケーション能力と説明能力。実務能力。条例・規則整備力。外部調整力。内部調整力。
基　礎	法律知識。担当分野の基礎知識。他の自治体の先進事例の知識。大学の法学部卒業程度の知識。職務遂行のやり方や作法。所属部署の基本計画や条例の知識。区政全般の知識。どこに異動しても仕事の内容を理解し職場に早く適応できる能力。

筆者作成

図 3-2-5　自治体職員の「専門性」概念

「専門性」
様々な問題に対し最適な解を導き出す専門家。日頃から政策について、思いをめぐらし考え、住民と議論する中から、1つの方向性を見いだすこと。

⬆ 人的要素の相互作用

〈人的要素〉					
〈倫理〉	〈基礎〉	〈専門的な知識や技術〉	マネジメント力	〈政策立案展開力〉	政策展開力	外部調整力
						内部調整力
			資格、得意分野、専門分野		政策立案力	内部調整力
						課題解決力
					実務力	説明能力
						資料作成能力
						条例化能力
						条例・規則整備能力

筆者作成

の重要な能力だった。本章では、それらを人的要素と「専門性」の定義に則って分類した。示された全ての能力が、4つの人的要素に分類された。つまり、自治体職員に求められる能力の枠組みとして、4つの人的要素が有効に機能することが確認された。

そして、インタビューでは、4つの人的要素のどれが欠けても十分な役割は果たせないことがわかった。〈倫理〉だけでは物事を実際に動かすことはできず、間違いなく速やかに職務を遂行しようとすれば〈基礎〉が重要となる。〈政策立案展開力〉は、現代の自治体職員に最も期待される能力と言え、専門家とし

ての〈専門的な知識や技術〉は、自治体職員としての〈倫理〉が備わっていてはじめていかされる。4つの人的要素が混合され、触発されることで、その役割が果たせると言える。つまり、〈倫理〉〈専門的な知識や技術〉〈政策立案展開力〉〈基礎〉の相互作用によって「専門性」が発揮されると言える。

6-2　問題の所在の明確化

　2つは、自治体職員に求められる能力の枠組みを得たことで、自治体職員の「専門性」に関する議論の論点が明確になることである。従来の自治体職員の「専門性」の議論は、各人が捉える専門性によって進められた。その専門性は、表3-2-26にみるように様々となる。このような議論の末に出される結論は、拡散した論点を限定的にまとめるか、曖昧で抽象的な表現でしめくくられることになる。しかし、この枠組みを論者が共有できれば、論点が明確になり、結果として実効性ある結論を導くことができる。

　このことは、人的要素の枠組みを使うことで、「専門性」に関する問題の所在が明らかになることでもある。「専門性」が活発に議論される背景には、組織の目標達成への強い意欲や運営での非効率の是正がある。また、事故や災害時の対応や事後処理を巡る原因究明のためにも行なわれる。例えば、2011（平成23）年に起きた東京電力福島第一原子力発電所の事故の調査報告書が、2012（平成24）年、事故調査委員会より発表された[116]。報告書の第5部では、組織的問題として「専門性の欠如と人材の問題」（東京電力福島第一原子力発電所事故調査委員会 2012 p.557）をあげている。そこでは、事故当時の原子力保安院職員の「専門性が低い」（同上 p.558）ことが指摘されている。報告書の内容から、ここで指摘される「専門性」が、原子力発電所に関する専門的な知識を指すことがわかる。加えて、報告書では、保安院職員が事業者の介入により「自

---

116 『国会事故調　東京電力福島原子力発電所事故調査委員会報告書』http://naiic.go.jp/　2012(平成24)年7月検索。2012(平成24)年7月に、事故調査委員会から国会の衆参両院議長に提出された。

らの専門性を高める機会を逸した」とある。この記述から、当時の保安院職員の判断や行動の基準が、本来その責務を果たす住民にあるのではなく、内部の事情にあったことがわかる。つまり、〈内発の倫理〉により〈専門的な知識や技術〉の向上が図られなかったと言える。ここに、事故やその事後処理を巡る問題の根本に組織と個々の職員の〈倫理〉が大きくかかわっていることがわかる。つまり、人的要素の枠組みを使うことで、問題の所在が明確になる。

6-3 求める人材の育成

3つは、先の人的要素の可視化により、人事政策として多様な人材の育成が可能なことである。自治体職員の「専門性」について今一度考えると、それは、個々の職員の人的要素が総合され自治体の「専門性」になると言える。インタビューでは、自治体の仕事の幅広さや多様さが幾度となく指摘された。つまり、自治体にはそれらに対する高い対応力が求められると言える。そのためには、多様な人材を育成することが必要となる。

今までの考察から、自治体職員が等しく共有すべき人的要素は〈倫理〉と〈基礎〉だった。しかし、〈専門的な知識や技術〉と〈政策立案展開力〉は、個々の職員の職層や組織での役割により求められる強度が変わってくると言える。このことからすれば、人的要素を可視化することにより〈専門的な知識や技術〉が強く発揮される職員と、〈政策立案展開力〉が強く発揮される職員の育成が可能となる。つまり、〈専門的な知識や技術〉と〈政策立案展開力〉の能力開発の仕方によっては、自治体は求める人材をより明確に育成できることになる。

6-4 自治体職員の「専門性」概念の定義

以上が、自治体職員の「専門性」を解明する考察の結果となる。ここで改めて、自治体職員の「専門性」概念を定義すれば次になる。

自治体職員の「専門性」を、「自治体職員が社会の中で果たすべき役割からくる能力」とするならば、自治体職員の「専門性」は、4つの人的要素から構

成され、その相互作用により発揮される。4つの人的要素とは、〈倫理〉〈専門的な知識や技術〉〈政策立案展開力〉〈基礎〉であり、それぞれは次の意味をもつ。

- 〈倫理〉一定の考え方や行動の型。行動の根拠となる心理的作用。職務に関する行動の適正な判断基準。
- 〈専門的な知識や技術〉職務遂行上求められる専門的な知識や技術。
- 〈政策立案展開力〉問題解決のための方法やその行動計画を作ること。政策プロセスの実施（①問題の発見　②公共的問題の選択　③問題解決手法の追求　④組織内調整　⑤決定＝合意形成の社会過程　⑥執行　⑦評価　⑧フィードバック）。
- 〈基礎〉職務遂行上求められる基本的な能力。

　今後は、自治体職員の「専門性」と4つの人的要素の関係性を《自治体職員の「専門性」における4つの人的要素の枠組み》と呼び、その略称を《「専門性」の4つの人的要素》とする。

結　び

　本書の目的は、自治体職員の「専門性」とは何かを解明することであり、そのことから自治体職員の能力開発への提言を目指すものだった。

　近年、自治体を取り巻く環境は大きく変化している。例えば、行政サービスの観点から言えば、自治体の直営による行政サービスは縮小され、代わりにその多くを民間の営利セクターや非営利セクターが担うようになった。自治体の人的側面に焦点を当てれば、自治体組織では正規職員のほかに、様々な非正規職員が働いている。加えて、公権力の行使にかかわらない多くの行政サービスを自治体職員が担っている。

　このような中、自治体職員の能力開発に対しては、その「専門性」についての議論が多くみられる。その議論にみる「専門性」の概念を分類すれば次になる。①その人がもっぱら研究・従事し、知識が学問的に体系化されている〈状態〉　②組織の中で個人やチームが果たすべき〈役割〉　③制度化され社会的に承認された人や集団の〈職業〉　④判断能力、コミュニケーション能力、創造性などの具体的な〈能力〉　⑤感性、意図のような〈心的作用〉　⑥職務遂行上の〈一連の行動〉。

　自治体職員の「専門性」の議論は、このような多様な概念の混在の中で行なわれる。しかし、この多様な概念に共通する原理には、すでに自治体職員と民間人の能力の差がなく、行政サービスを民間の事業者が担うという現状がある。

　これらのことは、私たちに「自治体職員とは何か」という問題を突きつける。多くの行政サービスを民間の営利セクターや非営利セクターが担うようになったとしても、自治体には自治体の役割があり、その役割遂行のために自治体組織があるのなら、自治体職員には、自治体の役割を遂行するためにその職を果たすことが求められる。つまり、自治体職員の「専門性」の議論の根底には、自治体職員が社会の中で果たすべき役割は何かとの問いがある。この問いは、

能力開発での根源的な問いであり、自治体職員の能力開発の原点となる。同時にそれは、「自治体職員とは何か」の解を得る１つの手掛かりになると言える。

従って、本書では、自治体職員の「専門性」を〈自治体職員が社会の中で果たすべき役割からくる能力〉と定義し、その解明とそのことから自治体職員の能力開発への提言を目指すこととした。そのために次の３つの段階を経た。

第１段階の先行研究では、自治体を取り巻く環境の変化が自治体職員の「専門性」にどのような影響を与えるのかを考察した。具体的には、①自治体職員の「専門性」は時代とともに変化するのか　②変化するとすればその要因は何か―を明らかにすることだった。

また、ここでは、「専門性」を構成する３つの人的要素の枠組みを得た。それが、〈倫理〉〈専門的な知識や技術〉〈政策立案展開力〉だった。この枠組みは、見事に各時代の自治体職員の「専門性」を現した。それは、時代とともに変化した。その変化の根源的な要因は、時代の変化に応じようとする住民の行政への期待にあった。しかし、自治体職員が住民の期待に応える「専門性」を発揮するかどうかは、行政が自治体職員によって行われる以上、自治体職員が時代の変化をどのように捉えるのかという、その時代認識によった。つまり、自治体職員の「専門性」は、時として自治体内部の事情を優先する〈内発観念の公務観〉による「専門性」と、住民が自治体に要求する〈外発観念の公務観〉からくる「専門性」に乖離した。具体的には、1950年代から1970年代にかけて、２つの「専門性」が拮抗し、〈内発観念の公務観〉による「専門性」が優先された。しかし、1980年代以降では、〈内発観念の公務観〉の「専門性」と〈外発観念の公務観〉の「専門性」は、ほぼ一致した。

第２段階では、能力開発と関係の深い人事政策とそれを自治体職員がどのように捉えているのかを実証するために、人事異動、研修制度、職員意識についてケーススタディを行った。

人事異動のケーススタディでは、組織を幅広く異動する〈ジェネラリスト異動〉が、ジェネラリストを育成し、限られた範囲を異動する〈スペシャリスト異動〉が、スペシャリストを育成するとは限らなかった。また、〈ジェネラリスト異動〉と〈スペシャリスト異動〉の両方を行なうことで、４つのタイプの

スペシャリスト（①特定の事務知識や技術に習熟したスペシャリスト　②特定の分野に精通したスペシャリスト　③特定の事務知識や技術に習熟し、かつ、特定の分野に精通したスペシャリスト　④自治体職員の地域での役割からの発想で物事を考え判断できるスペシャリスト）が育成されることと、自治体職員の行動の根拠となる〈倫理〉の醸成が行われることが実証された。

　研修制度のケーススタディでは、従来の研修の運用が自治体職員の能力開発と結びついてこなかったことが明らかになった。その要因は、①研修内容と職員の必要性に乖離があること　②研修について、自治体は明確な意味を見いだしてこなかったこと　③研修の配分を職務遂行上の必要性から再考することが求められること　④人事政策と研修の関係性が不明確なこと－にあった。しかし、研修を住民の期待に応える自治体職員に対する育成の機会と捉えれば、〈研修と職員の能力開発〉と〈職員の能力開発と組織能力の向上〉を結びつける政策が自治体の重要な課題だと判明した。そのためには、各職員の研修で習得した知識や技術が組織に有効に還元されるように、職員の知識や技術の蓄積状態を把握できる研修履歴を人事政策の重要な要素として活用することが求められた。

　職員意識のアンケートでは、自治体の抱える様々な問題（①職員数の減少と個々の職員の業務量の増加　②行政需要の高度複雑化への対応　③住民との合意形成　④求められる専門能力）により、自治体職員が、専門的な知識や技術の習得と幅広い職務への対応を同時に迫られている現状が現れた。そして、そのような中で、彼らが〈倫理〉を職務遂行上必要な能力だと意識していることがわかった。さらに、〈倫理〉が〈現在〉にも増して〈今後〉で求められるとしていた。

　第３段階では、現職の自治体職員が、どのように「専門性」を捉えているかをインタビューから探った。ここでは、インタビューにより、３つの人的要素に〈基礎〉が加わった。その結果、自治体職員の「専門性」が〈倫理〉〈基礎〉〈専門的な知識や技術〉〈政策立案展開力〉の４つの人的要素の相互作用により発揮されることがわかった。加えて、４つの人的要素の可視化により、それを能力開発に具体的に展開することを試みた。それにより、自治体の抱える問

題の所在の明確化や多様な人材の育成が可能になることがわかった。今後は、自治体職員の「専門性」と4つの人的要素の関係性を《自治体職員の「専門性」における4つの人的要素の枠組み》（略称《「専門性」の4つの人的要素》）と呼ぶことにした。

　以上が、自治体職員の「専門性」を解明し、そこから自治体職員の能力開発への展開を試みるためにたどった過程である。

　ここでは、今一度、自治体職員の「専門性」と4つの人的要素の関係性を考えることから、自治体職員の能力開発への提言をしたい。

　今述べたように、自治体職員の「専門性」は、〈倫理〉〈基礎〉〈専門的な知識や技術〉〈政策立案展開力〉の4つの人的要素で構成され、その相互作用により発揮される。しかし、人的要素の〈基礎〉〈専門的な知識や技術〉〈政策立案展開力〉は、〈倫理〉を基盤とする要素でもあった。もし、人的要素から〈倫理〉を除いてしまえば、それは単なる職務遂行であり、〈専門的な知識や技術〉や〈政策立案展開力〉の提供にとどまる。〈倫理〉を基盤としない行政サービスの提供は、場当たり的であり発展性は望めない。つまり、自治体職員の「専門性」にとって、最も重要な人的要素が〈倫理〉となる。

　辻清明は、「日本官僚制と「対民衆官紀」」(1969) の中で、民主的な行政とは、技術の向上ばかりに気を取られて、テイラー主義やフォード・システムのような「「科学的管理法」をそのまま行政に適用する」（辻 1969 p.190) ことではないと言う。それは、人々の「意思と人格の尊重に基礎づけられたもの」でなければならず、両者が統一され作用することにより、真の行政能率が実現する。このような行政能率を「社会的能率（social efficiency）」と呼ぶ。しかし、明治以来の官僚制は官吏に官尊民卑の思想を根付かせ、「高圧的な権威の行政」が行われてきた。それ故、辻は、行政の社会的能率の実現には、官吏の官尊民卑の思想を逆転させるような「「対民衆官紀」」（同上 p.191) の確立を強調した。

　現代の自治体職員の言葉に変えれば、思考の根源に「住民の幸せがあるのか」という問いがあり、それを思いめぐらし、解をみつけていくことができるかということである。加えて、行政サービスの提供が、もはや民間の事業者を抜きにしては考えられない今日では、自治体職員にとって〈倫理〉は、従来にまし

て重要になってくると言える。

　辻は、官吏に官尊民卑の思想を根付かせたのは、組織の職階が個人の社会的価値を決定する「封建時代の社会秩序を固定してきた身分的編成」（同上 p.192）によると言う。上意下達のヒエラルヒー構造を解体し、組織の必要性から発する上級下級の関係はあっても、それを離れれば人は同質であるという自覚が対民衆官紀の根本とする。つまり、上意下達のヒエラルヒー構造の解体が、官吏に社会的能率を実現する倫理を醸成する。本書では、このことをみた。地方自治法制定初期から行政需要移行期（1947年から1980年代）には自治体職員の「専門性」の中に〈倫理〉を確認することができた。しかし、第一次分権改革期（1990年代）には〈倫理〉は確認されなかった。それは現代の自治体職員へのインタビューによって再び確認された。このことは、第一次分権改革期に行われた国と地方の上位下達のヒエラルヒー構造の解体が、一時的な〈倫理〉の空白をもたらしたが、その後の自治体職員に社会的能率を実現する〈倫理〉を醸成したと言える。それは、自治体職員が住民と相対して得られる自治体職員としての自意識の確立であった。

　インタビューの中では、「専門性」の議論と自治体の規模について度々指摘があった。このことは、地方分権が進む今日では、自治体によって〈倫理〉が異なってくることを想起させる。例えば、農村部の自治体と都市部の自治体、あるいは、人口やその構成によって〈倫理〉が変わることを想定する。もはや、自治体職員の〈倫理〉といえども、画一ではないのかもしれない。そうであれば、地方分権での自治体職員の〈倫理〉とは、住民との共有なしには考えられず、住民との共同作業によって形成される。このことからすれば、先行研究の第一次分権改革期で分析した報告書に〈倫理〉が示されなかったことは意味をもつ。住民は自らが住む地域の自治体職員の〈倫理〉に関心を向けなければならない。それが、各地域での自治体職員とは何かの解につながる。自治体職員の〈倫理〉の議論を、再び舞台にあげる必要がある。

　加えて、インタビューでは、自治体の〈専門的な知識や技術〉の蓄積について問題提起がなされた。この問題の本質は、自治体の特性である権力性や独占性と具体的な機能である指導行政と切り離して考えられないことにある。つま

り、権限を行使される住民にとって重大な意味をもつ。この問題についても、自治体の特性や機能からの議論が求められる。

いづれにしても、自治体職員にとって、〈倫理〉がその思考や行動の根源であることの確信を、現代の自治体職員のインタビューの中から得られたことは、自治体職員の「専門性」を解明しようとするこの研究の大きな収穫であったと言える。

最後に本書の今後の課題と展望をのべたい。第1は、本書の目的は、自治体職員の「専門性」を明らかにすることだった。その結果、1つの結論を得たが、これは1つの結論にすぎない。しかし、ここで考察した《自治体職員の「専門性」における4つの人的要素の枠組み》は、先行研究の精緻な分析と現職の自治体職員へのインタビューから得られたのであり、そのことからすればこの枠組みは一般化できると考える。

第2は、本書での調査が、X区に限られていたことにある。それは、本書の限界と言える。今後は事例の対象を広げた実証研究が求められる。同時に、自治体での具体的な能力開発の施策が、自治体組織やその職員に与える様々な影響についても研究を積み重ねる必要がある。

第3は、行政学からの観点になる。それは、自治体職員の能力開発に関する文献が企業のその分野の文献に比べ圧倒的に少ないことにある。つまり、行政学でのこの分野の研究は未開拓の部分が多く、そこに、自治体職員の能力開発が企業のそれを模倣してきた要因があると言える。しかし、本書では、自治体と企業の組織特性に大きな相違があることを確認した。加えて、自治体を取り巻く環境は今後も複雑さを増し、自治体はそれを組織内部に抱え込んでいかざるを得ない。そのような現状を考えると、行政学にしっかりと軸足を置いた自治体職員の能力開発の研究が求められる。この課題には早急に取り組まなければならない。

参考文献

青木美智男 [1980]「村の自治 − その自衛と共働」『ジュリスト増刊総合特集』有斐閣
阿部守一 [1998]「分権時代の人材育成（1）- 目的と手法 -」『分権時代の自治体職員5 人材開発エンパワーメントの手法』中川浩明編　ぎょうせい
　　　　[1998]「地方自治・新時代における人材育成基本方針策定指針について」『地方公務員月報』自治省公務員課編
足立忠夫 [1963]「わが国における公務員研修のありかた」『自治研究』良書普及会
天石東村監修　笠野剛　柳瀬継夫　古久保良和　小島健司　河合仁著 [1987]『書道講座 日本書道史』日本放送協会学園
天野巡一 [2007]「「公」と「私」領域、担い手論の再編」『自治体職員制度の設計』公人社
　　　　[2004]『自治体改革6　職員・組織改革』ぎょうせい
有賀弘　阿部斉　斎藤眞 [1994]『政治個人と統合』東京大学出版会
阿利莫二　遠藤文夫　成田頼明　渡辺洋三 [1981]「地方自治の原理を探る」『自治研究 第57巻』良書普及会
アンドレ・シーグフリード著　杉捷夫訳 [1956]『現代　二十世紀文明の方向』紀伊国屋書店
E.S. レッドフォード著　中村陽一　君村昌訳 [1973]『行政における理想と実際』中央大学出版部
石川伊織 [2002]『倫理の危機？「個人」を超えた価値の再構築へ』廣済堂出版
池野武 [1968]「都市の行政機構と職員」『都市問題3月号』東京市政調査会
一瀬智司 [1968]「都市職員の専門家－プランナーを中心として－」『都市問題3月号』東京市政調査会
井出嘉憲 [1982]『日本官僚制と行政文化－日本行政国家論序説－』東京大学出版会
伊藤大一 [1980]『現代日本官僚制の分析』東京大学出版会
稲継裕昭 [1996]『日本の官僚人事システム』東洋経済新報社
　　　　[2002]「公務員制度改革の背景と今後」『日本労働研究雑誌 No.509』
　　　　[2006]『自治体の人事システム改革　ひとは「自学」で育つ』ぎょうせい
　　　　[2009]『現場直言！自治体の人材育成』学陽書房
　　　　[2009]『プロの公務員を育てる人事戦略』ぎょうせい
今村都南雄　武藤博巳　沼田良　佐藤克廣　前田成東 [2006]『ホーンブック基礎行政学』北樹出版

今仲康之 [2003]「公務員制度改革と地方公務員制度」『都市問題研究　第 55 巻第 1 号
　　　　　通巻 625 号』都市問題研究会
江口清三郎 [1993]「公務の特性と職員のあり方」『行政管理と人材開発』ぎょうせい
　　　　　[1994]『自治体行政と職員の役割』公職研
大石嘉一郎　室井力　宮本憲一 [2001]『日本における地方自治の探求』大月書房
大島太郎 [1981]『官僚国家と地方自治』未来社
大島振作 [1991]「自治体における公務員研修のあり方」『公務員行政研修のあり方』山
　　　　梨学院大学行政研究センター
大島稔彦　加藤敏博 [2003]『要点解説　地方公務員法』公職社
大森彌 [1982]『自治体の経営と効率Ⅲ　職員とリーダーシップ』学陽書房
　　　[1987]『自治体行政学入門』良書普及会
　　　[1990]『自治行政と住民の「元気」―続・自治体行政学入門』良書普及会
　　　[1993]『行政管理と人材開発』ぎょうせい
　　　[1994]『自治体職員論　能力・人事・研修』良書普及会
　　　[2009]『行政学叢書 4　官のシステム』東京大学出版会
大矢野修 [2010]「行政の限界と都市自治体職員の専門性」『都市とガバナンス Vol.14』
　　　　日本都市センター
小倉貞秀　河野真 [1981]『倫理学の基礎』理想社
小関紹夫 [1954]「民主社会における行政倫理」『人事行政 5』学陽書房
　　　　[1955]『行政の倫理』有信堂
尾田幸雄 [1980]『倫理学』学陽書房
鹿児島重治 [1980]『地方公務員制度　新地方自治講座第 4 巻』第一法規出版
　　　　　[1995]『[要説] 地方公務員制度』学陽書房
加藤一明　加藤芳太郎　渡辺保男 [1977]『現代の地方自治』東京大学出版会
加藤富子 [1975]「行政部門管理者の問題点」『管理監督者研修研究委員会報告書（Ⅰ）
　　　　－地方公共団体の管理監督者研修－』自治研修協議会自治大学校
加藤尚武 [2003]『現代を読み解く倫理学』丸善
川出摂 [2005]『戦後日本の公務員制度』岩波書店
川崎政司 [2008]『地方自治法基本解説第 3 版』法学書院
河中二講 [1979]「自治体における公務研修の問題点」『自治研究』良書普及会
川端大二 [2007]『政策人材の育成 - 自治体経営の再創造に向けて -』ぎょうせい
川村仁弘 [1986]『自治行政講座 1　地方自治制度』第一法規
君村昌 [1975]「イギリス公務員制度改革の一論点　－スペシャリストとジェネラリスト
　　　　の関係－」『行政における組織と人間』ぎょうせい

君村昌　北村裕明編著 [1995]『現代イギリス地方自治の展開　サッチャリズムと地方自治の変容』法律文化社
恒藤恭 [1958]「失われた倫理とこれに代わる倫理」『講座現代倫理 1 モラルの根本』筑摩書房
久世公暁 [1694]「臨時行政調査会の答申の意義」『自治研究』良書普及会
熊谷弘 [1998]「地方自治・新時代に対応した地方公共団体の行政改革推進のための指針について（上）」『地方自治』ぎょうせい
　　　　 [1998]「地方自治・新時代に対応した地方公共団体の行政改革推進のための指針について（下）」『地方自治』ぎょうせい
小池和夫 [1981]『日本の熟練』有斐閣
　　　　　 [1981]『中小企業の熟練』同文館出版
　　　　　 [1991]『大卒ホワイトカラーの人材開発』東洋経済新報社
　　　　　 [1993]『アメリカのホワイトカラー』東洋経済新報社
　　　　　 [1997]『日本企業の人材形成』中央公論社
小池和夫編　監修 [2006]『プロフェッショナルの人材開発』ナカニシヤ出版
小出完爾著　自治大学校地方行政研究会監修 [1992]『シリーズ市町村の実務と課題 7　職員研修所』ぎょうせい
厚生労働省 [2008]『平成 19 年度　能力開発基本調査』
　　　　　　 [2009]『平成 20 年度　能力開発基本調査』
講談社 [1963]『七訂新装版　大字典』
公務員倫理研修研究会 [2000]『事例でみる公務員倫理法』公務研修協議会
国会　東京電力福島原子力発電所事故調査委員会 [2012]『国会事故調　報告書』国会事故調 HP より http://naiic.go.jp/　2012(平成 24) 年 7 月検索
小西友七　南出康世 [2001]『ジーニアス英和大辞典』大修館書店
子安宣邦 [2010]『和辻倫理学を読む　もう一つの「近代の超克」』青土社
坂田期雄 [1989]『地方自治・その実態と進路』ぎょうせい
佐久間彊 [1961]「自治大学校の課題」『自治研修 28』自治大学校
佐々木信夫 [1987]『現代地方自治の座標』頸草書房
　　　　　　 [1999]『地方分権と地方自治』頸草書房
　　　　　　 [2009]『現代地方自治』学陽書房
佐藤克廣 [2006]「行政官僚制と政策過程」『ホーンブック基礎行政学』北樹出版
佐藤竺 [1974]「自治体行政改革への直言」『自治研究』良書普及会
佐藤英善　早川征一郎　内山昂編 [1984]『公務員の制度と賃金』大月書店
澤田淳 [1999]『プロフェッショナル人材育成』総合法令

自治省 [1997]「地方自治・新時代における人材育成基本方針策定指針」総務省 HP より
　　　　http://www.soumu.go.jp/　2010 年 12 月検索
自治省 [1999]『地方自治・新時代の地方公務員制度 - 地方公務員制度改革の方向 -』地
　　　　方公務員制度調査研究会報告　総務省 HP より http://www.soumu.go.jp/
　　　　2010 年 12 月検索
自治省公務員部行政体制整備室 [1998]「地方自治・新時代に対応した地方公共団体の行
　　　　政改革推進のための指針について」『地方公務員月報』自治省公務員課編
自治大学校 [1961]『自治研修 28』
自治大学校自治研修協会 [1975]『政府部門上級管理者の能力開発への試み－連邦上級職
　　　　員研修所の場合－』
自治体人事行政研究会 [2006]『分権時代の自治体職員制度に求められているもの』地方
　　　　自治総合研究所
柴田徳衛 [1979]「公害問題と自治体の役割」『ジュリスト増刊総合特集』有斐閣
司馬遼太郎 [1989]「「明治」とういう国家』日本放送協会出版会
島田燁子 [2003]『日本人の職業倫理』有斐閣
小学館『デジタル大辞泉』カシオ
小学館 [2006]『精選版　日本国語大辞典２さ▶の』
人事院 [2000]『公務員倫理読本』公務研修協議会
人事行政学会 [1954]『人事行政 5』学陽書房
鈴木重信 [1958]「公務員」『講座現代倫理 5 内と外の倫理』筑摩書房
鈴木成高 [1961]「官僚と現代」『自治研修 30』自治大学校
諏訪康雄 [2011]「専門職のキャリアは誰が形成するのか？」『専門図書館』専門図書館
　　　　協議会
総務庁人事局 [1997]『公務員制度改革への提言～ 21 世紀の公務員像を求めて～』
総務省『地方分権推進計画の要旨』http://www.soumu.go.jp/news/980618a.html
　　　　『平成 12 年地方分権一括法による自治法改正～機関委任事務廃止等～』
　　　　　http://www.soumu.go.jp/main_content/000032768.pdf（ともに 2011 年 4 月
　　　　9 日検索）
大修館書店『ジーニアス英和大辞典』カシオ
武田實 [1981]『職業人の生き方と倫理』ぎょうせい
多治見市 [2007]『第 2 次多治見市人材育成基本方針』
田村明 [1985]「行政の文化化」『文化行政　行政の自己革新』学陽書房
　　　　[2000]『自治体学入門』岩波書店
高田茂登男 [1957]『不正者の天国』自由国民社

高辻正己　辻清明編集　地方公務員行政研究会編著 [1983]『2 現代行政全集　地方自治』ぎょうせい

高辻正己　辻清明編集　人事行政研究会　地方公務員行政研究会編著 [1985]『4 現代行政全集　公務員』ぎょうせい

筑摩書房 [1958]『講座現代倫理 1 モラルの根本問題』
　　　　　[1958]『講座現代倫理 2 悪について』
　　　　　[1958]『講座現代倫理 5 内と外の倫理』
　　　　　[1959]『講座現代倫理 11 転換期の倫理思想（日本）』

地方行政運営研究会　公務能率研究部会 [1996]『地方公共団体職員の人材育成 - 分権時代の人材戦略 -』地方行政運営研究会第 13 次公務能率研究部会報告

地方公務員人材育成施策研究会編集（1999）『地方自治・新時代　人材育成先進事例集』ぎょうせい

地方公務員法制研究会編 [1991]『地方公務員制度 7 二十一世紀の地方公務員像』ぎょうせい

地方自治研究資料センター編 [1982]『公・民比較による自治体組織の特質』第一法規出版

中央公論社 [1974]『季刊中央公論』

辻清明 [1948]「官僚と公務員」『朝日評論 10 月号』朝日新聞社
　　　[1955]「行政教育の方向」『人事行政 1』学陽書房
　　　[1956]「行政教育の諸問題－ヘンレー「行政幹部学校」を中心として－」『自治研修』自治大学校
　　　[1957]「行政教育の諸問題（下）－ヘンレー「行政幹部学校」を中心として－」『自治研修』自治大学校
　　　[1958]「汚職」『講座・現代倫理　第 2 巻　悪について』筑摩書房
　　　[1962]「公務研修の目的」『行政研修』人事院公務員研修所
　　　[1969]「日本官僚制と「対民衆官紀」」『新版日本官僚制の研究』東京大学出版会
　　　[1975]『岩波小辞典政治第 3 版』岩波書店
　　　[1977]『行政学講座 4 行政と組織』東京大学出版会

東京市政調査会 [1960]『都市問題 4』

東京都『例規集』http://www.reiki.metro.tokyo.jp/reiki_menu.html

東京都人事委員会『採用案内 2010 東京都職員採用試験（選考）情報』
　　　　　　　　http://www.saiyou2.metro.tokyo.jp/pc/2011/

特別区職員研修所 [2006]『共同研修実施概要』
　　　　　　　　[2007]『共同研修実施計画』

　　　　　　　　[2008]『共同研修実施計画』
　　　　　　　　[2009]『特別区職員ハンドブック』
富山房 [1960]『修訂　大日本国語辞典　新装版』
都丸泰助 [1982]『地方自治制度史論』新日本出版社
中嶋学　新川達郎 [2004]「地方自治体における人事異動に関するアンケート調査報告」『同志社政策科学研究第 5 巻』
　　　　　　　　[2007]「地方自治体におけるキャリア形成―「ヨコ」のキャリアに焦点をあてて」『同志社政策科学研究第 9 巻』
中西啓之 [1997]『日本の地方自治―理論・歴史・政策―』自治体研究社
中村圭介 [2005]『変わるのはいま　地方公務員改革は自らの手で』ぎょうせい
中村圭介　石田光男編 [2005]『ホワイトカラーの仕事と成果―人事管理のフロンティア』東洋経済新報社
中村恵 [1993]「「ジェネラリストからスペシャリストへ」か？―ホワイトカラーのキャリアの将来―」『人事院月報』人事院管理局
成田頼明 [1980]「座談会　地方自治の課題と可能性」『ジュリスト増刊総合特集』有斐閣
　　　　[1981]「分権化と地方公務員」『ジュリスト増刊総合特集』有斐閣
　　　　[1995]「地方分権推進法の成立と今後の課題」『自治研究第 71 巻第 8 号』良書普及会
鳴海正泰 [1980]「「革新自治体時代」論」『ジュリスト増刊総合特集』有斐閣
西尾隆 [1998-a]「公務員制とプロフェッショナリズム」『新時代の公務員制度』良書普及会
　　　 [1998-b]「行政のアカウンタビリティとその内在化」『年報行政研究 33　行政と責任』ぎょうせい
　　　 [2010]「都市自治体の人事政策と行政の専門性確保」『都市とガバナンス Vol.14』日本都市センター
西尾勝 [1979-a]「《対談》転換期の行政と公務員」『法学セミナー』日本評論社
　　　 [1979-b]「公務員の専門能力とは何か」『地方公務員月報 6 月号』第一法規出版
　　　 [1986]『イギリス地方自治事情』地方自治総合研究所
　　　 [1991]「わが国の行政学教科書の考察」『年報行政研究 26　行政学における教育と研修』ぎょうせい
　　　 [1993]『行政学新版』有斐閣
　　　 [1992]『行政学の基礎概念』東京大学出版会
　　　 [2007]『地方分権改革』東京大学出版会

　　　　　　[2007]『地方分権改革の道筋：自由度の拡大と所掌事務の拡大』公人の友社
　　　　　　[2008]『行政学 [新版]』有斐閣
西尾勝　村松岐夫編 [1995]『第 6 巻講座行政学市政と行政』有斐閣
　　　　　　　　　　[1997]『第 5 巻講座行政学業務の執行』有斐閣
西尾勝　神野直彦編集代表　天野巡一編著 [2004]『自治体改革 6　職員・組織改革』ぎょうせい
西尾勝　新藤宗幸 [2007]『いま、なぜ地方分権なのか』実務教育出版
西島芳二 [1960]「地方自治体と汚職」『都市問題 4 月号』東京市政調査会
西谷敏　晴山一穂 [2002]『公務員制度改革』大月書房
西村美香 [1991]『国家公務員給与と地方公務員給与の「均衡」制度の形成－労働政策・人事管理政策・財政政策の複合政策としての給与政策の分析：1945 ～ 1959』平文社
　　　　　　[1999]『日本の公務員給与政策』東京大学出版会
二宮厚美・晴山一穂 [2005]『公務員制度の変質と公務労働』自治体研究社
日本行政学会編 [1975]『行政における組織と人間』ぎょうせい
日本産業訓練協会 [2006]『2005 年度産業訓練実態調査』
日本都市センター [2005]『地方分権改革が都市自治体に与えた影響等に関する調査研究報告書』
　　　　　　[2010]『都市自治体行政の専門性確保に関する調べ』
　　　　　　[2010]「都市自治体行政の専門性確保に関する調べ」『都市とガバナンス Vol.13』
　　　　　　[2010]「都市自治体職員の専門性確保」『都市とガバナンス　Vol.14』
日本評論社 [1979]『法学セミナー　総合特集シリーズ 11　日本の公務員』
沼田良 [2006]「政府体系の中の地方自治－団体自治の系」『ホーンブック基礎行政学』北樹出版
野瀬正治編著 [2004]『人的資源管理のフロンティア』大学教育出版
早川征一郎 [1997]「自治体職員の専門性を考える」『住民と自治 2』自治体問題研究所
林英夫 [1980]「地方自治の源流」『ジュリスト増刊総合特集』有斐閣
原田三朗 [1999]『新・公務員倫理　行動のルールとモラル』ぎょうせい
　　　　　　[2007]『公務員倫理講義－信頼される行政のために－』ぎょうせい
ピーター・セルフ著　片岡寛光監訳　武藤博己ほか訳 [1981]『行政官の役割－比較行政学的アプローチ－』成文堂
日高六郎 [1959]「戦後の倫理思想」『講座現代倫理 11 転換期の倫理思想（日本）』筑摩書房

藤田由紀子 [2002]「職員の専門性と資格職」『自治体の構想　機構』岩波書店
　　　　　　［2003］「公務員制度改革における技官と専門性」『年報行政研究 38　公務員制度改革の展望』ぎょうせい
　　　　　　［2008］『公務員制度と専門性　技術系行政官の日英比較』専修大学出版局
星野健秀 [2006]『労働基準法がよくわかる事典』西東社
前浦穂高 [2002]「地方公務員の昇進管理—A県の事例を中心に」『日本労働研究雑誌 No.509』労働政策研究・研修機構
　　　　　［2004］「地方公務員の人事異動—A県の事例を中心に」『日本労働研究雑誌 No.524』労働政策研究・研修機構
　　　　　［2008］「大卒ホワイトカラーの昇進構造—行政組織と民間企業の比較分析—」『立教経済学研究第 62 巻第 2 号』
星野光男 [1960]「地方自治と汚職」『都市問題 4 月号』東京市政調査会
松下圭一 [1971]『シビル・ミニマムの思想法学セミナー』東京大学出版会
　　　　　［1973］「シビル・ミニマムと都市政策」『現代都市政策・シビル・ミニマム』岩波書店
　　　　　［1979］「《対談》転換期の行政と公務員」『法学セミナー』日本評論社
　　　　　［1985-a］「自治体はどこまで変わったか」『ジュリスト増刊総合特集』有斐閣
　　　　　［1985-b］「自治の可能性と文化」『文化行政　行政の自己革新』学陽書房
　　　　　［1991］『政策型思考と政治』東京大学出版会
　　　　　［1998］『政治・行政の考え方』岩波新書
　　　　　［2001］『日本の自治・分権』岩波新書
　　　　　［2003］『自治体は変わるか』岩波新書
松下圭一　西尾勝　新藤宗幸編 [2002]『自治体の構想　機構』岩波書店
松下圭一　森啓編著 [1985]『文化行政　行政の自己革新』学陽書房
松田隆一 [1997]「地方公共団体における職場研修の推進方策に関する調査研究—分権時代の職場研修マニュアル—」『地方自治』ぎょうせい
　　　　　［1998］「地方自治・新時代における人材育成基本方針策定指針について」『地方自治』ぎょうせい
松村明　三省堂編集所編 [2006]『大辞林　第三版』三省堂
三宅太郎 [1958]「地方自治と公務員制度－その育成の基本条件－」『都市問題 3 月号』東京市政調査会
　　　　　［1960］「行政職研修における経営学 (1)」『自治研究』良書普及会
宮本憲一 [1986]『地方自治の歴史と展望』自治体研究社
　　　　　［2005］『日本の地方自治　その歴史と未来』自治体研究社

三好規正『自治体職員の能力開発のための人事システムと地方公務員制度』Yamanashi Gakuin University NII-Electronic Library Service 2010 年 12 月検索
武藤博己 [2003]「政策プロセスの考え方」『政策づくりの基本と実践』法政大学出版局
　　　　　[2004]『自治体経営改革』ぎょうせい
　　　　　[2006]「行政官僚制の人的資源」『ホーンブック基礎行政学』北樹出版
　　　　　[2006]「地方公務員制度における成績主義」『現代日本の地方自治』敬文堂
　　　　　[2007]「自治体職員制度の設計に向けて」『自治体職員制度の設計』公人社
　　　　　[2008]『道路行政』東京大学出版会
　　　　　[2012]「自治体組織の構想」『月刊地方自治職員研修 1 月号』公職研
村上恭一 [2003]『倫理学講座－善く生きる知恵を学ぶための手引き－』成文堂
村松岐夫 [1977]「地方公務員の職業倫理」『自治研修』第一法規
村松岐夫編著 [2008]『公務員改革の突破口　政策評価と人事行政』東洋経済
村松岐夫編　村松岐夫　中村五郎　早瀬武　水口憲人著 [1985]『新版行政学講義』青林書院
森啓 [1985]「全国自治体における文化行政の動向」『文化行政　行政の自己革新』学陽書房
　　　[1992]『自治体の政策研究－職員研修所の改革問題－』公人の友社
　　　[2003]『自治体の政策形成力』時事通信社
　　　[2008]『新自治体学入門　市民力と職員力』時事通信社
森田慎一郎 [2010]『社会人と学生のキャリア形成における専門性』武蔵野大学出版会
森永耕造 [2008]「公務員の人事管理と民間企業の人事管理の相違点（前篇）」『人事院月報 6 月号』人事院
　　　　　[2008]「公務員の人事管理と民間企業の人事管理の相違点（後篇）」『人事院月報 8 月号』人事院
森猛 [2004]『揺らぐ公務員像－日英の事例比較－』日本人事試験研究センター
八木英太郎 [1998]「地方分権型社会の構築と人材・能力開発」『自治研究第 74 巻第 12 号』良書普及会
山口道昭 [2007]「自治体職員の専門性とは何か」『年報自治体学第 20 号』自治体学会
山田奈生子 [2010]「地方自治体の研修制度と能力開発の関係－東京都X区の幹部職員を事例として－」『地域活性研究』地域活性学会
山谷成夫　川村毅 [2006]『自治体職員　研修講座』学陽書房
山梨学院大学行政研究センター [1991]『公務員行政研修のあり方』第一法規
山梨学院大学行政研究センター　自治大学校自治研修協議会編 [1993]『政策と公務研修』良書普及会

山本貞雄 [2003]『実学世紀末 20 年の行財政改革と 21 世紀の課題』時評社
山本茂 [2002]「従来の諸研究」『ホワイトカラーの人材形成—日米英独の比較』東洋経済新報社
山本信一郎　木村良樹 [1986]『自治行政講座 5　地方公務員行政』第一法規
有斐閣 [1980]「地方自治の可能性」『ジュリスト増刊総合特集』
　　　　[1981]「地方の新時代と公務員」『ジュリスト増刊総合特集』
　　　　[1983]「行政の転換期」『ジュリスト増刊総合特集』
　　　　[1985]「地方自治の文化変容」『ジュリスト増刊総合特集』
　　　　[2002]「公務員制度改革」『ジュリスト　NO.122』
横山正博 [2010]「都市自治体職員のキャリアデザインと行政執行の専門性確保」『都市とガバナンス Vol.14』日本都市センター
良書普及会 [1979]『自治研究　第 55 巻』
臨時行政調査会 [1964]「臨時調整調査会の答申」『自治研究』良書普及会
連合総合生活開発研究所 [1995]『新しい働き方の創造をめざして』
蠟山政道 [1949]「今後の地方自治の問題」『自治研究』良書普及会
　　　　[1950]「公務ということについて－公務員制度の理論的基礎」『自治研究』良書普及会
　　　　[1954]「公務員の倫理」『人事行政 5』学陽書房
　　　　[1954]「公務員制度の本質」『人事行政 9』学陽書房
　　　　[1964]「大学教育および研修における都市職員の要請」『都市問題』東京市政調査会
綿貫芳源 [1951]「今後の地方自治」『自治研究』良書普及会
和田裕生 [1997]「「地方公共団体職員の人材育成－分権時代の人材戦略－」について」『地方公務員月報』自治省公務員課編
和辻哲郎 [1951]『人間の學としての倫理學』岩波書店
X 区『職員録』『職員白書』『職員募集案内』『例規集』『事務事業概要』『職員意識調査実施結果』『能力開発実施計画』『職員能力開発実施要綱』

あとがき

　自治体職員の「専門性」とは何かという素朴な疑問が本書執筆の出発点だった。そして、自治体職員の「専門性」を〈自治体職員が社会の中で果たすべき役割からくる能力〉と定義し、1つの結論として《自治体職員の「専門性」における4つの人的要素の枠組み》を得た。この結論に至るまでの経過で、3つのことを思う。
　1つは、自治体では、職場での熟練が重視される能力開発の風土が根付いていたと考える。それは、国と自治体の関係を主従とする歴史が長かったことによる。単純・反復・定型的な事務処理を求められる職員には、職場での熟練こそが求められた。職場を離れての研修や担当の仕事に直接結びつかない知識の習得には関心が向かない。それは、自然なことだと言える。しかし、地方分権一括法は、長く続いた国と自治体の主従関係を対等とし、自治体に自主性と自立性の発揮を求めた。このことは自治体職員の能力にも大変革をもたらした。職場での熟練だけではなく、創意工夫を基盤とする能力が求められるようになった。つまり、それぞれの自治体がそれぞれにふさわしい自治体職員を育成する能力開発の歴史は、地方分権一括法以降に始まったと言える。その歴史は浅い。自治体職員の能力開発の議論では、自治体の能力開発の歴史とそれが培ってきた風土を考慮に入れる必要がある。
　2つは、自治体職員の能力を議論しようとすれば、つまるところ倫理にいきつくことである。そこには自治体職員が自治体職員であることの理由があった。
　3つは、自治体職員の倫理が時代とともに変化することだ。それは、社会構造や自然災害による様々な変化の影響を受ける。そのことを考えると、自治体職員の倫理だけではなく社会の倫理も常に揺れ動いていると言える。私たちは、社会の倫理の揺らぎに意識を向け、思考に柔軟性をもたせなければならない。

そのことが倫理の大きな転換期に、それをうまく乗り越えることにつながると考える。

さて、本書もそろそろ終わる。本書の執筆にあたっては、諸先輩の研究や援助に負うところが多大だった。

まず、筆者の博士課程指導教授である法政大学の武藤博己教授。武藤教授には、研究者の視点で物事を捉えることの重要性を教わった。また、自分の書いた文章を大切にすること、そして、その文章に責任をもつことを常に言われた。このことは、筆者の研究への取組みを精神面から変え、それが本書を書きあげることにつながった。加えて、海外での学会発表の機会も作っていただいた。心よりお礼を申し上げたい。法政大学の諏訪康雄教授には、労働法、キャリアデザインの観点から、具体的な指導を頂いた。そのことは、ともすると考えが狭くなりがちであった筆者に、様々な観点からの気づきを与えてくれた。心より感謝を申し上げたい。法政大学の廣瀬克哉教授、宮崎伸光教授は、筆者に新たな視界を与えてくれた。心より感謝の気持ちを申し上げたい。法政大学の岡本義行教授、増淵敏之教授、申龍徹准教授には、いつも暖かい励ましの言葉をいただいた。なお、申龍徹准教授には、海外での学会発表の機会を作っていただいた。心より感謝を申し上げたい。そして、筆者が研究者になるきっかけを与えてくれた立教大学の菊野一雄教授、修士課程での指導教授だった跡見学園女子大学の山本貞雄教授にも、心より感謝の気持ちを申し上げたい。

元跡見学園女子大学の下川逸雄教授には、学部在校時より長年にわたり教育者として見守り続けていただいている。心より感謝を申し上げたい。中京大学の水谷研治教授には、株式会社東海総合研究所在籍時よりご指導をいただいている。心よりお礼を申し上げたい。

地方自治総合研究所では、行政学の貴重な資料を自由に閲覧させてもらった。スタッフの方々のご好意は本書完成に大きな力となった。心よりお礼申し上げたい。Ⅹ区では貴重な資料を閲覧させてもらうとともに常に丁寧なアドバイスを頂いた。加えて、忙しい中アンケートやインタビューに真摯に対応いただいた。このことは、本書をなんとしても書きあげたいという原動力となった。Ⅹ

区の職員の方々のご協力がなければ本書は完成しなかった。心より感謝の意を申し上げたい。法政大学大学院事務局、同政策創造研究科事務局、同図書館のスタッフの方々にも感謝申し上げたい。

　御苑会計事務所の小塚埜武壽所長と元東海銀行の林平一氏には、公私にわたりご指導と応援をいただいている。心よりお礼を申し上げたい。

　なお、本書の公刊を快く引き受けてくれた公人の友社の武内英晴社長にも心より感謝申し上げたい。社長には辛抱強く、丁寧に対応いただいた。

　最後に、本書の完成までは5年を超える。その間、応援をし続けてくれた両親、山田富三、和子とパリに住む兄夫婦、裕隆、玲子、伴走してくれた夫、公美とその母、故百合子に感謝する。

　　2013年7月

　　　　　　　　　　　　　　　　　　　　　　　　　　　　　　林　奈生子

［著者略歴］

林　奈生子（はやし　なおこ）

現　　在　法政大学デザイン工学部兼任講師、地域研究センター客員研究員
2013 年　法政大学大学院公共政策研究科博士後期課程修了
　　　　　博士（公共政策学）（法政大学）
2008 年　跡見学園女子大学大学院マネジメント研究科修士課程修了
　　　　　修士（マネジメント学）（跡見学園女子大学）

株式会社協和銀行（現、りそな銀行）、株式会社東海総合研究所（現、三菱 UFJ リサーチ＆コンサルティング）、地方自治体議員（2 期 8 年）を経て、現在に至る。

〈著　書〉

『社員に 10 倍働いてもらうための目標管理術』（実業之日本社）

〈主要論文〉

「行財政の構造改革とリーダーシップのあり方－中曽根内閣の行財政の構造改革の取組みと成果－」（跡見学園女子大学マネジメント学部紀要）

「自治体における市民参加と「政策需要」のあり方－東京都 X 区の事例を中心に－」（21 世紀社会デザイン研究学会学会誌）

「地方自治体の研修制度と能力開発―東京都 X 区の幹部職員を事例として－」（地域活性研究）

「The training system of the Tokyo X ward and its relationship to the ability development -A case of staff of middle management-」（韓国地方政治学会）

など。

自治体職員の「専門性」概念
―可視化による能力開発への展開―

2013年8月10日　初版発行

著　者　　林　奈生子
発行人　　武内　英晴
発行所　　公人の友社
　　　　　〒112-0002　東京都文京区小石川 5-26-8
　　　　　TEL 03-3811-5701
　　　　　FAX 03-3811-5795
　　　　　e-mail info@koujinnotomo.com
　　　　　http://koujinnotomo.com/
印刷所　　倉敷印刷株式会社
ISBN978-4-87555-626-8